제노사이드와 한국근대

제노사이드와 한국근대

충남대학교 충청문화연구소 편

景仁文化社

『제노사이드와 한국근대』를 발간하며

올해는 하얼빈에서 안중근의사가 이등박문을 처단한 총성이 울린지 백년이 되는 해다. 그리고 내년 2010년은 일제가 한국을 강제로 병합한 지 백년이 된다. 이 두 사건은 그 후 일제35년의 역사가 일본의 강압과 이에 대한 한국의 저항을 주요 축으로 하여 전개되는 것을 상징한다. 일본의 한국침략은 단순히 1910년에 시작된 것은 아니었다. 그리고 그들의 한국침략과정에는 비무장한 많은 한국의 민간인들이 희생된 역사이기도 하였다. 일제는 청일전쟁과 러일전쟁을 한국을 거점으로 수행하면서 동학농민군과 항일의병을 비롯한 민중 학살을 자행했다. 일제강점기에는 국내외에서 전개한 독립운동을 탄압할 뿐만 아니라 일본 관동대지진 당시 한인 학살, 1937년 중일전쟁 이후의 강제동원 등을 자행해왔다. 그러나 이러한 일제의 구체적인 만행은 일본인 뿐만 아니라 한국인들도 잘 모르고 있는 실정이다.

이 책은 충청문화연구소에서 개최한 2007년 10월 '항일민족운동과 일제의 한인학살'이란 국제학술대회에서 발표한 글들을 중심으로 하여 새롭게 엮은 것이다. 일본군의 동학농민군과 의병을 비롯한 민간인 학살, 3·1운동과정에서 무차별 총격으로 희생된 민간인의 실태, 관동대진재 당시 일제가 자행한 한인에 대한 대학살, 1920년 일본군이 간도전역과 연해주 지역에서 행한 민간인 학살에 대해 국내외의 새로운 자료를 발굴·활용함으로써 일본제국주의의 한국침략을 제노사이드의 관점에서 체계화하려는 시도의 산물이다.

우리는 이 책을 통해 일제가 자행한 한인학살의 유형과 잔학상, 그리고 피해규모 등을 확인할 수 있으며 나아가 일본제국주의의 성장과정이 다름 아닌 한국침략과 이로 인한 많은 한국인의 희생을 제물로 하여 이루어졌음을

분명히 알 수 있게 될 것이다.

　한일 간에는 역사문제를 둘러싼 갈등과 불신이 여전히 남아있다. 더욱이 이 책은 일본제국주의의 잔학성과 폭력성을 고발하는 결과가 될 것이므로 기왕의 한일 간의 갈등을 더욱 고조시키는 것이 아니냐는 우려를 낳을지 모르겠다. 그러나 과거의 사실을 묻어두고 호도하는 것이 갈등을 해결하는 방법은 아니며 오히려 우리는 과거의 사실을 될 수 있는 한 객관적으로 직시함으로써 이를 토대로 상호간에 어떻게 역사인식을 공유하고 상호존중과 평화를 실현시킬 수 있는지를 진지하게 모색해 나갈 수 있을 것이라고 믿는다.

　끝으로 귀중한 원고를 제출해주신 강덕상 교수님을 비롯한 집필진 선생님들과 출판을 위해 노고를 아끼지 않으신 경인문화사, 그리고 편집과 교정을 위해 수고해 준 충청문화연구소의 연구원 여러분께 깊은 감사의 말씀을 드린다.

2009년 9월 1일

충남대학교 충청문화연구소장　김　상　기

목　차

1894년 일본군의 동학농민군 학살

신 영 우*

1. 머리말

동학농민혁명이 전개되던 시기에 수많은 희생자들이 발생하였다. 관군과 민보군도 많은 수가 희생되었지만 패배한 동학농민군의 희생은 훨씬 많아서 비교가 되지 않는다. 전국에서 활동하던 동학농민군을 일본군과 관군 그리고 민보군들이 얼마나 학살했는지 정확하게 파악하는 것은 불가능할 정도이다.

우금치전투를 비롯한 주요 대규모 전투에서 희생된 동학농민군도 많았으나 전투에서 패배하여 해산한 사람들을 추격해서 살해한 경우가 더 많았다. 그리고 피신한 사람들도 여러 군현에서 관군과 민보군이 체포하여 처형하였는데 그 수는 얼마나 되는지 추정하기도 쉽지 않다. 기록이 없기 때문이다.

---

* 충북대학교 사학과 교수

그러나 가장 많은 동학농민군이 희생된 것은 일본군에 의한 조직적인 학살 때문이었다. 일본군이 동학농민군을 대규모로 학살한 것은 청일전쟁에 영향을 주던 후방지역의 반일운동을 침묵시키면서 침략에 저항하는 가장 큰 세력을 제거하려는 목적 때문이었다.

7월부터 일본군은 청과 전쟁상태였다. 평양전투와 압록강연안전투 그리고 요동반도로 서진하며 치열한 전투를 벌이고 있었다. 강제로 동맹조약을 맺은 조선은 일본군의 병참기지 역할을 강요받았다. 이 시기에 재기한 동학농민군은 일본이 국력을 기울여 청과 벌이는 전쟁에서 일본군의 병참과 통신망을 위협하였다.

따라서 일본은 동학농민군의 진압 차원이 아닌 반일세력의 제거라는 차원에서 철저한 무력진압을 기도하였다. 서울과 부산에 주둔하던 일본군과 부산·서울을 잇는 병참망의 수비병에 이어 동학농민군 진압을 목적으로 증파된 1개대대 병력이 벌인 위압적인 군사작전의 결과 수많은 동학농민군들이 각지에서 학살을 당하였다.

이 글은 동학농민혁명 기간에 일본군이 저지른 학살에 관하여 살펴보려는 것이다.[1] 일본군이 주권국가의 허락도 없이 불법으로 병력을 파견하여 조선 영토 내에 들어와서 청과 전쟁을 한 과정과 정부에 강요해서 동학농민군의 진압에 협력하도록 하고 관군과 민보군을 앞세워 학살을 자행한 내용을 살펴보려고 한다.

---

1) 일본군의 동학농민군 학살을 주로 다룬 논문은 2000년대에 들어와서 몇 편이 발표되었다. 井上勝生, 「일본군에 의한 최초의 동아시아 민중학살-동학농민전쟁, 청산되지 않은 가해 책임-」, 『동학농민혁명의 동아시아적 책임』, 동학농민혁명기념사업회편, 2002 ; 井上勝生, 「갑오농민전쟁(동학농민전쟁)과 일본군」, 『동학농민혁명의 동아시아적 책임』, 동학농민혁명기념사업회편, 2002 ; 裵亢燮, 「동학농민전쟁 당시 일본군의 개입과 그 영향」, ≪軍史≫ 53호, 2004 ; 박찬승, 「동학농민전쟁기 일본군·조선군의 동학도(東學徒) 학살」, ≪역사와 현실≫ 54, 2005 ; 姜孝叔, 『第2次東學農民戰爭과 日淸戰爭-防衛廳 防衛硏究所圖書館所藏史料를 中心으로-』, 千葉大學 社會文化科學硏究所, 2005.

그러나 이 작업에는 결정적인 한계가 따른다. 학살과 관련해서는 일본군 측 자료가 중요한데 그 기록에 의문이 있는 것이다. 일본군 보고서는 학살자 수를 기록하면서 명확하게 밝히지 않고, 더구나 의도적인 축소도 드러나고 있다. 정부와 관군측 자료도 마찬가지이다. 대개 희생자의 수를 과장하고 있고, 민보군측 자료는 정확한 통계가 나오지 않는다. 따라서 여기에서는 앞으로의 연구를 위해 일본군에 의한 학살이 어떤 상황 속에서 이루어졌는지 점검하고, 일본군 보고서의 학살과 관련한 기록을 검토해보려고 한다.[2]

이미 일본군의 동학농민군의 학살문제는 여러 논문에서 다뤄진 바 있다. 일본군의 행군로를 비롯해서 대본영의 학살령과 이른바 '剿滅'과정, 그리고 동학농민군 학살자의 推定數 등에 관해 알게 되었다. 일본군 자료에 근거해서 동학농민군의 殺戮은 선전포고도 없이 자행한 국제법상 불법인 大虐殺[3]이란 지적도 나왔다.

2. 일본군의 조선 진주와 동학농민군 진압군의 증파

일본군이 동학농민군을 진압하고 집단학살을 감행한 것은 군사작전상 불가피한 선택이었을까? 당시 일본군은 청군과 전면전을 벌이고 있었다. 일본이 도발하여 발발한 이 전쟁에서 일본군은 국력을 기울여서 만든 군사력을 동원하였다. 서울의 경복궁 수비병과 경군 병영을 일거에 유린한 일본군이 동학농민군을 학살한 배경을 추적해본다.

1882년 壬午軍亂과 1884년 甲申政變 이후 조선에서 후퇴한 일본은 10년

---

2) 이 글은 주제의 성격 때문에 일본군의 관점을 먼저 고려하는 방식으로 서술된다.
3) 각주 1)의 井上勝生 논문. 1948년 국제 연합 총회에서 집단 살해의 방지 및 처벌에 관한 제노사이드(genocide)조약을 채택하였다. 이 조약은 국민·인종·민족·종교 따위의 차이로 집단을 박해하고 살해하는 행위를 국제 범죄로 규정하는 내용이다. 동학농민군 참여자 학살은 이와 같은 국제 범죄에 해당된다.

간 전쟁준비를 통해 군사력을 증강하였다. 1888년에는 육군은 7개 사단, 보병 14개 여단, 포병 7개 연대, 기병 2개 대대, 공병 6개 대대, 치중병 6개 대대로 확장하였다. 해군력도 증강하여 청국과 전쟁에 대비해서 대규모 군함확보를 추진하여 영국 등에서 3,000톤 내지 4,000톤급 松島, 嚴島, 橋立, 吉野, 扶桑, 浪速, 高千穗 등을 보유하였다.[4]

일본은 조선과 청의 요동 지역에 가용 군사력을 총동원해서 파병하였다. 북양함대와 해전을 전개한 해군은 말할 것도 없고 육군의 규모는 2개 군사령부를 급조할 만큼 대규모였다.

1894년 6월 21일(양력 7월 23일) 새벽 일본군이 경복궁을 공격해서 점거하였다. 경복궁을 침범한 일본군은 조선정부의 허락도 없이 불법으로 인천에 상륙하여 용산에 들어와서 주둔하던 육군소장 오시마 요시마사[大島義昌][5] 휘하의 혼성 제9여단 병력이었다. 일본공사 오토리 게이스케[大鳥圭介]와 오시마 여단장이 일본 공사관에서 지휘하는 가운데 일본군 보병 제21연대 병력이 경복궁을 기습해오자 궁궐 수비병은 광화문에서 완강히 반격을 가하였다. 광화문 기습 점거에 실패한 일본군은 효자동 쪽으로 돌아서 영추문을 부수고 궐내로 난입하였다. 궁궐 수비병은 새벽 4시 20분부터 7시 반까지 약 3시간에 걸쳐 반격하였지만 현저한 화력의 열세로 북쪽 성벽을 넘어 궁궐 밖으로 밀려나고 말았다.[6]

국왕을 가까운 거리에서 보위하던 수비병은 함화당 안에 머물던 고종이 일본군의 돌입에 따른 희생을 막기 위해 무기를 내어주도록 명령에 따라 50

---

4) 이하 청일전쟁 관련은 국사편찬위원회편, 『한국사』 40, 2000 참조. 藤原彰 저·嚴秀鉉 역, 『日本軍事史』, 시사일본어사, 1994.

5) 大島義昌(1850~1926). 中部監軍部參謀, 仙台鎭台參謀長, 東京鎭台參謀長 등을 거쳐 1891년 보병 제9여단장. 1894년 제9혼성여단을 지휘해서 조선을 침략. 경복궁 침범과 장위영 무장해제를 감행. 청군과 성환에서 싸워 물리치고 요새화된 평양의 청군을 공격하다가 고전. 1898년 제3사단장. 노일전쟁에 참전, 대장 승진 후 關東都督에 임명됨.

6) 나가츠카 아키라 지음·박맹수 옮김, 『1894, 경복궁을 점거하라!』, 푸른역사, 2002.

정의 총을 옹화문 밖으로 내주고 무장해제를 당하였다. 이후 경복궁은 완전히 일본군에게 점령되었고, 국왕 고종과 왕비는 일본군의 포로가 되었다.

일본군은 경복궁을 기습하는 같은 시간에 광화문 인근에 병졸 300명이 주둔한 친군 장위영을 기습해서 무기를 빼앗았다. 이때 일본군은 신식총인 마르티니(Martin) 245정, 스펜서(Spencer)총과 화승총 214정을 포함한 1,000정 이상의 총을 일본 군영으로 가져갔고, 황동포 9문, 크루프 야포 6문, 도검 각각 수 백정 등도 압수해갔다. 동대문 근처의 친군 통위영도 일본군의 기습을 받아 무장해제를 당하였다.

이 사건을 지휘한 오시마 여단장은 경군 병영과 경복궁 등지에서 탈취한 무기에 대해 다음과 같은 기록을 남겼다.[7]

> "이번에 朝鮮政府로부터 압수한 兵器를 보니, 大砲 20餘門 중에는 克蘆伯山砲 5門, 同長筒砲 3門, 카트링 器械砲 11門, 기타 구식 滑膛砲 數門이 있었으며 그리고 彈子는 매우 적은 양이 있었습니다. 그리고 그 小銃에는 모젤, 레밍톤, 마르티니, 게베르, 엔힐, 火繩銃, 활과 창, 그리고 헤아릴 수 없는 각종의 이상한 종류들이 있었습니다. 또한 그 탄약은 매우 적었고 이것들을 有力한 兵器라고 볼 수가 없었습니다. 단지 本旅團이 仁川에 처음 도착할 무렵 淸國에서 수입한 新式 모젤총 약 1,000정 정도만이 정교하여 실제 사용하기에 합당할 뿐이었습니다."

다음날인 6월 22일부터 고종은 親裁를 정지할 수 밖에 없었다. 일본공사 오토리(大鳥圭介)의 강요에 의해 대원군에게 섭정하도록 했던 것이다. 그리고 김홍집을 수반으로 하는 개화파 정권을 세웠다. 개화파 정권은 군국기무처를 만들어 국정 전반에 걸쳐 개혁을 추진하였다. 모든 정책과 법을 군국기무처에서 결정하면 대원군을 거쳐 고종에게 재가를 받아 시행하는 절차를 밟았다. 이와 같은 갑오개혁은 일본의 영향 아래 급격히 진행되어 백성들에

---

7) 『駐韓日本公使館記錄』 5, [10. 朝鮮政府로부터 압수한 兵器에 대한 의견상신 통보].

게 위구심을 불러 일으켰다.

청일 간의 전쟁은 6월 23일(양력 7월 25일) 아산 앞바다에 있는 풍도해전에서 시작되었다. 1,500명이 타고 온 영국 국적의 수송함 高陞號를 침몰시켜서 그 대부분을 익사시켰다. 그 나흘 뒤 청군은 직산 성환에서 일본군과 격전을 벌였으나 패배하고 아산을 거쳐 공주로 후퇴하였다. 이 전투에서 일방적으로 밀린 청군 4천병은 청주와 충주를 지나 강원도로 우회하여 평양으로 이동하였다.[8]

청의 이홍장은, 일본군이 경복궁을 포위해서 국왕을 사로잡았으며 풍도에서 벌어진 해전에서 청의 함대가 패주했다는 소식을 듣고, 전쟁 준비에 착수하였다. 7월 1일(양력 8월 1일) 청의 光緖帝가 정식 선전을 포고하였고, 일본왕 무쓰히토[睦仁][9]도 공식으로 선전포고를 해서 두 나라는 전쟁상태에 들어갔다. 다음해 3월 23일(양력 4월 17일) 시모노세키[下關] 조약이 맺어질 때까지 계속된 이 전쟁은 조선 영토에서 확전을 시작하였다.

일본군의 기습에 의해 해전과 육전의 서전에서 패배한 청군은 두 가지 점에 작전계획을 집중시켰다. 하나는 북양해군을 발해만 입구에 위치시켜서 여순 요새지와 천진에 이르는 항로를 굳게 지키면서 육군의 조선 진주를 엄호하는 것이고, 둘은 육군을 평양에 집결시킨 다음에 다시 남하해서 조선에 들어온 일본 육군을 공격하는 것이었다.[10] 청 정부에 의해 육군의 집결지로 정해진 평양은 전란의 한 가운데로 휩쓸려 들어갔다.

북양대신 李鴻章의 명령을 받고 압록강을 건너 평양으로 진주해온 부대는 左寶貴의 奉軍과 豊仲夏의 盛軍 그리고 馬玉崑의 毅軍이었다.[11] 여기에 葉志超와 聶士成이 이끌고 합류한 蘆防軍이 가세해서 1萬 5千명 이상이 집

---

8) 『錦藩輯略』에 청군이 충청도 여러 군현을 거쳐 북상하는 보고가 자세하다.

9) 睦仁(1852~1912). 明治.

10) 이하 평양전투 등 청일전쟁에 관한 청군측 관련 사실은 林聲 편, 『甲午戰爭圖志』, 遼寧人民出版社 刊行 참조.

11) 위 책, 93쪽.

결하였다. 葉志超는 이홍장에게 성환전투의 결과를 허위 보고해서 평양의 청군을 모두 지휘하게 된다. 청군의 최종 목표는 서울에 입성해서 일본군을 축출하는 것이었다.

그러나 갑신정변 이후 10년 이상 청국과의 결전을 준비해온 일본의 대처는 긴밀하였다. 청국에 파견된 정탐원들은 청국 여러 성에서 파병을 명령받은 군대가 무장과 훈련면에서 일본군에 비해 열등한 사실을 잘 파악하고 있었고, 天津과 홍콩 등지에서 청국의 동향과 군대 파견에 관한 정보를 상세하게 조사해서 보고하고 있었다. 일본은 청의 심장에 해당하는 지역을 일거에 휩쓸 목표를 세웠다.

7월 5일 히로시마의 大本營에서 나온 '作戰大方針'에는 일본군의 목표가 제시되어 있다. 그것은 청군을 조선의 경내에서 구축하는 차원을 넘어서는 구상으로, 일본군을 청국의 직예성으로 직행시켜 청군 주력과 결전에서 승리하여 청국정부의 투항을 압박한다는 것이었다.

이 방침에 따라 일본군 제5사단과 3사단이 조선에 파견되어 평양으로 직행하였다. 노즈 미치츠라[野津道貫][12] 중장이 지휘하는 제5사단의 본대는 7월 6일 부산에 도착해서 서울로 올라갔는데 일본군 참모총장 타루히토[熾仁][13]에게 보고한 행군 과정은 다음과 같다.[14]

노즈 사단장은 7월 6일 보병 12연대 3대대의 3개 중대를 중로군으로 편

---

12) 野津道貫(1841~1908)는 東京鎭台司令長官을 거쳐 1884년 大山巖 陸軍卿과 함께 유럽을 방문해서 군제를 시찰했다. 廣島鎭台司令官을 지내고, 第5師團長으로 조선에 進駐해서 평양전을 지휘했다. 이어 1894년 12월에는 第1軍司令官으로 여순 요새를 공격한 일본군을 지휘했다. 대장 승진 후 1895년 11월 近衛師團長, 1904년 6월 노일전쟁시 第4軍司令官을 맡았고, 1906년 元帥 승진되었다. 1907년에 후작이 되고, 귀족원 의원을 역임했다.

13) 熾仁(1835~1895). 아리스가와노미야 타루히토신노[有栖川宮 熾仁親王]. 일본 왕족으로 元老院 議長, 政府總裁, 左大臣, 大宰帥, 征討大總督, 陸軍參謀本部長, 參謀總長을 역임하였다. 청일전쟁이 일어나자 陸軍大將으로 육해군 총사령관이 되어 히로시마 대본영에서 최고지휘관으로 명령을 내렸다.

14) 「師團報告第1號 野津第5師團長 8月24日」.

성해서 육로로 북상할 것을 결정하고, 나머지는 와카우라마루[和歌浦丸]에 승선시켜서 원산으로 향하도록 했다. 8일 사단장과 중로군이 부산을 출발해서 양산에 도착했는데 서울에 도착하기까지 일정을 표로 보면 다음과 같다.

〈표 1〉 일본군 5사단 본대의 부산―서울 행군 일정

날 짜	출 발	도 착	비 고
7월 8일	부산	양산	
7월 9일	양산	밀양	
7월 10일	밀양	청도	
7월 11일	청도	대구	
7월 12일			대구 체류
7월 13일	대구	인동	
7월 14일	인동	상주	
7월 15일	상주	문경	
7월 16일	문경	충주	
7월 17일	충주	가흥	가흥 나루에서 배를 타고 서울로 향함
7월 17일~18일	가흥	광나루	17일 오후 1시 가흥 출발, 18일 오후 9시 30분 광나루 도착

9일에는 양산을 출발해서 밀양에 도착했고, 10일에는 밀양에서 청도까지 갔으며, 11일에는 청도를 떠나 대구로 들어갔다. 대구에서는 경상감사를 만나서 지원을 부탁하고 조선 돈을 확보[15]하는 등의 일로 하루를 더 머물고 13일에 대구를 출발해서 인동에 도착했다. 14일에는 인동을 출발해서 상주에 도착했고, 15일에는 상주를 떠나 문경에 도착했다. 16일에는 문경을 출발해서 조령을 지나 충주에 도착했다. 17일에는 가흥 나루에 도착해서 오후 1시 배를 타고 남한강 수로로 서울로 향했다. 마침내 18일 오후 9시 30분 광나루에 도착했다. 이 행군로는 선발대가 와서 병참과 군용 전신망을 설치한 노선으로서 이후 일본군 대부대가 북상하는 길이 되었다.

7월 하순 5사단은 부산에 상륙한 부대와 장비를 병참노선으로 이동하는 한편 원산으로 상륙시킨 부대도 평양 부근으로 집결시켜서 청군과 대치하였

---

15) 일본군은 군수물자 수송과 매입 등에 필요한 비용으로 조선 돈이 필요하였다.

다. 8월 초에는 제3사단 병력의 절반을 다시 조선에 파병하여 병력을 19,600명까지 늘려서 청군보다 수적으로 우위에 섰다. 그리고 야마가타 아리토모[山縣有朋]을 사령관으로 하는 제1군을 편성해서 오시마의 혼성9여단과 노즈의 5사단 그리고 가츠라 타로[桂 太郎] 중장의 3사단을 배속시켰다. 8월 2일 야마가타 사령관은 인천에 도착해서 제1군을 지휘하여 평양 공격을 준비하였다.

8월 2일(양력 9월 12일) 평양에 도달한 일본군은 성을 포위해서 일련의 전투가 벌어졌다. 평양에는 조선 관군이 600명이나 있었고, 평양감사가 도내 각지의 포수 1,500명을 동원하여 청군과 함께 성을 지켰다. 평양감사는 또한 청군에게 군량미를 제공하였다. 이와 같이 평양전투는 조선의 관군과 청군이 연합세력을 이루어 일본군의 공격을 방어하는 형태를 취하고 있었다.16) 이는 고종과 대원군의 지시 없이 이루어질 수 없는 것으로서17) 서울에서 일본군에게 장악되어 동맹조약을 맺고 일본군의 지원을 강요받는 것과는 반대 상황이었다.

8월 5일 총공격을 감행한 일본군은 청군의 완강한 방어망을 뚫고 奉軍統領인 左寶貴를 전사시킨 후 8월 6일(양력 9월 16일) 평양성을 점령하였다. 엽지초 등이 이끄는 청군은 후퇴를 거듭하여 8월 14일(양력 9월 24일) 압록강을 건너서 청의 영토 안으로 물러갔다.

8월 7일에는 丁汝昌 제독이 지휘하는 북양함대가 이토우 유고[伊東祐亨] 사령관이 지휘하는 일본 연합함대와 해전을 벌였다. 이 해전에서도 일본 연합함대가 승리하여 북양함대는 궤멸하고 황해의 제해권은 일본해군이 장악하였다.

일본 대본영은 여순 공략을 목표로 하여 제1사단과 제2사단 그리고 혼성

---

16) 일본은 清兵에 의한 평양 주민 약탈 등을 강조하여 그 의미를 희석하려고 하나 평양전투는 朝淸 연합군과 일본군의 전투라는 성격을 주목해야 할 것이다.

17) 결국 대원군이 섭정 자리에서 물러나는 것은 청군 지휘관에게 일본군을 물리쳐달라고 한 서신이 평양의 청군 진영에서 발견되었기 때문이다.

12여단으로 제2군을 편성하고 이토 히로부미[伊藤博文] 내각의 육군대신 오야마 이와오[大山巖] 대장을 사령관으로 선임했다.[18]

일본군 제1군은 평양에서 북상해서 9월 26일(양력 10월 24일) 압록강 연안에 도착하였다. 다음날 새벽 일본군은 압록강에 임시다리를 설치하고 도하에 성공한 다음 청군이 방어선을 친 九連城을 공격해서 점령하였다. 조선에서 청으로 들어가는 관문을 지키던 방위군이 궤멸된 것이었다. 이어서 제1군은 서진하여 하나하나 주요 요새지들을 점거하였다.

제2군은 연합함대의 엄호를 받으며 9월 25일(양력 10월 23일) 요동반도 花園으로 상륙해서 대련과 여순으로 직행하였다. 10월 25일(양력 11월 22일) 여순 시가지로 들어온 일본군은 4일 동안 주민 '2만 여명'을 학살하였다.[19]

일본군은 추운 겨울철이 되자 대본영은 제1군에 冬營을 설치하고 명령을 기다리도록 지시하였지만 야마가타 사령관은 이를 듣지 않고 海城을 공격하는 모험을 감행하였다. 이에 따라 야마가타 사령관을 국내에 소환하였고, 그에 이어서 노즈 미치츠라 제5사단장을 제1군사령관에 임명해서 제1군을 지휘하도록 하였다. 평양전투를 지휘한 노즈중장이 청의 요지를 공격하는 지휘권을 갖게 된 것이다.

청일 간의 전쟁은 1895년에 들어와서도 치열하게 전개되었으나 일본군의 일방적인 우세로 귀결되었다. 제1군은 2월 牛莊과 營口를 점령하였고, 제2군은 산동반도의 威海衛를 점령하였으며 해군은 北洋海軍을 항복시켰다.

이와 같이 장기간에 걸쳐 전개된 청일전쟁에서 조선은 일본군의 병참로

---

18) 1888년(明治 21年) 제정된 일본 육군 상비병은 1개 근위사단과 6개 사단이었다. 1군과 2군을 합하면 4개 사단과 사단에 준하는 2개 혼성여단, 그리고 공병과 치중대(병참지원부대)가 합류한 것으로서 당시 파병이 가능했던 일본군 병력을 총동원한 규모였다(森松俊夫, 『圖說陸軍史』 25, 建帛社, 1998).

19) 동학농민군의 학살과 관련해서 요동의 일본군이 민간인을 대규모로 학살한 사건이 주목된다. 10월 25일에 벌어진 이 학살극은 그 이후 노골적으로 동학농민군을 학살하던 상황과 맞물려 있는데 일본군 병사들의 야만성뿐만 아니라 대본영의 작전과 밀접한 관계가 있었던 것이다.

에서 핵심적인 지역이 되었다. 부산에서 서울을 거쳐 의주로 연결하는 병참 망은 병력과 무기 그리고 군량과 각종 장비를 공급하는 젖줄과 같은 역할을 하였다. 그리고 이 병참선로를 따라 설치된 전신망은 히로시마의 대본영에서 전장터로 직결하는 신경세포와 같은 기능을 하였다. 모든 지시와 보고 그리고 지원 요청 등과 같은 전시연락의 중추였던 것이다.

일본군은 전쟁에 필수였던 병참과 전신망 구축을 조선 정부의 허락도 받지 않고 미리 공병대와 전선가설대를 파견하여 공사를 해왔다.[20] 경복궁 침범과 풍도 앞바다의 해전이 있기 전부터 이런 불법적인 일을 벌였다. 동래부사 閔泳敦은 6월 22일 장계에서 "일본인이 전선을 가설한다고 핑계 대고 제멋대로 내지를 돌아다니는데, 변방을 지키는 직임에 있으면서 진압하지 못했다."며 처벌을 기다린다고 보고하고 있었다. 국왕은 待罪하지 말라고 하였는데 사실상 일본군이 6월 21일(양력 7월 23일) 서울 안의 주요 기관을 군사점령하면서 전보국을 점령한 이후 국내 전신망을 탈취해서 군용전선으로 사용하고 있었다.[21] 막대한 비용을 들여서 설치한 국가 전신망이 일본군의 정보전에 활용되었던 것이다. 실제 7월 초 고성부사 吳宖默이 일본군 공병대가 경상도 일대에서 병참부를 설치하면서 도로 개설 공사를 하는 것을 놀라운 사건으로 기록하고 있다.[22] 이때 도로공사에 동원된 일본군과 인부들의 수는 적은 수가 아니었다. "공병 제6대대 제1중대, 공병 제 3대대 제1

---

20) 일본군의 군용전신선 가설문제를 다룬 연구는 姜孝叔, 「第2次東學農民戰爭과 日淸戰爭」, ≪歷史學研究≫ 762, 2002 ; 齊藤聖二, 『日淸戰爭의 軍事戰略』, 芙蓉書房, 2003 ; 李升熙, 「청일·러일전쟁기 일본군의 군용전신선 강행가설 문제」, ≪日本歷史研究≫ 21, 2005가 있다.

21) "조선 정부에서 이것을 가설하였습니다. 지난 7월 23일 우리 군대가 京城電報局을 임시로 점령한 이래 조선 정부는 스스로 이 전보국을 폐쇄하였습니다. 元山에서도 조선전보국에 우리 전신 技手를 동숙시켜 日·韓 전보를 각각 취급하고, 또 곳곳이 파손될 때는 우리 군용전신대가 그 때마다 수리를 하는 등 모두 우리 전선 같이 취급한 것이 명백해졌습니다."(「朝鮮의 電線管理 및 電信料金에 관한 件」, 『駐韓日本公使館記錄』8)

22) 『固城府叢瑣錄』, 갑오 7월 3일자.

중대, 제3사단 공병대 제1중대 반, 석공 300명, 井戸堀職과 樋職 23명, 제1 군용전선가설대, 일본인 인부 2,162명" 규모로서 지역민들을 놀라게 할 만한 수였다.

처음에는 일본군과 인부들이 국내를 횡행하며 도로를 수선하고 전신주를 세우며 전선을 연결하는 것을 본 사람들이 엄청난 규모와 벌어지는 일에 놀랐으나 곧 저항운동을 벌이게 되었다. 조선 정부와 지방관들은 일본군의 이런 공사에 협조하지 않을 수 없는 형편이었다. 청과 전쟁을 벌이면서 강제로 朝日盟約을 맺었는데 이 조약이 일본군에게 협력해야 하는 근거가 되었던 것이다.

일본군의 경복궁 침범 직후부터 동학농민군은 일본세력의 축출을 목표로 무장봉기를 준비해왔다. 경상도와 충청도의 일본군 병참망과 전신망 인근에서 조직된 동학농민군들은 일본군 병참부와 전신소의 축출을 당면목표로 삼았다.[23] 7월부터 각지에서 동학농민군들의 공세가 시작되었다. 병참 지원을 방해하고 전신선을 끊는 방법이 우선 선택되었다. 이는 일본군과 정면으로 충돌하지 않으면서 효과를 볼 수 있는 방안이었다.

청과 전쟁을 벌이는 오랜 기간 일본군에게 가장 큰 약점으로 부각된 것은 조선 내부를 종단하는 원거리 병참보급이었다. 무기와 탄약 그리고 군량 등 보급품을 수송하는 수단은 소나 말을 이용하거나 조선인 인부를 모집해서 나르는 것 밖에 없었다. 일본군이 일본인 인부를 고용하기도 하였지만 이들과 자체 병력만으로 보급품을 운반하는 것은 한계가 있었다. 경상도와 충청도를 지나는 길은 평탄한 지역도 있지만 크고 작은 산줄기를 넘어야 했

---

23) 『駐韓日本公使館記錄』 5, 「機密第173號 本97 朝鮮政府와의 假條約締結件」의 별지 甲號의 전신과 관련한 갑오 7월 20일자 외무대신 김윤식과 오토리 공사간에 체결한 잠정합동 조관의 다음 항목을 보면, 일본이 청일전쟁 기간뿐 아니라 조선내의 정보를 중간에서 뽑아갈 수 있는 군용전신선의 보호 유지에 얼마나 관심을 기울였는지 알 수 있다. "京城·釜山 兩地 및 京城·仁川 兩地 間에 日本政府에서 이미 가설한 군용전신선은 적절한 시기를 참작, 條款을 체결하여 그 存置를 도모해야 한다."

고 하천도 무수하였다. 조선 인부가 지게를 지고 운반하는 것이 효율적이었
고, 인부 노임도 헐했기 때문에 부담이 적었다.

일본군 5사단 병력이 북상할 때인 7월 3일 군량 등을 실은 소가 7, 8백필
이나 되어 이를 본 대구의 인심이 소란해지고 피난하는 사람이 많았다고 한
다.[24] 제5사단장 노즈 중장이 북상할 때인 7월 17일 연풍 현감 韓鎭泰는 雇
軍 355명을 모집해서 일본군 안보병참부에서 기다리라는 통지를 받는다.[25]
사단 본부의 이동할 때 막대한 군수물자를 운반해야 했는데 지방관의 힘으
로 인부를 동원시켜서 해결하려고 한 것이다. 7월 22일 충주목사 閔泳綺는
일본군의 요구대로 인부 수천명을 모집했다고 충청감사 이헌영에게 보고하
고 있다.[26] 즉 사단 주 병력이 이동할 때도 보급품 수송을 조선 인부들에게
의지했던 것이다.

이런 상황은 평양전투와 압록강전투 그리고 요동반도로 들어가서 전개했
던 전투 기간 중에도 계속되었다. 동학농민군이 병참망에 위협을 준 것은
전쟁 수행에 직접 영향을 미칠 수 있는 것이었다. 일본군은 전력을 좌우할

---

24) 『固城府叢瑣錄』, 갑오 7월 3일자.

25) "延豊 현감 韓鎭泰가 충청감사에게 올린 첩정에 의하면, 일본군 中將 일행 30여명
이 18일 지나가면서 雇軍 355명에게 일을 시키고 품값을 주지 않아 불만이 많았
고, 조령에서 충주에 이르는 50리 근처의 5개 동네는 백성이 모두 도피해서 마을이
비었다고 했다. 일본군은 매일 3, 40명 혹은 4, 50명씩 왕래가 잦고, 전신선 가설
후 安保洞에 分局을 설치해서 몇 백 명씩 언제나 머물러 있었다고 하였다. 또한 忠
州 목사 閔泳綺는 충청감사에게 올린 첩정에서, 이달 18일 일본 육군 二等軍吏 하
마나 (濱名寬祐)와 장위영 초관 1명, 포도청 포교 1명이 부산항에 상륙하는 만여
명의 일본군을 영접하기 위해 충주에 와서 머물고 있다고 보고하였다. 그리고 또
그간 인부 수천 명을 청하는 대로 모집했다고 보고하였다."(『錦藩集略』 갑오 7월
25일자)

26) 충주 목사 민영기의 보고는 일본군의 북상을 상세하게 묘사하고 있다. 24일에 일본
군 1천여 명과 騎馬 70여필이, 25일에 일본군 1천여 명과 기마 1백여 필이, 26일에
일본군 1백여 명이 계속해서 지나갔고, 官門 앞 20리쯤의 荷潭 나루에 군량과 병
기 등을 대규모로 적치해놓고 있는데 혹 머물러 있거나 배를 탔으며, 또 육지로 북
상하고 있다고 하였다(『錦藩集略』 갑오 8월 3일자).

수 있는 병참 수송에 지장이 있게 되자 즉각 대응하였다.

8월 23일(양력 9월 22일) 일본군이 평양성을 점령하고 압록강을 향해 북진을 준비할 때 부산의 일본 총영사 무로타 요시후미[室田義文]가 오토리 공사에게 보낸 보고문은 그 사실을 잘 전해주고 있다. 충청도 충주의 河潭과 可興 근방의 동학당이 일본 군대의 짐을 운반해주지 못하게 함으로 병참부에서 매일 필요한 인부가 100명인데 겨우 4·5명만 응한다는 것이다.[27]

가흥병참부의 일본군은 이를 해결하기 위해 근방의 동학 두령을 직접 만나서 설득하였지만 다른 곳에 있는 동학의 고위 지도자가 명령하지 않으면 어떻게 할 수 없다는 말을 듣게 되었다. 그러자 무로타 총영사는 '强制徵發의 手段'을 취하도록 가흥병참부에 지시하였다. 또한 오토리 공사에게도 조선 정부에 강요해서 감사와 지방관에게 군수물자 수송을 위한 인부 동원시키도록 요청하고 있다.

중국측 연구에서도 조선의 백성들이 일본군을 견제해서 대병력의 보급을 곤란하게 했다는 사실을 주목하고 있다.[28] 군수물자 보급에 지장을 준 조선 백성의 저항이 지구전에서 일본군에게 불리한 요소였다고 지적한 것이다. 일본이 국력을 기울여서 청군과 결전을 치루는 시기에 경상도와 충청도의 동학농민군은 일본군의 전력에 차질을 줄 수 있는 활동을 하고 있었다.

동학농민군으로서는 전신선의 절단이나 전주를 쓰러뜨리는 일은 일본군과 직접 부딪치지 않고 타격을 줄 수 있는 수단이었다. 전신선 설치 직후부터 산발적인 공세가 이루어졌다. 8월 25일(양력 9월 24일) 무로다 총영사가 무츠 무네미츠[陸奧宗光] 외무대신에게 보낸 전문에서 "경부 간의 군용전선

---

27) "忠淸道 河潭·可興 근방에 東學黨이 跋扈하고, 日本 軍隊의 짐을 운반해주는 놈은 모두 죽여야 한다고 협박하므로 地方民은 이것을 두려워 우리에게 雇用되려는 사람이 없으며 그 곳 兵站部에서 每日 必要로 하는 人夫는 100명인데 모집에 응하여 오는 사람은 겨우 4, 5명에 불과합니다."(「忠淸道 河潭 可興 近地 東學黨의 跋扈로 雇用困難」, 『駐韓日本公使館記錄(1)』, 122~123쪽)

28) "此時, 日軍重兵集結, 而由于朝鮮老百姓對日軍的抵制, 日軍的補給其困難, 不利于持久作戰"(甲午戰史 5, 決戰平壤. http://www.epicbook.com/history/jawu5.html).

은 개통 이래 한 달 반도 되지 않았으나, 불통이 되는 일이 빈번하여, 실로 … 무려 9차례에 이른다."[29]고 하였다.

일본군이 조선인의 살해를 의미하는 극단의 명령을 처음 내리는 것은 전신선의 보호와 관련되고 있다. 이것도 현지 지휘관이나 공사 차원이 아니라 參謀總長 타루히토가 직접 "전선을 파괴하고, 혹은 공사를 저해하며 혹은 그 외의 방법을 통해 군용전선 가설의 목적을 방해하는 자가 있으면 적절한 방법을 사용하여 이를 배제"[30]하라고 훈령을 내렸다. 병참부[31] 주둔병에게도 군용·전선의 보호를 추가 임무로 하였다.

8월 하순 경상도 문경·예천·상주 일대의 동학농민군이 무장봉기를 준비한 목적은 일본군을 조선에서 축출하는 것이었지만 당면 목표는 낙동과 태봉의 일본군 병참부를 공격하는 것이었다. 예천 일대의 동학농민군이 읍내의 민보군과 충돌하면서 화지와 금당실에 집결하고, 용궁 읍내를 점거해서 무기를 빼앗아간 사건은 일본군에게 경계심을 불러일으켰다.

이때 일본군으로서는 큰 사건이 벌어졌다. 8월 25일 태봉병참부의 부관인 대위 다케우찌[竹內]가 병정 2명과 함께 태봉 인근인 산양의 동학농민군 집결지를 정찰하다가 발각되어서 살해당한 것이다. 그리고 병사 한 사람도 손가락을 잘리고 총을 빼앗긴 채 귀대해서 그 전말을 보고하였다.[32] 일본군은 이 사건과 일본공사관이 천안에서 8월 12일(양력 9월 11일) 일본인 6명이 동학농민군에게 살해된 사건이 같은 시기에 공사관에 파견된 일본인 순

---

29) 李升熙, 위 논문 117~118쪽.

30) 위 논문, 118~119쪽. 이는 1894년 5월 24일(양력 6월 27일) 第1, 第2電線架設支隊 司令官에게 내린 명령으로서 청과 전쟁에 대비하여 전선 가설과 보호를 위해 무력 사용을 거론한 것이다.

31) 일본군은 각 병참부를 병참사령부라고 부르고 대위와 소좌 계급의 장교를 병참사령관에 임명했다. 병참망 전체를 관할한 것은 부산에 주재하던 남부병참감으로 불렸던 이토 중좌였다. 이토 중좌는 인천으로 주둔지를 이전해서 인천병참감으로 부르기도 한다(『駐韓日本公使館記錄』 1권과 6권).

32) 『駐韓日本公使館記錄』 1, 116~117쪽.

사들에 의해 확인되었다. 일본은 이들 사건을 별도의 부대를 증파하는 명분으로 활용하였다. 물론 진압부대 증파는 전라도 남원의 김개남 세력을 비롯한 전국 각지에서 동학농민군이 본격적인 무장봉기를 하고 있기 때문에 이루어진 일이었다. 그렇지만 동학농민군의 학살을 예상할 수 밖에 없는 일본군의 증파는 이 두 사건이 직접 계기가 되었다.[33]

3. 일본군 후비보병 제19대대의 진압 방침

재기에 나선 동학농민군의 진압을 책임진 일본군 지휘관은 부산에 주재한 병참감 이토 요시노리[伊藤祐義] 보병중좌였다. 주요 방침의 최종 결정은 도쿄의 일본정부나 히로시마의 일본군 대본영에서 내렸지만 조선에 파견된 일본군은 병참망의 운영을 책임진 병참감이 지휘를 한 것이다.[34]

황해해전에서 일본 해군이 승리해서 황해의 제해권을 장악한 일본군은 부산에서 인천으로 주둔지를 이전해서 남부병참감이나 부산병참감에서 인천병참감으로 직명을 썼던 이토 중좌는 대본영 육군참모부의 참모차장 겸 병참총감 카와카미 소로쿠[川上操六]에게 직접 지휘를 받았다. 즉 조선을 거쳐서 육로를 통해 청국으로 올라가는 일본군 제1군의 병참선을 관장한 병참지휘관이 동학농민군의 진압을 책임진 것이다.

---

33) 『駐韓日本公使館記錄』 1, 132~134쪽. 「東學黨의 再起와 日軍의 匪徒鎭壓에 따른 朝鮮政府의 협조 요청」, 일본군 증파의 원인으로 든 것은 7·8월(양력 8·9월) 경상 전라 충청 각도의 동학당 聚合, 아산에서 패전한 청병의 동학농민군 합류, 천안에서 일본인 6명 피살, 용궁에서 다케우찌 대위 피살, 석문전투 등이다.
34) 이에 관해서는 井上勝生의 논문 「갑오농민전쟁(동학농민전쟁)과 일본군」, 『동학농민혁명의 동아시아적 책임』에 잘 정리해 놓았다. 姜孝叔, 학위논문, 13~17쪽에서 일본군이 조선을 병참기지화했다는 제목도 시사적이다. 경복궁을 비롯하여 서울 주요 지역을 군사점령한 것은 오시마 소장의 혼성9여단이지만 청일전쟁 이후에는 병참기지화된 조선 내부의 동학농민군 진압은 병참장교의 책임이었다.

일본군 제2군이 새로 편성되면서 제1군의 병참지휘부도 개편이 된다. 18
94년 10월(양력) 육군소장으로서 보병제8여단장을 지낸 후쿠하라 토요노리
[福原豊功]35)가 남부병참감으로 임명되어 11월 어은동에 이전한 병참본부
로 부임한 뒤에도 인천병참감 이토 중좌에게 동학농민군 진압 책임을 그대
로 맡기고 있다.

이토 병참감은 일본공사관의 이노우에[井上馨] 공사에게 진압상황을 보
고하였다. 동시에 일본공사관에서 조선 정부에 군사작전을 위한 각종 협력
을 강요하도록 요청하고 있었다. 동학농민군 진압만을 위해서 증파되어온
후비보병 제19대대 각 중대의 작전 파견에, 아래에 인용한, 鎭撫使와 官軍
등을 동행시키도록 하거나 각 도의 감사와 지방관에게 협조를 요청하는 일
등은 공사관과 협의하였다.

부산에서 일본 정부를 대표한 총영사 무로타 요시후미[室田義文]와 一等
領事 가토 마스오[加藤增雄]와 서울에서 공사가 자리에 없을 때 이를 대리
한 스기무라 후카시[杉村濬]도 동학농민군 진압에 앞장선 인물들이었다.36)

동학농민군의 진압을 명령받은 일본군에 관해서는 이미 잘 밝혀져 있
다.37) 주력은 후비보병 제19대대의 3개 중대였고, 후비보병 제18대대의 1개
중대(충주 강원도 파견), 후비보병 제6연대 제6중대(인천 주둔)의 1개 중대,
후비보병 제6연대의 제4중대와 제7중대의 일부병력(황해도 파견), 부산수비

35) 후쿠하라 소장(1852~1895)은 근위 제2연대장과 제5사단 참모장·제6사단 참모장·
    제8여단장을 역임하고 1894년 10월 南部兵站監에 임명되어 다음달 조선에 와서
    이토 중좌의 상관이 된다. 1895년 7월 여순 점령지 총독부의 참모장으로 있다가
    콜레라에 걸려서 병사하였다(http://purunus.main.jp/).
36) 『駐韓日本公使館記錄』에 나오는 일본군 진퇴와 전투에 관한 보고가 이들에게 집중
    되고 서로 협의·건의·지시·명령 등의 형태로 군사작전을 진행한 사실이 확인된다.
37) 『朝鮮駐箚軍歷史』 18~19 ; 朴宗根, 『淸日戰爭과 朝鮮』, 241쪽 ; 具良根, 「東學農
    民軍の第二次蜂起と日本軍の部署」, 《新韓學報》 18호, 東京, 1976: 新韓學術硏究
    會(이 논문은 1993년에 간행된 『甲午農民戰爭原因論』, 아세아문화사 간행에 「농
    민전쟁과 일본군의 부서」라는 제목으로 수록되어 있다) ; 愼鏞廈, 『東學과 甲午農
    民戰爭硏究』, 일조각, 1993, 322쪽.

대의 1개중대, 해군 筑波艦[38](탑승인원 육전대 251명), 操江艦[39](승조원 82명)이었다.[40] 여기에 경상도와 충청도의 병참선로에서 인근의 동학농민군 조직을 압박하였던 병참부 주둔병들도 포함된다. 7월 30일(양력 8월 30일)에 일본군 보병 제10연대 제1대대의 4개 중대가 부산에 파병되어 왔는데, 이 중 1·2·3중대가 부산에서 송파나루까지 일본군 병참부의 수비를 책임졌던 것이다.[41]

일본군 병참병은 『戰時編成』에 의하면 野戰隊·守備隊·補充隊·國民軍으로 구성되는 일본군 중 야전대에 속했다.[42] 따라서 병참선로 인근 지역에서 활동하던 동학농민군이 맞섰던 것은 이들 정예병이었다.

후비보병은 만 20세에 상비병으로 3년간 복무하고 예비역으로 4년을 보낸 후에 다시 5년의 복무를 하는 병사들로 구성된 부대였다. 이 병사들은 경험이 많고 노련한 병사들이었다. 일본군은 가용 가능한 상비 사단을 동원해서 청과 전투를 벌이면서 후비보병 제18대대를 파병하여 서울에 주둔시켰고, 다시 후비보병 제19대대를 증파해서 동학농민군을 진압을 전담하는

---

38) 츠쿠바호는 영국령 미얀마의 경비를 위해 건조한 3개의 돛대가 있는 군함으로 1871년에 일본이 영국에서 구입하여 해군병 학교의 연습함으로 사용하다가 1894년에 40년 이상된 노후함으로 실전에 투입되어 조선 남해안을 순회하였다.
39) 청국의 해군함정이었으나 풍도해전 중에 나포되어 일본 해군이 사용하였다.
40) 『駐韓日本公使館記錄』 1·6권. 井上勝生은 이 논문에서 2천명 정도의 병력이 동학농민군 탄압에 참가했다고 추정하였다. 후비보병 1개 중대는 1889년의 개정 규정에 따라 총원이 221명이고, 진압군의 주력을 이룬 제19대대는 663명이라고 하였다. 姜孝叔, 학위논문, 27쪽에는 이들을 합계해서 2,708명으로 추산하고 있다. 그리고 주 52)에서는 관련된 부대의 편제에 따라 모두 합해서 총인원수를 3,371명에 달했다고 보고 있다. 그러나 이들 부대 외에도 여러 부대에서 가세하고 있는 것을 『駐韓日本公使館記錄』 등을 통해 알 수 있다. 예를 들면, 보병 제6연대 제2대대장 飯森소좌가 충주 가흥병참부에서 동학농민군 진압을 책임진 지휘관으로 있었고, 원산에 주둔한 일본군 제5사단 소속인 부대가 강원도를 순회하고 있었다. 이들 후비보병들 외에도 일본인 인부들도 일본군과 동행하며 병사와 다름없이 역할을 하였다.
41) 위 논문, 17쪽.
42) 姜孝叔, 학위논문, 16쪽.

임무를 맡겼던 것이다. 후비보병 제19대대는 야마구찌현[山口縣]에 주둔했던 수비병으로서 10월 초(양력 11월 3일과 4일) 시모노세키[下關]항에서 출발하여 인천에 상륙하였다.[43)]

용산에 들어온 이 부대는 일본공사관은 동학농민군 진압을 위한 추가 병력을 파병하며 외무대신 金允植에게 보낸 서한에서 조선 관군을 함께 출동시키도록 강요하고 있다. 강력히 동학농민군이 서울까지 들어온다는 설이 있는데 서울이 "그들의 소유가 된다면 … 貴國의 億兆蒼生이 하루도 편히 살 곳이 없을" 것이라며, "7월 26일 우리 兩國은 盟約을 체결하고 淸兵을 境外로 물리칠 것을 主旨로 合意하였으나, 지금 그 匪徒들이 敗戰한 淸兵들과 우리 兵士들과 人民들을 물리치자는 名分을 내세우고" 있기 때문에 조선과 일본의 양국 군대가 '匪黨'의 소탕에 나서자고 하였다.[44)]

남부병참감 이토 중좌는 후비보병 제19대대의 남하에 진무사와 조선 관리들의 동반을 요청하였다.[45)] 이에는 일정한 흉계가 있었다. 첫째는, 다음과 별지에 나오는 기록과 같이, 각도의 감사까지 독려할 수 있는 조선 정부의 고위 관리를 거느려서 동학농민군을 위압하려고 했다. 그리고 일본군의 군수물자와 군량까지 조달할 관리를 수행시켜서 군사작전의 편의를 도모하려고 했던 것이다.

1. 鎭撫使 약간 명―이 관리는 필요한 屬官과 警官 등을 거느리고 일본군을 따라, 각 지방에 출장하여 監司·府使 등을 독려, 동학당에게 이해득실을 說諭하고 반성·귀순시키는 일을 전담할 것이다. 그러므로 조선 정부를 대표해서 동학당을 굴복시킬 만한 충분한 권력을 지닌 자여야 한다.

---

43) 具良根, 위 논문, 주 54) 참조. 이 논문은 가장 일찍이 일본군 진압부대에 관한 상세한 편제를 정리해서 소개하고 있다.

44) 「東學黨의 再起와 日軍의 匪徒鎭壓에 따른 朝鮮政府의 협조 요청」, 『駐韓日本公使館記錄』 1, 132~134쪽.

45) 「東學黨征討計劃과 鎭撫使 및 朝鮮軍 派遣要請」, 『駐韓日本公使館記錄』 1, 147~148쪽.

2. 內務官吏 약간 명－이 관리는 시종 일본군을 수행하며 대장의 명을 받아 지방 어디를 가나 군수물자와 양식 등을 조달, 구매하고 인부를 모집하여 宿舍를 공급하는 등에 관한 자질구레한 일들을 주선하여 일본군을 위해 충분한 편의를 제공하고 보조하는 일을 전담한다. 이를 위해 부속관리와 巡査 등 필요한 인원을 거느리게 한다.

3. 이상의 출장 관리의 비용과 양식 등은 일본군대에서 보조한다.

그러나 일본군의 속내를 드러낸 것은 "그들이 충분한 처리를 다 해내리라고는 기대할 수 없기 때문에, 적절히 완급을 가려 가혹한 수단을 취하도록 할 예정입니다. 이렇게 하면 명목상 한 점의 하자도 없고 또 후일에 문제될 것이 없을 것입니다." 하는 내용이다. 가혹한 수단이라는 것은 결국 학살을 의미하는 것이고, 지나친 학살이 문제가 될 경우에는 조선 정부에 책임을 전가시킬 수 있을 것이라는 계책이었던 것이다.

더구나 이토 중좌는 "이 기회에 조선 조정에서 각하(필자 주; 이노우에 공사)께 수비병 파견을 요청하는 형식으로 한다면 대단히 좋을 것이라고 생각됩니다."고 하였다. 조선 정부가 동학농민군 진압에 일본군을 파견해달라고 요청을 하는 형식을 밟으라는 건의에는 단순한 증파 명분만 얻자는 것만 있는 것이 아니었다. 진압 과정에서 일어날 엄청난 학살극을 예상하고 미리 방어막을 치려고 한 의도가 보이는 내용이었다.

후비보병 제19대대는 10월 15일(양력 11월 12일) 용산의 주둔지를 출발하였다. 병참감 이토 중좌가 대대에 내린 훈령과 뒤에 다시 내린 지시는 다음 몇 가지로 요약된다. 첫째, 충주·괴산·청주에 군집한 충청도의 東學黨과 전라도의 동학당 근거지를 찾아서 勦絶할 것. 둘째, 강원도로 올라가는 길을 막아서 북쪽 경계선을 넘어 국제문제화 하는 것을 막을 것. 셋째, 충청도와 전라도의 동학당을 전라도 서남부로 몰아서 학살할 것.

이에 따라 제2중대는 西路 分進隊로서 公州街道를 가게 하였고, 대대본부와 제3중대는 中路分進隊로 淸州街道를 택했으며, 제1중대는 東路分進隊

로 兵站線을 따라 전진하도록 명령을 내렸다. 대대장 미나미 고시로[南小四郎]는 중로군 동로와 서로군을 지휘하면서 중로군을 직접 이끌었다. 이는 이토 중좌가 사전에 정탐한 상황 파악과 진압 계획에 따라 충청도와 전라도의 집결지에서 북상을 준비하던 남북접 동학농민군 주력을 제압하고, 경상도와 충청도로 이어지는 병참선로의 위협을 제거하려는 것이었다.

그리고 "東學黨을 擊破하고 그 禍根을 剿滅함으로서 東學黨이 再興하는 後患이 남기지 않도록 해야 한다."고 강력한 진압을 지시하였다. 이는 일본군에게 학살을 직접 명령한 것이었다. 이 훈령은 히로시마 대본영에서 동학농민군 진압에 관해 최고 결정을 내렸던 병참감 카와카미 소로쿠[川上操六][46]의 명령이기도 했다.

4. 일본군의 전투보고에 기록된 동학농민군 학살자의 수

1) 학살의 책임과 진압 양상

동학농민군이 전국에서 맞서 싸운 상대는 일본군과 관군 그리고 민보군이었다. 동학농민군의 학살과 관련해서 일본군·관군·민보군을 각각 따로 살펴보는 것은 어려운 일이다. 우선 일본군이 관군을 지휘하거나 연합해서 전투를 벌이거나 수색·추적을 통해 학살을 할 때 그 책임을 명확히 구분하는 것이 쉽지 않다. 또 일본군이 사로잡은 동학농민군을 관군이나 지방관아에 넘긴 이후 처형을 할 때와 반대로 관군이나 지방관아에서 붙잡은 사람을 일

---

46) 川上操六(1848~1899)은 西南戰爭에 참가해서 공을 세우고 근위보병 제1연대장·2여단장·참모차장을 역임하고 히로시마 대본영에서 상석 참모 겸 병참총감을 맡아 전쟁을 지휘했던 인물이었다. 동학농민군 학살을 명령한 최고지휘관은 바로 카와카미 中將이었다. 뒤에 대장으로 승진해서 참모총장을 지냈다.

본군이 살해할 때가 있는데 그 책임을 한쪽에만 물을 수 없기 때문이다. 더구나 관군과 민보군 중에는 일본군이 우려할 정도로 학살과 약탈을 자행해서 악평을 받은 부대도 있었다.

그러나 군사 활동은 軍令權 즉 지휘권을 장악한 측이 책임을 지는 것이다. 그래서 "누가 죽였는가?"보다 "누가 군사지휘권을 가졌는가?"에 귀착시킨다면 학살의 책임은 조선정부에 군사지휘권을 강요해서 장악한 일본군에게 돌려야 할 것이다. 일본군이 경복궁을 침범하고 경군의 무장을 해제한 이후 國政은 일본공사의 의중에 따라 좌우되었다. 일본공사가 직접 영향을 미쳤던 친일 협력관료들이 정권을 차지하고 있었고, 또 경군은 일본군이 무기와 탄약을 내어주지 않으면 군대로서 제 역할을 할 수 없었다.

일본군 후비보병 제19대대는 파견한 처음부터 관군 지휘권을 가지고 있었다. 실제로 대대장 미나미 소좌는 조선 정부가 부여한 경군 지휘권[47]을 장악하고 서울에서 남하할 때부터 직접 경군 부대를 이끌고 다니면서 수색과 전투에 동원하였다. 지대를 나누어 각지로 파견할 때도 중대나 소대의 일본군 병력에 경군을 분산 동행시켜서 지휘하였다. 전투와 수색 중에도 지휘권은 일본군 장교가 가지고 있었고 관군은 그 지휘를 따라야 했다. 심지어 교도중대와 통위영 병대를 거느린 선봉장 李圭泰도 일개 일본군 중대장의 지시를 들어야 했다.

이와 관련한 다음과 같은 사례가 있다. 공주성에 일본군 서로 분진대와 경군 각 부대가 집결해서 남북접 연합농민군의 공격을 막아낸 직후의 일이다. 동학농민군이 우금치에서 후퇴를 하자 일본군 모리오 대위가 미나미 대

---

47) "전번에 公文으로 내린 飭令을 받아보니, '進退와 遲速에 있어서는 모두 日本軍隊의 지휘를 받아라'하는 말을 하였는데, …"(「仁川日軍과 江華兵 合勢出擊要請」, 『駐韓日本公使館記錄』 1, 171~172쪽) ; "지금 東匪를 討伐하는 일로 貴國軍隊가 길을 나누어 南下하고 있습니다. 그러므로 用兵하는 방법을 조용히 생각해볼 때, 그 號令과 節制는 한 곳에서 나와야 합니다."(「官軍과 日本軍과의 協助件」, 『駐韓日本公使館記錄』 1, 187~188쪽)

대장의 사수령을 지키지 않고 추격하기로 하고 결정하였다. 그리고 경군 각 부대에게 임무를 맡겼으나 선봉장 이규태가 일본군의 지시를 받지 않겠다고 반발하였다. 그러자 후비보병 제19대대의 西路 分進隊長이었던 제2중대의 모리오 마사이치[森尾雅一] 대위는 "나는 지휘관은 아니다. 그러나 지금 당장 홀로 성 안에 겹겹이 포위되어 있어서 지휘관의 명령을 받을 길이 차단되어 위급존망의 형편이므로 임기응변책을 취할 도리 밖에 없다. 네가 만약 우리의 지휘를 받지 않겠다고 한다면, 우리도 역시 강제로 너를 우리 지휘에 따르도록 하겠다."며 위협을 했다.[48]

경군 각 부대의 무기와 탄약은 일본군이 통제하였다. 경군이 사용한 탄약은 일본군이 주로 공급하였고, 사용한 탄약의 수도 일본군에게 보고되었다. 정부에서 전라도에 파견된 경군에게 내려보낸 탄약도 나주에서 주둔하던 일본군이 빼앗아 자의대로 사용하였다.

후비보병 제19대대는 고위 관원의 지원을 받았다. 스기무라 서기관의 독촉을 받고 파견된 관원은 鎭撫使가 아닌 慰撫使라는 직함을 가졌다. 이들은 일본군 분진대와 모든 일정을 같이하지는 않았지만 각각 삼남에 파견되어 지방관과 각 병영의 지방군이 일본군과 협조하도록 강제하였다. 이들은 정부의 大臣과 監司와 같은 직위의 관료들이었다. 충청도위무사는 朴齊寬, 전라도위무사는 李道宰, 경상도위무사는 李重夏였다.[49] 박제관은 충청감사·이조판서·공조판서·三道陸軍統禦使를 역임한 실력자의 하나였고, 이도재는 승지·이조참의·성균관 대사성·공무협판·군국기무처 의원을 거쳤고 곧 전라도 관찰사가 되었다. 이중하는 백두산 정계비를 조사했던 土門勘界使를 맡았던 인물로서 이조참의·외무협판을 지내고 동학농민혁명이 일어나자 경상도선무사로 활동하다가 경상도위무사가 되었다.

동학농민군이 치른 막대한 희생은 일본군과 상대할 때 나왔다. 일본군은

48) 「東學黨 征討略記」, 『駐韓日本公使館記錄』 6, 39~41쪽.
49) 「1個中隊 派遣에 대한 回答과 派遣人員名單」, 『駐韓日本公使館記錄』 1, 166쪽.

분대와 소대로 편성된 소규모의 지대일지라도 수백 또는 수천명으로 이루어진 각지의 동학농민군에게 치명적인 피해를 입혔다. 일본군은 대개 일본군의 병력보다 더 많은 관군을 동행시켜서 앞장에 세웠다. 후비보병 제19대대를 비롯해서 후비보병 제18대대의 1개 중대와 후비보병 제6연대 제6중대 그리고 부산수비대와 해군 筑波艦의 육전대도 관군과 함께 움직였다. 大邱 判官 池錫永이 지휘하는 南營兵이나 統營兵도 일본군 부산수비대와 함께 경상도 남부지역의 동학농민군을 공격하였다. 또한 일본군 軍路測量隊 호위군이 상주의 민보군과 함께 동학농민군을 추적해서 대규모로 학살한 북실전투의 사례도 있었다.

미나미 후비보병 제19대대장은 전라도 남단으로 동학농민군을 몰아넣었을 때 대대본부를 나주에 두고 무려 한 달 이상 장흥과 강진 그리고 해남 등지에 지대를 파견한 뒤 관군과 민보군을 동원하여 패산한 동학농민군을 수색 처형하도록 하였다. 일본군 대본영의 훈령에 따라 이른바 '討滅'을 꾀했던 것이다. 장위영 병대를 이끈 이두황을 비롯한 경군 지휘관은 일본군의 지시에 따라 수색과 처형에 앞장을 섰다. 동학농민군에게 피해를 입었던 각 군현의 관아와 민보군도 피신지를 수색하며 추적하였다. 이처럼 일본군은 교묘하게 관군이 학살을 자행하도록 조장하면서도 체포된 동학농민군 고위 지도자가 관군에게 처형되면 일본공사관으로 압송하지 않았다면서 심문 없는 처형을 비난하고 있다.

관군은 정예 京軍조차 전라도와 충청도에 집결한 동학농민군 주력을 제압할 수 있는 무력이 아니었다. 우선 그 수에서 동학농민군에게 압도되어 정면 공격을 시도하지 못했다. 독자적으로 활동하던 관군은 대규모의 동학농민군과 대결하려고 하지 않았다. 이두황이 이끈 장위영 병대는 동학농민군 주력이 이동하면 그 뒤를 뒤따르기만 했으나 소수의 동학농민군을 공격할 때는 용감한 모습을 보였다. 하지만 일본군과 함께 공격하거나 패산한 동학농민군을 추적할 때는 적극성을 보였다.

　동학농민군을 감당하지 못한 관찰사·수령과 관군 지휘관이 스스로 일본
군의 지원을 요청한 사례도 보인다. 충청감사 박제순은 동학농민군 남북접
연합대군이 공주를 향해 올 때 일본군의 도움을 받기 위해 애를 쓰고 있었
다. 그래서 일본공사관에 공주성에 일본군을 주둔시키는 것을 간절히 요청
하였다.[50] 일본군의 무력이 없으면 공주성 방어가 불가능하다고 판단한 것
이다. 심지어는 統營에 정박한 일본 해군 筑波艦 함장에게 경상도 節度使가
전라좌수영이 포위되어 있다면서 구원을 요청하여 12월 22일 陸戰隊를 파
견하는 일도 있었다.[51] 임란 이후 일본의 재침을 막는 것이 가장 중요한 임
무였던 절도사와 水使가 일본군에게 원조를 요청하는 역설적인 사건이 일
어난 것이다.

　일본군 병참부가 설치된 군현에서도 동학농민군이 읍성을 점거하면 향리
들이 병참부를 찾아가서 구원을 요청하였다. 선산에서 있었던 사례가 대표
적이다.[52] 상주에서는 낙동병참부가 직접 개입해서 읍성의 동학농민군에게
커다란 타격을 입히고 읍내에서 퇴각하도록 했다. 가흥병참부의 일본군은
가흥뿐 아니라 안보의 병참부와 전신기지를 보호하기 위해 충주와 괴산 일
대를 위력정찰을 하였는데 그 과정에서 경기도와 강원도 그리고 충청도 북
서부에서 집결한 동학농민군 대군과 조우하였다. 상주의 소모영은 낙동병참
부의 일본군과 서로 협력을 하기 위한 일종의 軍標를 만들기도 했다.[53]

---

50) 「東徒剿滅까지 鈴木少尉隊의 公州駐留依賴件 通報」, 『駐韓日本公使館記錄』 1, 179~
　　180쪽.
51) 「日本筑波艦의 全羅左水營 東匪擊退에 관한 電報」, 『駐韓日本公使館記錄』 1, 193쪽.
52) "善山通引 適來傳言 東徒之不知幾千人 聚善山邑府內 多日作弊無雙 邑吏輩恐其如
　　星州邑之燒火 誘日人欲砲殺東徒 入日站 誘之曰 今東徒萬餘人 屯聚此邑 將欲襲擊
　　盡取汝等殺之耶 倭人之言語 相通之使 皆我國之人也 使之甘言密說誘之中 且東徒
　　素有虛張 斥倭言說傳播遠近 倭人亦聞此設已久 而又聽邑吏之設 今朝平明 倭兵抱
　　銃 而忽至砲殺東徒無數 幾至盡殺之境 一倭兵爲渠砲之所中 相與撫/摩之暇 盡爲逃
　　走 …"(『甲午以後日記』)
53) 軍標는 일종의 標標로서 병참부와 약정하고 召募印이 찍힌 「正義圖」를 만들어 상
　　주 31개의 면에 각각 5매씩 155매를 分給하고 일본군과 마주칠 경우 軍號로 보이

강릉·예천·지평·거창 등지에서는 관군과 민보군이 동학농민군을 격퇴하여 경내의 관치질서를 지킬 수 있었다. 하지만 2차 봉기 이후 삼남 각지와 경기도·강원도, 그리고 황해도 지역에 대규모로 집결한 동학농민군은 일본군이 순회하면서 세력이 약화되었다.

동학농민군과 일본군 간의 무장과 훈련 정도는 서로 비교할 수 있는 것이 아니었다. 동학농민군도 그 같은 사실을 잘 알고 있었다. 그래서 일본군을 만나면 부딪치지 않고 피해가려고 하였다. 일본군을 축출하기 위해 봉기한 동학농민군이 일본군과 만나면 전투를 회피했던 것이다. 전투를 개시할 때는 피하지 못할 사정이 있거나 1대 100의 병력 우위를 확보했을 때였다.[54]

그렇지만 대개의 경우 전투는 일방적인 학살로 끝이 났다. 일본군은 전투보고서를 올렸지만 그 내용을 보면 전투가 아니라 일방적인 살육전이었다. 일본군의 피해는 거의 없었고 동학농민군만 피해를 입었다.

2) 일본군의 동학농민군 학살 규모

다음은 일본군의 보고문서와 관군의 기록[55]을 중심으로 동학농민군이 학살된 수를 단순히 나열해 본 것이다. 이 수는 빠지고 의도적으로 줄인 사례가 많아서 그 규모를 대략만 살펴보는 것에 불과한 것이다.[56] 여기에서 파

게 한 것이다(「甘結尙州」, 『召募事實』 乾 11월 9일자).

54) "問 東學黨은 日本軍과 적대할 결심이 되어 있는가? 答 적대할 의사는 없다. 될 수 있는대로 일본군이 없는 곳을 찾아서 지나간다. 問 그런데 때때로 日本軍과 전투를 하지 않는가? 答 뜻밖에 조우하는 경우가 있고 또 통행로에 부득이 장애가 될 경우에는 전투를 한다. 그럴 때는 日本軍 1명에 東學黨 백명꼴로 싸운다."(「忠淸道 東學黨 討伐狀況 및 戰況報告寫本 送付」, 『駐韓日本公使館記錄』 1, 217쪽).

55) 일본군이 동학농민군을 학살한 사실은 주로 『駐韓日本公使館記錄』 1권과 6권에 전재되어 있다. 이 자료와 함께 일본군의 지휘를 받았던 관군의 보고문이 실린 『巡撫先鋒陣謄錄』의 기록 등에 의거해 학살자의 수를 대략 정리한다. 일본군 남부병참감부의 『陣中日誌』 등의 기록을 포함시키지 않은 것은 이 글이 대략적인 추세를 살펴보려는 목적을 가졌기 때문이다.

악된 수는 일본군이 직접 전투당사자였거나 관군을 지휘해서 학살한 것을 함께 포함하였다. 동학농민군 진압에 참가한 일본군 부대별로 구분해서 나누어 보았다.[57]

(1) 후비보병 제19대대 (전사 2,488명+우금치 희생자, 포로 152명+수백명)

① 서로 2중대 모리오[森尾雅一] 대위

11월 21일(지대) - 勝戰谷전투 : 전사 3명

11월 22일 - 公州전투 : 전사 6명

11월 25일 - 洪州전투 : 전사 200여명(홍주성 내 포로 수백명)

12월 4~5일 - 公州전투 : 전사 37명

　　　　　　 판치 능치 효포 웅치(등록-선봉진) 다수 죽음[58]

12월 8일 - 능치 : 전사 4, 5명 (등록-경리청)

12월 10일 - 노성 : 체포 즉시 총살, 죽인 자 많음[59]

12월 11일 - 論山전투 : 전사 20명

　　　　　　 (등록-장위영) 시신과 머리가 눈에 걸리고 발에 채임

　　　　　　 論山 노성 : (등록-통위영) 포살자 익사자 300명 이상

　　　　　　 恩津(주한일본공사관기록-장위영) 포로 11~12명

12월 12일 - 恩津 墨洞(등록-장위영) 7명 처형

12월 17일 - 恩津 유구 도집강 등 20명 일본군 부대로 압송

② 본부와 중로 3중대 미나미[南] 소좌

11월 23일 - 文義 至明전투 : 전사 7명

---

56) 따라서 단순히 보고서에 나온 수를 합계한 것에 지나지 않는 이 수를 근거로 1894년에 희생된 동학농민군 수를 확정해서 말하면 안 된다. 뒤에 언급하지만 수십이나 수백명 또는 '다수 죽음' '죽인 자 많음' '눈에 걸리고 발에 채임'은 숫자로 환산될 수 없는 것이고, 가장 많은 희생된 우금치전투의 희생자는 빠진 것이다.

57) 이 절에 나오는 날짜는 양력이다. 일본군의 전투보고를 중심으로 정리했기 때문에 양력을 기준으로 정리하였고 관군의 기록도 편의에 따라 양력을 환산하였다.

58) "賊多被殺" "倂力廝殺" "數千匪類 --砲殺擊退"(『巡撫先鋒陣謄錄』 11월 10일).

59) "所殺甚多"(『巡撫先鋒陣謄錄』 11월 17일).

11월 26일(지대) − 增若전투 : 전사 30여명(승정원일기-교도중대) 전사 300명
처형 9명, 포로 3명

12월 1일(지대) − 石城전투 : 전사 3명 (등록-교도중대) 40여명

12월 4일(지대) − 陽山전투 : 전사 40명 (등록-교도중대) 50여명

12월 5일(지대) − 錦山전투 : 전사 6명 (등록-교도중대) 50여명

12월 10일 − 連山전투 : 전사 50명

− 龍潭 照林전투 : (등록-교도중대) 30여명
(등록-교도중대) 6명 총살

12월 10일(지대) − 農山전투 : 전사 13명

12월 12일 − 鎭安전투 : 전사 18명 (등록-교도중대) 수십명

12월 13일 − 栗谷전투 : 전사 11명 (등록-교도중대) 30여명

12월 14일 − 高山전투 : 전사 16명 (등록-교도중대) 수백명
(등록-교도중대) 3명 총살

2월 18일 − 大芚山전투 : 전사 25명

③ 본부와 2, 3중대

12월 21일 − 院坪전투 : (등록-교도중대) 전사 37명

12월 23일 − 泰仁전투 : (등록-선봉진) 전사 40명, 포로 50여명

④ 제19대대

12월 27일 − 任實 : 5명 총살

12월 28일 − 樊樹驛 : 1명 총살

1월 8일(지대) − 長興 朝陽전투 : 전사 20여명

1월 10일(지대) − 長興 석대들전투 : (등록-통위영) 전사 200여명

1월 11일(지대) − 長興 玉山전투 : (등록-교도중대) 전사 100여명, 포로
20여명(10여명 총살)

1월 14일(지대) − 康津 : (등록-교도중대) 15명 총살

⑤ 서남 해안 일대의 수색·체포·학살(전사 2,000명, 포로 46명+수십명)

해남 : 250명

강진 : 320명

장흥 : 300명

나주 : 230명

보성 : (등록-보성군수 보고) 30여명 총살, 수십명 체포

함평 : 30~50명 (등록-좌선봉진 보고) 5일 9명, 6일 5명 총살. 6명 체포.
8일 2명 총살.

무안 : 30~50명 (등록-좌선봉진 보고) 30여명 처형, 40명 체포

영암 : 30~50명

광주 : 30~50명

능주 : 30~50명

담양 : 30~50명

순창 : 30~50명

운봉 : 30~50명

장성 : 30~50명

영광 : 30~50명

무장 : 30~50명

낙안 : (등록-낙안군수) 2명 효수, 27명 처형

구례 : (등록-구례현감) 2명 총살, 7명 처형

순천 : (등록-순천부 공형) 150명(수백명) 총살

흥덕 : (등록-흥덕현감) 1명(손화중 처남) 처형

진도 : (등록-진도부사) 4명 처형

⑥ 군로실측대 호위병 구와바라[桑原榮次郞]소위

(전사 321명, 상주 민보군 2,700명)

12월 7일 – 知面村전투 : 전사 1명

12월 9일 – 淸州전투 : 전사 20여명 (등록-日兵·청주병) 살상자 100여명

1월 13일 – 鍾谷전투 : 전사 300여명 (토비대략-상주병) 2,593명 이상[60]

---

60) "爲亂砲所斃者二千二百餘人 夜戰所殺 爲三百九十三人"(『討匪大略』)

(2) 후비보병 제6연대 제2대대(전사 116명, 포로 121명+수십명)

① 제6중대(인천수비대) 야마무라 타다마사[山村忠正] 대위

11월 12일 - 괴산 1명 총살, 6명 타살

11월 13일 - 보은 2명 포로

11월 14일 - 청산 몇 명 포로

11월 15일 - 괴산 2명 총파(銃把)로 타살

12월 10일 - 해미 : 수십명 포로 홍주성 호송

12월 11일 - 서산 : 30명 총대로 타살, 100명 포로

② 황해도 파견 일본군 - 후비보병 제6연대 제2대대

11월 27일 - 載寧전투 : 전사 15명, 포로 5명

12월 3일 - 平山전투 : 전사 10여명

12월 15일 - 해주 : 11명 포로 처형, 포로 2명 압송

12월 19일 - 해주전투 : 전사 12명, 포로 9명

12월 23일 - 해주 서부전투 : 전사 15명, 포로 2명

● 劍水수비대

1895년 1월 6일 - 瑞興 興水院전투 : 전사 2명, 1명 포로

● 黃州병참부

1895년 1월 7일 - 正方山城전투 : 전사 5명

　　　　 1월 8일 - 銀波전투 : 전사 7명

③ 筑波艦 육전대(전사 34명, 포로 2명)

12월 22일 - 좌수영 부근 德陽里전투 : 전사 2명, 1명 생포

1895년 1월 10일 寶城 鳥峙 : 20명(9명, 11명) 처형

　　　　 1월 18일 寶城 : 11명(9명, 2명) 처형

　　　　 1월 19일 長興 牛山 : 1명 생포

④ 병참부 수비병 등(전사 456명, 포로 17명)

● 낙동병참부
10월 26일 尙州읍성전투 : 100여명[61]

● 선산병참부
10월 25일경 善山읍성전투 : 기백명[62]

● 가흥병참부
10월 14일 丹月 : 3명 체포
10월 15일 淸風 : 전사 30명
10월 16일 昆地岩 : 2명 체포
10월 18일 昆地岩 : 1명 체포
11월 3일 槐山전투 : 전사 200여명

● 개성병참부 - 스즈키[鈴木]소위
12월 15일 - 포로 11명 살해, 포로 2명 공사관 이송
12월 23일 - 海州 서부전투 : 전사 12명, 포로 9명(전사 15명, 포로 2명)

⑤ 부산 수비대 - 스즈키[鈴木] 대위(전사 492명, 포로 43+수십명)

11월 8일 - 곤양 金鰲山전투 : 전사 5명, 포로 28명
11월 11일 - 진주 水谷村전투 : 전사 186명, 포로 2명

1895년

1월 5일 섬거역 부근 : 전사 28명
1월 6일 섬거역 부근 : 참수 1명
     광양부   : 포살 효수 등 102명
1월 7일 순천부   : 포살 참수 등 102명, 포로 수십명
1월 10일 낙안읍 부근 : 포살 참수 등 29명

---

61) 『甲午斥邪錄』 9월 30일자.
62) "死者不知幾百名 踰城而墜死者居半 而定文布率死者十五名云"(『甲午以後日記』)
  기백명이라고 한 이 표현은 상주의 예에 따라서 100명으로 헤아렸다.

1월 11일	보성군	: 감금 3명
1월 13일	보성군	: 생포 4명
1월 15일	보성군	: 생포 51명
1월 16일	보성군	: 처형 22명, 생포 7명
1월 17일		: 생포 17명
1월 18일		: 포살 10명, 생포 1명
1월 30일		: 처형 8명, 취조 5명

통계는 합산 불능

일본군의 전투보고서를 보면 처음에는 이른바 전과를 정확하게 밝히려고 시도하는 것이 눈에 띈다. 희생자의 숫자를 '12명'과 같이 끝자리까지 정확하게 보고하고 있다. 그러나 뒤로 갈수록 30명 또는 200명으로 대충 기록해서 살육에 대해 무감각한 것이 드러난다.

일본군은 동학농민군의 희생자를 戰死라고 표현하였다. 하지만 실제는 무기의 차이 때문에 전사는 살육을 의미하는 다른 표현에 불과하였다. 모든 전투가 일본군은 거의 전사자가 나오지 않고 동학농민군만 희생하는 결과로 끝이 났기 때문이다. 한 지역의 전투보고에 나온 수도 처음에는 몇 명에서부터 몇 십 명으로 늘어났고, 마침내 몇백명으로 확대되었다.

일본군은 처음에 많은 '포로'를 잡았다. 그리고 심문을 통해서 혐의가 없는 사람들은 풀어주는 예도 적지 않았다. 이것은 관군도 마찬가지였는데 무기를 든 동학농민군뿐만 아니라 난리가 벌어져서 산으로 피난한 주민들을 마구잡이로 붙잡아왔던 것을 보여준다.

그렇지만 전투현장에서 사로잡은 사람이나 몸을 뒤져서 동학과 관련된 임명장·염주 등을 지닌 것이 발각난 사람들, 그리고 지방관아와 마을사람들이 접주 등이라고 지목해서 알려준 사람을 잡으면 '巨魁'는 일본공사관으로 호송하고 나머지는 처형하였다. 처형도 총살뿐 아니라 총으로 때려서 죽게 만들거나 심지어 나중에는 생매장하는 만행도 저질렀고, 산채로 화형에 처하는 사건도 일어났다. 특히 장흥전투 후 탐진강 일대에서 벌어진 만행은 처참하였다.

동학농민군 '포로'들은 대부분 학살을 당하였고, 전라도 남단으로 내려가면서 일본군은 포로를 잡지 않았다. 이것은 우금치전투부터 시작된 것으로서 잡은 즉시 총살했던 것이다. 이 때문에 전사자의 수가 더욱 늘어나고 있었다.

일본군과 관군의 전과에 나타난 전사자의 수를 보면 제대로 파악하지 않고 기록한 것을 볼 수 있다. 10여명이나 30명처럼 쓴 것은 대략 헤아려서 쓴 것이었고, 치열한 공방전 뒤에 200여명이나 300여명으로 적은 것은 추산해서 기록한 것이었다. 전라도 남단의 장흥·강진·해남·나주의 희생자를 몇백 명 단위로 기록한 것과 함평 등 11개 군현에서 30명에서 50명을 살해했다고 기록한 것은 일본군이 정확한 희생자 파악에 관심이 적었던 것을 알려준다. 후비보병 제19대를 지대로 나누어 매일 각지로 행군하여 마구잡이로 살육을 하면서 관군과 민보군에게도 학살하도록 지시해놓고 그 희생자의 수도 제대로 파악하지 않은 것이다.

최대의 전투였고 가장 많은 희생자가 나온 공주 우금치전투에 관한 일본군의 기록에서는 전상자의 숫자를 파악할 수 없다. 11월 4일의 기록에는 전사 37명만 나오는데 이는 첫 전투의 희생자인 것 같고, 판치·능치·효포·웅치에서 희생된 사람들의 수는 적지 않았다. 다만 『先鋒陣謄錄』에 다수가 죽었다는 정도로 기록하였다.

우금치전투의 희생자는 얼마나 되었을까? 『전봉준공초』[63)]에는 "2차 접전 후 1만여 명의 군병을 점고하니 남은 사람이 불과 3천명이요, 그 후 또다시

---

63) "故二次接戰後 萬餘名軍兵点考則 所餘者不過三千餘名 其後又二次接戰後点考則 不過五百餘名 故敗走至金溝 更爲招募 數爻稍增 無記律 更開戰極難矣 然日兵隨後 故二次接戰矣 敗走其各解散"(『전봉준공초』, 初招問目).

2차 접전 후 점고하니 5백여 명에 불과하였다. 그런 고로 패주하여 금구에 이르러 다시 초모하니 수효는 좀 증가하였으나 기율이 없어 다시 개전하기는 극히 곤란하였다. 그런데 일병이 뒤따라와서 2차 접전해서 패주하고 각기 해산하였다."고 하였다.

1만여 명의 동학농민군이 처음 2차 접전 동안에 3천명만 남았다는 것은 7천명이 희생되었다는 것은 아니고 수많은 희생자가 나오고 또 사방으로 흩어져서 재집결한 수가 3천명 밖에 안 되었다는 의미이다. 또다시 2차 접전을 한 뒤에 5백여 명만 남았다는 것도 2천 5백 명이 희생되었다는 것은 아닐 것이다. "賊多被殺" "倂力廝殺" "所殺甚多"로 표현된 희생자의 수는 추산하기도 어렵다. 하지만 1만여 명 중 재집결한 사람이 5백여 명만 남을 정도로 격전이 이어진 우금치전투에서 희생된 사람은 적어도 '千數' 이상이 아닐까 생각된다. 많으면 2~3천명에 이를 수도 있다고 본다.

우금치에 이어서 다시 벌어진 논산 소토산전투에서 일본군과 함께 동학농민군을 공격한 통위영 우참령관 정용진은 희생자의 수를 300명 이상이라고 하였다. 또 황화대전투에서 앞에 나섰던 장위영 영관 이두황은 동학농민군의 시신이 눈에 걸리고 발에 채인다고 하였다. 이런 표현을 보면 300명 정도면 시신을 헤아리는데 그 몇 배가 되면 시신을 헤아리지도 못하고 이동한 것이 아닌가 생각되는 것이다.

일본군의 전투보고에 나오는 동학농민군 희생자 수는 믿을 수 없다. 특히 희생자의 수가 지나치게 많아지거나 숫자를 줄이려고 시도하는 것이 드러난다. 관군 기록과 격차가 나는 것이다. 전라도 남단으로 내려가면서 더욱 그러한 경향이 드러난다. 대표적인 것이 장흥 일대에서 희생된 사람들의 수이다. 일본군은 300명이 희생되었다고 했지만 장흥 일대에서 실명이 확인된 전사자는 345명이었고, 실명이 미확인된 전사자는 1,265명으로 모두 1,510명의 희생자가 나왔다는 조사가 있다.[64] 무려 5배나 차이가 나는 것이다.

---

64) 위의환, 「장흥동학농민혁명사보론」, 『장흥 동학농민혁명사료집』, 2006. 위의환의

한 날에 함께 벌인 전투의 보고서도 일본군과 관군이 다른 수를 기록하는 것이 대부분이었다. 『순무선봉진등록』에 나온 것을 일본군 전투보고서와 비교하면 보통 2배에서 10배가 차이가 난다. 일본군 보고가 실제에 가까우면 관군 보고가 과장된 것이고, 관군 보고가 사실에 가까우면 일본군 보고가 의도적으로 축소된 것이다. 일본군이 기록조차 남기지 않은 순회지역에서도 관군은 많은 수가 포살 또는 처형되었다고 보고하였다.

미나미 소좌가 30명에서 50명을 처형한 지역이라고 지적한 전라도 11개 군현도 군현의 수를 줄여서 말한 것이고, 희생자의 수도 역시 줄여서 말한 것이다. 『巡撫先鋒陣謄錄』에 나온 관군의 보고에 보면 보성·낙안·구례·순천 등지가 빠져있다. 순천의 공형은 150명을 총살하였다고 보고하였는데 이는 다른 군현보다 많은 수였지만 언급조차 되어 있지 않다.

보은 북실전투의 희생자를 일본군은 300명으로 보고하였다. 그러나 함께 공격했던 상주소모영의 유격장 金奭中은 393명으로 소모사 鄭宜默에게 보고해서 감영과 의정부에 그 수가 전해졌다. 90여명이 차이가 나는 것이다. 김석중은 산골짜기에 죽어넘어진 시신이 많았다고 하면서 그 수를 2,200여 명으로 기록하였다. 이것은 북실 일대에서 희생자를 하나하나 헤아리지 않았으면서 전과를 과장하기 위해 쓴 것으로도 보이나 적어도 300명보다 훨씬 더 많은 수가 희생되었을 것으로 생각한다.

체포된 동학농민군은 재판을 받고 처형이 되었다. 일본공사관이 재판과정에 개입을 해서 사실상 생사여탈권을 가지고 있었다. 결국 사법제도에 의한 학살에도 일본이 책임을 져야 할 부분이 많다.

동학농민군 학살의 중심은 후비보병 제19대대였다. 충청도 청주·문의·옥천과 덕산·해미·홍성 등 동학농민군 집결지를 관통하고 우금치전투의 당사

조사에 의해 장흥 일대에서 실명이 확인된 전사자는 345명이었고, 실명이 미확인된 전사자는 1,265명으로 모두 1,510명의 희생자가 나왔다. 일본군이 300명만 기록하고 있는 것에 비해 5배나 많은 수이다.

자였기 때문에 11월 초순까지 수많은 학살을 거듭하였다. 그리고 전라도 남단으로 내려가 장흥·강진·해남·나주 등지에서 집중 학살을 자행하였다.

이와 함께 주목되는 것이 일본군 병참선로에서 벌어진 학살이었다. 병참부 수비대는 인근 군현에서 봉기한 동학농민군의 공격 대상이 되었으나 오히려 선제공격으로 나왔다. 2차봉기가 시작되기 전에 경상도 예천과 문경 일대에서 일본군 병참부 수비병은 군사활동을 시작하였다. 충청도 가흥과 안보의 일본군도 학살에 주요 책임이 있다.

동학농민군 희생자의 수는 일찍부터 연구자들이 관심을 가져왔던 주제였다.[65] 그렇지만 대략 추정할 수밖에 없는 문제였기도 했다. 白巖 朴殷植은 『韓國痛史』에서 30여만 명이 희생되었다고 했다. 표영삼 선생은 5만에서 6만까지 추산하고 있다. 이이화 선생은 10만 명 선까지 희생된 것으로 보고 있다. 이런 추정에서 일본군이 직접 책임이 있는 학살은 어느 정도인지는 구분해서 언급하지 않았다.[66] 일본군에 의한 또는 일본군이 책임이 있는 학살자의 규모를 정확히 아는 것은 불가능하다.[67]

---

65) 일본 아사히신문사의 후쿠다 히로키[福田宏樹] 기자는 『역사는 살아있다』 제2장 청일전쟁과 대만 할양(상)에서 "농민군 측의 희생자는 만 명이라고도 5만 명이라고도 말하지만, 한국에서는 그 10배에 달한다는 설도 유력하다는 말을 복수의 전문가로부터 들었다."고 했다. 그리고 "확실한 것은 판명되지 않고 있다."고 하였다(≪동아일보≫ 2007년 8월 25일자).

66) 결국 이것은 자료에 달려 있는 것이다. 일본군 자료가 더 공개되면 사실에 접근하는 조사가 가능해질 것이다.

67) 일본군이 학살에 책임이 있는 동학농민군 학살자의 수를 명확히 파악하는 것은 현재로서는 불가능하다. 확인 가능한 기록에 나온 희생자의 수를 통계 내는 것도 쉽지 않다. 3,094명(일본군 기록의 합산)+3,730명(일본군 기록과 차이가 나는 관군 기록의 합산)에 숫자로 환산이 불가능한 기록인 수백명과 또 수십명을 합해야 한다. 그리고 여기에 우금치 희생자를 더해야 한다. 또한 대부분 처형되었을 이른바 포로의 수도 319명에서 수백명과 또 수십명을 합해야 한다. 물론 여기에는 강원도에서 수십일씩 학살을 감행한 2개 중대의 '전과'가 포함되지 않은 것이고, 보고가 되지 않은 것도 제외한 것이다. 일본군의 학살자 수는 기록에 따라 2배에서 10배까지 관군의 통계에 비해 줄여져 있고, 시기로 보아 12월 초부터 학살자의 수를 현저

일본군 전사자의 수를 동학농민군의 그것과 비교할 때 학살이란 의미가 더욱 부각된다. 1894년 11월 22일자의 이토 병참감이 이노우에 공사에게 보고한 일본군 사상자[68]와 1895년 5월 13일 미나미 후비보병 제19대대장이 이노우에 공사에게 일본군 '功勞者'를 위한 표창 상신 때 파악된 전사자[69]는 다음과 같다.

(3) 일본군 병참부

① 東學黨 때문에 戰死한 자(전사 9명)

台封兵站司令部　　騎兵大尉 竹內盛雅
洛東兵站司令部　　步兵一等軍曹 山村能熊次
　　　　　　　　　上等兵 片山嘉一郎
　　　　　　　　　一等兵 久保岩吉
　　　　　　　　　通辯 上野捨次郎
　　　　　　　　　雇 倉庫守衛 濱田于雄
可興兵站司令部　　步兵上等兵 酒向好五郎
　　　　　　　　　憲兵上等兵 南海爲三郎
利川兵站司令部　　步兵一等軍曹 井上楠彌太

② 東學黨 때문에 부상한 자(부상 9명)

히 축소하고 있다. 장흥에서 조사된 학살자는 일본군의 기록보다 5배나 많은 것이었다. 이런 비율과 보고되지 않은 수를 포함하면 최소한 2만명에서 5만명에 이르는 대학살이 일본군의 책임 아래 자행되었다고 추산할 수 있을 것이다. 이것은 일본군과 관련 없이 일어난 각지의 학살, 즉 관군과 민보군 그리고 지방관아에서 일어난 사건들은 제외한 것이다. 전체 학살 규모는 추산하기조차 어렵지만, 1894년에서 1895년 초에 이르는 동학농민군에 대한 학살과 그 이후에도 계속된 수색과 체포 과정에서 벌어진 학살 그리고 체포된 동학농민군 참여자를 사법 형식을 거쳐서 살해한 것까지 포함하면 전체의 수는 더 늘어날 것이다.

68) 「東學黨에 의한 지금까지의 死傷者 通報」, 『駐韓日本公使館記錄』 1, 190~191쪽.
69) 「東學黨 征討 功勞者에 대한 論功建議의 件」, 『駐韓日本公使館記錄』 6, 73~92쪽.

釜山兵站司令部	步兵上等兵 高橋淺吉
	一等兵 岡野由太郎
	一等兵 小野山丑太
洛東兵站司令部	步兵二等兵 久保佐太郎
可興兵站司令部	步兵少尉 原田常入
	步兵上等兵 栗田梅三郎
	上等兵 伊藤正作
	二等兵 井上敬次郎
	二等兵 宮島寅吉

○ 東學黨 때문에 생사불명인 자는 없음

(4) 후비보병 제19대대 (전사 1명, 병사 2명)

3중대 上等兵 스기노(杉野寅吉) 연산전투에서 전사
2중대 1等兵 후쿠시마(福島喜三郎) 장성현에서 병사
輜重輸卒 미야타케(宮武傳吉) 3월 18일 龍山 도착 후 병사

충청도와 전라도 그리고 강원도와 경상도에서 가장 많은 동학농민군을 학살한 후비보병 제19대대의 전사자는 단 1명이었다. 치열했던 우금치전투와 논산전투에서도 전사자가 나오지 않았다. 위험지역에 동행했던 관군을 앞세워서 피해를 줄이기도 했겠지만 동학농민군과 일본군 간의 전투는 말만 전투였지 언제나 일방적 학살극으로 계속된 사실을 보여준다. 오히려 병으로 죽은 병사가 2명이나 나와서 자연사망자보다 전사자가 더 적었다.

일본군 병참부 수비병과 통역 및 인부의 전사자가 후비보병 제19대대의 전사자보다 더 많이 나온 것은 병참부 수비를 위해 주둔한 소수의 병력으로 대규모 동학농민군 집결지를 공격했다가 역습을 받았기 때문이었다. 가흥병참부의 수비병이 그러한 경우였다. 그리고 태봉과 낙동병참부는 정탐병을 밀파했다가 발각이 되어 동학농민군에게 살해되었다. 이런 사건 뒤에는 일본군이 증파되어 그 지역 동학농민군에게 호된 보복을 가하였다. 그런 까닭

에 병참선로에서 많은 학살이 이루어지게 된 것이다. 또한 병참부 인근의 군현이 동학농민군 집결지가 되고 읍성이 점거되었을 때 일본군이 기습해서 막대한 희생을 나게 하였다. 상주와 선산이 그러했다.

5. 맺음말

일본군은 후비보병 제19대대를 증파하여 동학농민군 진압을 본격적으로 시작하면서 대규모 학살이 일어날 것을 예상하였다. 그 책임을 미루기 위하여 조선 정부에 강요해서 진압군 파병을 조선 정부가 요청하는 방식을 취하도록 하였다. 그리고 경복궁 침범시에 무장을 해제시켰던 경군 교도중대와 통위영·경리청·장위영 병대에 무기를 내어주고 남하 행군길에 동행시켰다. 또한 고위 관원을 파견하도록 해서 지방관과 지방 관군의 협조를 강요시켰고, 고위 무관을 동행토록 해서 군량과 숙소 마련 등을 주선하게 하였다. 겉으로 보면 조선 정부가 요청해서 경군을 동행시키고, 관원의 협조를 받아 군사활동에서 편의를 제공하도록 한 것이다.

그렇지만 일본군은 청과 결전을 벌이는 시기에 병참기지 역할을 제약하는 동학농민군을 '剿滅'하려고 했다. 이는 히로시마 대본영에서 내린 명령으로서 조선에 파견된 병참감 이토 중좌가 현지 최고 지휘관으로서 이를 지휘하였다. 즉 병참부대의 책임장교가 병참망의 안전을 위해 동학농민군 진압을 책임지고 학살극을 주도한 것이다.[70]

일본군의 학살 수가 얼마나 되는지 그 규모는 집약해서 말하기 어렵다. 일본군은 전투보고에서 학살자의 수를 축소해서 보고하였고, 보고에서 누락

---

70) 이것은 제노사이드의 영역에서 다룰 필요가 있다. 필자는 井上勝生 교수의 논점에 동의를 하고 있다(井上勝生, 「일본군에 의한 최초의 동아시아 민중학살 – 동학농민전쟁, 청산되지 않은 가해 책임 – 」, 『동학농민혁명의 동아시아적 책임』, 동학농민혁명기념사업회편, 2002).

된 경우도 많았다. 일본군이 자행하였지만 결과적으로 학살자의 규모가 너무 많고, 조선 내부에서 반발이 크게 일어날 것을 우려한 까닭도 있었을 것이다.

오히려 일본군은 조선 관군과 민보군에게 학살을 하도록 사주·지원해놓고 그 책임을 돌리려고 하였다. 다음 자료가 그런 상황을 잘 보여준다.[71]

"어제 淳昌에 있는 우리 東匪 토벌 대장이 보낸 남쪽지역의 전보를 받아보니 "全琫準·金介男 등은 이미 포박되었고 나머지 匪魁들도 잇달아 생포되었으나 匪徒들을 잡았을 때 監司는 양민과 비도를 가리지 않고 즉시 처형하므로 宣諭대로 행할 수가 없었습니다. 이때 감사는 붙잡은 비도들을 우리 토벌군에게 넘겨줄 것으로 알았습니다. 그리고 參謀·招募·別軍 등 각 군관들은 변란을 틈타 백성들을 동요하게 하여, 그 지방에 피해를 끼쳤으니 이런 군관들은 하루 속히 해직하시기 바랍니다." 라고 말하였습니다. 그리고 동비들은 貴國의 反賊이 될 뿐만 아니라, 우리나라와 연관된 피해도 적지 않습니다. 그러므로 체포한 비괴들을 하루 속히 京城으로 압송, 그 죄상을 심문하여 국법을 밝혀 주시기 바랍니다. 이것은 앞서 本使가 양력으로 지난 섣달 27일 귀국의 外務大臣께 照會한 서한에서 상세하게 밝힌 안건입니다. 그리고 앞에서 말한 전보에 의하면, 귀 지방관이 너무나 살인을 멋대로 하는 폐단을 엿볼 수 있습니다. 정말 이와 같이 살인을 멋대로 한다면 어찌 그들의 죄상을 밝히고, 형벌을 바르게 할 수 있겠습니까? 그러므로 이와 같이 서한을 통하여 아뢰오니, 귀 대신께서는 속히 그 감사에게 명령을 내려, 체포한 비도들을 우리 토벌대에게 넘겨 처리하도록 하고, 아울러 그 참모와 초모 및 별군 등 각 군관들을 속히 불러 민심을 안정시키고, 禍亂을 예방할 수 있도록 해 주시기 간절히 바랍니다."

이노우에 일본공사는 동학농민군 지도자의 신병을 일본군에게 넘겨주도록

---

71) 「捕獲 東徒魁首의 征討隊送交 및 參謀·招募·別軍의 召還 요청」, 『駐韓日本公使館記錄』 6.

강력히 요청하면서 살육의 책임을 감사와 參謀官·招募官·別軍官 등에게 돌리고 있다.

일본군은 청국을 공격해서 여순을 점령한 10월 25일(양력 11월 22일) 여순 4일 동안 여순의 주민 '2만 여명'을 무참히 학살하였다. 이 학살극은 노골적으로 동학농민군을 학살하던 같은 시기에 벌어졌는데 이는 일본군 병사들의 야만성을 드러낼 뿐만 아니라 전쟁을 지휘한 대본영의 방침에 따른 것이었다.

이와 같은 인류사의 비참한 사건은 조선 안에서 동학농민군을 학살하면서도 벌어지고 있었지만 아직 그 전모를 밝혀내지 못하고 있다. 앞으로 일본군 전투보고서와 『진중일지』 등을 분석해서 종합하면 더 사실에 근접한 파악을 할 수 있을 것이다.

한말 일제의 침략과 의병 학살[*]

1. 머리말
2. 전기의병기 일본군의 한국 주둔과 의병학살
3. 1904년 '한국주차군'의 설치와 의병 학살
4. 맺음말

1. 머리말

한말 의병은 박은식이 그의 『한국독립운동지혈사』에서 "무장한 의병의 피살자가 10여 만명이었고, 무고한 촌민으로 학살당한 자는 곧 독립 후가 아니고서는 그 통계를 구할 수가 없다"[1] 라고 하였듯이 일본군과의 항전에서 수많은 희생자를 냈다. 열악한 무기로 무장한 의병은 현대화된 일본군과

---

* 이 논문은 ≪역사와 담론≫ 제52호(호서사학회, 2009)에 게재된 글임.
** 충남대학교 국사학과 교수
1) 박은식, 『韓國獨立運動之血史』 하편 제1장 「韓日國民性之氷炭, 韓族對日本族之怨恨」(편찬위원회, 『백암박은식전집』 제2권, 2002, 144·494쪽). 안중근 역시 '伊藤博文 죄상 15개조' 중의 아홉 번째로 "국권을 회복하려는 한국의사들과 그의 가족들까지 10여만 명을 죽인 일"이라고 하여 1910년 의병을 포함하여 일제로부터 희생된 이를 10여만명이라고 말하였다.

의 항전에서 철저하게 학살당한 것이다. 체포된 후에도 포로로서 대우받지 못하고 많은 이가 현장에서 살해당했다. 동시에 수많은 주민들이 의병의 마을에 거주한다는 이유만으로 가옥이 불태워지고 학살당하기까지 하였다.

의병에 대한 일본군의 만행에 대하여 공개적으로 비판한 이로 영국의 데일리 메일(Daily Mail)지의 기자였던 F.A.맥켄지가 있다. 극동지역 특파원이었던 그는 자신의 저서인『대한제국의 비극』에서 일본군에 의해 의병과 죄 없는 주민이 학살된 현장들을 찾아 목도하고 이를 고발하였다.

일본군에 의한 의병의 학살에 대해서는 그간 일본군의 '남한대토벌작전'을 중심으로 주로 후기의병기를 중심으로 검토된 바 있으며,[2] 일본측 자료를 토대로 전기의병기 일본군에 의해 학살된 의병에 대한 연구도 발표되었다.[3] 본고는 전기의병기부터 일본군의 한국 주둔 규모를 일본측 자료를 토대로 밝히고, 의병 전 기간 동안에 일본군에 의한 의병의 학살 실태를 구명하여 일본제국주의의 침략성과 불법성을 구체적으로 밝히고자 한다.

전기의병기 일본군의 의병 학살의 실태를 알려주는 일본 측의 자료로는 일본 외교사료관 소장『한말의병자료』Ⅰ-Ⅵ1가 있다.[4] 후기의병기의 관련 자료로는 1909년 통감부 경무국에서 펴낸『暴徒史編輯資料』와 조선총독부 內部 警務局에서 펴낸『暴徒に關する編册』, 그리고 1913년 朝鮮駐箚軍司令部가 발간한『朝鮮暴徒討伐誌』, ≪황성신문≫과 ≪대한매일신보≫ 등 신문류와 黃玹의『梅泉野錄』등이 있다.[5]

---

2) 홍순권,『한말 호남지역 의병운동사 연구』, 서울대 출판부, 1994 ; 홍순권,「한말 일본군의 의병학살」, ≪제노사이드연구≫ 3, 한국제노사이드연구회, 2008.

3) 이구용,「한말 의병항쟁에 대한 고찰」, ≪국사관논총≫ 23, 1991 ; 김상기,「전기의병의 일본군에 대한 항전」, ≪한국근현대사연구≫ 20, 2002 ; 김상기,「한말 의병투쟁과 일본군의 학살」,『근현대사 항일민족운동의 역사적 경험과 일본의 우경화』, 한국학중앙연구원, 2004 ; 김상기,「한말 일제의 침략과 의병학살」, ≪역사와 담론≫ 52, 호서사학회, 2009.

4) 김상기 편역,『일본외교사료관 소장 한말의병자료』Ⅰ-Ⅵ1, 독립기념관, 2001.

5) 朝鮮統監府警務局,『暴徒史編輯資料』, 1909 ; 朝鮮駐箚軍司令部,『朝鮮暴徒討伐

2. 전기의병기 일본군의 한국 주둔과 의병학살

1) 日本軍守備隊와 電信守備隊의 설치

1895년 4월 시모노세키조약이 성립되어 청일전쟁도 끝났으며, 동학농민군도 해체되었다. 따라서 일본군은 조선에 주둔할 필요가 없게 되었다. 그러나 일본은 부대를 철수시키지 않고 제5사단 후비보병 제18대대와 제19대대, 후비보병 제10연대 제1대대, 제3사단 후비보병 제6연대(제2중대 결) 등을 계속 주둔시켰으며, 제19대대와 10연대 제1대대를 남부병참감부로 편제하여 병참선로와 전신선 보호의 임무를 수행하게 하였다.

일본은 남부병참감부에 편성되지 않은 제5사단 후비보병 제18대대(1,521명)와 제3사단 후비보병 제6연대를 중심으로 조선수비대를 편성하였다. 조선수비대는 서울과 부산 그리고 인천 지역에 편제하였는데, 경성수비대는 제5사단 후비보병 제18대대, 부산수비대는 제5사단 후비보병 제10연대 제4중대, 원산수비대는 제3사단 후비보병 제6연대 제2중대로 편성하였다.[6] 이 중에 경성수비대인 후비보병 제18대대(대대장: 소좌 우마야하라[馬屋原])가 중심이 되어 을미사변을 자행하였다.

일본군 수비대 병력인 후비대는 1896년 2월중에 귀국할 예정이었다.[7] 조선정부에서도 아관파천 후에 일본군의 철수를 요구하였다.

일본은 조선 정부의 철병 요구를 거부하고 러시아와 교섭하여 서울에 2중대, 부산과 원산에 각 1개중대의 수비병을 두고 전선 수비를 위한 헌병 200명을 주둔시키는 것으로 합의하였다.[8] 이에 따라 5월초에 후비병을 귀

誌』, 1913 ; 독립운동사편찬위원회 편, 『독립운동사자료집』 제3집, 1971 ; 조선총독부 內部 警務局, 『暴徒に關する編册』(1907~1910)(국가기록원 소장본).

6) 『明治29년 密大日記』(일본방위연구소, M29-1), 835쪽, 參命 제351호.

7) 『明治29년 密大日記』(일본방위연구소, M29-1), 835쪽, 參命 제351·352호.

국시키고 그 대신에 청국의 衛海威에 주둔하고 있던 상비병을 조선으로 이동시켰다. 이때 조선정부에서 요구한 대로 경성수비대(대대장: 신야마[新山良知] 소좌)에는 보병 제1연대 제1대대본부와 2개중대, 부산수비대(중대장: 호리[堀毛助] 대위)에는 보병 제1연대 제1중대, 원산수비대(중대장: 시시도[宍戸民輔] 대위)에는 보병제1연대 제3중대를 배치하였다.[9] 이와 같이 후비병의 교대를 마친 후인 5월 14일 고무라[小村]와 러시아공사 베베르간에 露日覺書를 교환했는데, 이 각서에서 위 사실이 명시되어 서울에 2개대, 원산과 부산에 각 1개대를 주둔케 하되 1대의 인원은 200명을 넘지 않도록 한다는 규정이 삽입되었다.[10]

한편 일본은 1896년 1월 남부병참감부의 주력이었던 후비보병 제19대대를 귀국시키고 나머지 부대인 제5사단 후비보병 제10연대 제1대대 병력으로 '電信守備隊'를 조직하여 부산에서 대구까지의 전신선 보호를 맡겼다. 이 전신수비대는 1896년 1월 하순부터 경기도의 이천·여주일대, 충청도의 제천·충주일대, 경상도의 안동일대와 진주일대의 의병의 탄압에 주력하였다. 1896년 3월 현재 전신수비대의 배치 현황을 보면 <표 1>과 같다.[11]

표에서 볼 수 있듯이, 부산에 대대본부와 제3중대, 대구에 제1중대, 용산·인천 간에는 제2중대가 배치되었다. 그리고 구포·삼랑진·밀양·청도에는 19명부터 40명까지 배치하였다. 그러나 이 電信守備隊는 1896년 5월 중국의 盛京省(현 요녕성)에 있는 일본군 보병과 조선 내의 후비병의 교대가 있게 되면서 축소되었다.

---

8) 『明治29년 密大日記』(일본방위연구소, M29-1), 629쪽, 軍密 제41호.

9) 『明治29년 密大日記』(일본방위연구소, M29-1), 798쪽, 陸軍省送達 送甲 제815호, 「朝鮮國派遣 守備隊長의 件」(1896. 5. 2).

10) 「露日覺書 및 露日議定書의 主旨와 同寫本送呈의 件」(4263호), 『舊韓國外交文書』 제3권(日案3), 542쪽.

11) 『明治二十七八年役 第5師團陣中日誌』卷15, 第1大隊(일본 방위연구소, 文庫 千代田史料 77), 1223쪽, 1896년 3월 18일조 ; 김상기, 「전기의병의 일본군에 대한 항전」, ≪한국근현대사연구≫ 20, 2002, 21쪽.

〈표 1〉 電信守備隊 배치표(1896년 3월)

지명	배치병력		將校	下士	兵卒	喇叭	看護長	看護手	輸卒	通辯	인부	계
부산	대대본부 제1·3·4 중대	대대본부와 1소대	4	11	58	1	1		5	1	12	93
		1중대 (제3중대)	3	17	143	4			5	1	18	191
구포		1분대		1	13					2	3	19
삼랑진		1분대		2	13	1			1	2	3	22
밀양		2분대	2	3	26	1			2	2	4	40
청도		1분대		1	13					2	3	19
대구		1분대	1	5	56				2	2	7	74
		1중대 (제1중대)	4 (軍醫1)	16	145	4	1	1	5	4	15	195
용산	제2중대	1소대	1	5	27	1			2	3	5	44
오류동		1분대		2	12	1				2	3	20
인천		1소대와 3분대	2	10	47	2			3	3	9	76
계			17	73	553	16	2	1	25	24	82	793

　　일본은 비록 전신수비대의 인원을 축소했지만 여전히 전선의 수비에 임하게 했다. 즉 부산수비대에는 구포와 삼랑진·밀양·청도전신수비대에 각각 분대장 1명과 병졸 6명씩을, 대구전신수비대에 소대장 1명과 하사를 포함한 병사 19명을 배치하였다.[12] 경성수비대에서는 대구이북에서 경기도까지 수비대를 배치하였다.[13]

　　위 지역은 충주·가흥·이천 지역으로 주로 제천의병과 이천의병의 활동 지역이었다. 1896년 5월은 특히 제천의병의 활동이 막바지에 들어섰을 때

12) 「1896년 5월 19일 釜山守備隊長 陸軍步兵大尉 堀毛助, 陸軍大臣 大山巖 殿」, 『明治29년 情報』(陸軍省副官)(陸軍省 日淸戰役 雜, M29-13).

13) 『明治29년 陸軍省副官 情報』(3)(일본 방위연구소 도서실, 청구기호; 陸軍省 日淸戰役 雜 M29-13), 1896년 5월 15일 재경성 보병 제1연대 제1대대장 新山良知가 육군대신 大山巖에게 보낸 보고서.
　　1896년 4월 22일 종전의 松坡鎭과 昆池岩 수비대를 蟹川店과 大双嶺으로 이전하였다.

인데, 그 지역에는 이미 전신부가 편성되어 헌병을 중심으로 전신선을 수비하고 있었으나 여기에 수비대에서 별도의 전신대를 파견하여 의병을 진압하도록 한 것이다. 일본은 이 전신수비대의 주둔지를 7월에 들어서 변경하였으며, 인원도 확대 편성하였다.14) 이에 따라 수비대의 인원이 84명에서 130명으로 증원되었으며 새로 증파된 헌병을 각 지역에 2명씩 배치하여 전신선의 수비를 강화하였다. 임시전신부는 처음에는 주로 전신선 수선의 업무를 맡았으나 의병의 활동이 치열해 지면서 전신선의 보호는 물론 의병과의 전투를 수행하였다.

2) 임시헌병대 설치

일본은 1895년 4월의 시모노세키 조약 체결 이후 일본군의 일부 부대를 철수하면서 동시에 그 공백을 헌병대로 보충하려 하였다. 일본은 이에 따라 1896년 1월 25일 임시헌병대 편성복무규칙을 정하였다. 2월 1일에는 헌병대장 고가[古賀要三郞] 대위를 비롯하여 軍役夫 40명 등 모두 181명을 임명하고 말 52두와 권총실탄 1,800발, 무라타[村田]총 실탄 3,500발, 砲兵鞍 49조 등을 지급하였다. 일본헌병대는 2월 13일 우지나[宇品]항을 출발하여 15일 부산항에 도착하여 곧바로 대구로 올라갔다.15)

임시헌병대는 대구에 본부를 설치하고 제1구대(구대장: 소위 주조[中條仙之助])를 대구, 제2구대(구대장: 소위 기사키[木佐木長鎭])를 가흥, 제3구대(구대장: 우치고시[打越省三])를 낙동에 배치하였다. 각 구대의 관할 하에 2~3개소의 분견소를 설치하였으며, 구대와 분견소에서 순찰병을 좌우로 내보내 매일 전신선의 이상 여부를 조사하고 전신선의 절단을 시도하는 의병

---

14) 『明治29년 陸軍省副官 情報』(3)(일본 방위연구소 도서실, 청구기호; 陸軍省 日淸戰役 雜 M29-13), 1896년 7월 1일자 재경성 보병 제1연대 제1대장 新山良知가 육군대신 大山巖에게 보낸 보고서 ; 김상기, 위 논문, 24쪽.

15) 『朝鮮憲兵隊歷史』 제1권, 東京: 不二出版, 2001, 59쪽.

과의 전투를 수행하였다.

아관파천 이후 조선에 대한 러시아의 영향력은 확대되고 일본의 세력은 삼국간섭으로 위축되었다. 1896년 5월 서울에서 체결된 로일각서에 의하여 전신선 보호를 위하여 일본 헌병을 두되, 대구과 가흥에 50명씩, 부산과 서울 간에 있는 10개소의 전신대에 10인 이하를 배치하여 헌병의 총수는 200인을 초과하지 않도록 하였다. 그러나 일본은 의병활동의 진압을 위해 기준을 초과하는 인원을 증파하였다. 7월 13일 임시헌병대의 편성을 개정하였다.16)

〈표 2〉 임시헌병대 지대별 주둔지(1896년 9월 현재)

구 분	주둔지	책임자
본 부	대구	古賀 헌병대위
제1지대	경성	須永 헌병조장
제2지대	안흥리	打越 헌병소위
제3지대	가흥	中條 헌병소위
제4지대	문경	市川 헌병소위
제5지대	낙동	天野 헌병조장
제6지대	대구	坪野 헌병조장
제7지대	밀양	荒川 헌병조장
제8지대	부산	大久保 헌병조장

개정된 임시헌병대의 편제에 의하면, 헌병의 총수는 軍役夫를 포함하여 304명임을 알 수 있다. 이를 처음의 편제와 비교해 볼 때, 위관급은 4명으로 같으나, 하사 이하 병사가 133명에서 223명으로 90명이 증원되었으며, 군속 역시 44명에서 77명으로 크게 증원되었음을 볼 수 있다. 새 편제에 의해 증원된 헌병은 8월 25일 宇品항을 출발하여 8월 27일 부산항에 상륙하였다. 9월 2일에는 區隊조직을 支隊조직으로 개편하였다. 이에 따라 본부(대구)

16) 「朝鮮國派遣憲兵 增員의 件」(陸軍省送達 送乙제2854호, 7월 13일), 『明治29년 密大日記』(일본방위연구소, M29-2), 252쪽, 密受제112호 ; 김상기, 위 논문, 29쪽.

외에 경성, 안흥리, 가흥, 문경, 낙동, 대구, 밀양, 부산 등 8개 지대를 조직
하였다.[17)

또한 지대와 지대 사이에는 奄峴·長湖院·水曲場(9월 5일 坪村으로 이
전)·台封·長川·淸道·勿禁店 등 7개소에 중간 숙사를 설치하여 지대 상호간
의 거리를 단축시켰으며, 순찰 헌병의 회합장소와 숙소로 이용하게 하였다.
이와 같이 일본군은 안흥리·가흥·대구와 같은 전신수비대의 주둔지에 중간
숙사까지 설치하여 의병에 철저하게 대비하였음을 볼 수 있다.

3) 일본군의 의병 학살

1894~1896년간의 전기의병기 의병은 주로 유생들이 주도하였다. 이들은
가묘에 가서 조상께 제사 올리고, 부모처자와 영결하고 승패를 떠나 의병에
참전하였다. 의병의 일본군과의 전투는 무기의 현격한 열세로 바위에 계란
치는 격이었다. 그럼에도 불구하고 의병은 '살신성인'의 정신으로 일본군과
의 항전을 계속하였다.

전기의병기 제천의병을 비롯하여 안동의병, 강릉의병 등이 일본군수비대
와 여러 차례 항전하였다. 그러나 의병의 일본군과의 전투는 일방적인 의병
의 패배였다. 희생자 수를 비교하면 일본군 1명의 부상에 의병 수십 명이
희생되는 결과를 보인다.

제천의병은 1896년 2월 23일 새벽에 충주성을 나와 안보수비대를 공격하
였다. 의병은 이날 전투에 약 5백 명이 참전했으며 일본군 군인 1명과 인부
1명에게 부상을 입혔다. 그러나 일본수비대에서는 이 전투에서 의병 22명을
사살했다고 보고하고 있다.[18) 2월 26일에는 일본군의 의병에 대한 선제공
격이 있었다. 안보수비대에서는 가와무라[河村]와 히로타[廣田]군조가 25

---

17) 『朝鮮憲兵隊歷史』 제1권, 64쪽(1896년 9월 2일 현재) ; 김상기, 위 논문, 30쪽.
18) 국사편찬위원회 편, 「忠州附近의 賊情報告」(3), 『駐韓日本公使館記錄』 8, 1993, 252쪽.

명의 병사를 2개조로 나누어 수회장에 집결해 있는 의병을 공격하였다. 구로다[黑田]군조는 이 전투에서 의병 5명을 즉사시켰다고 보고하고 있는데 그 중에 제천의병의 중군장 李春永이 포함된 것으로 보인다. 또 구로다[黑田]가 "水回는 賊의 소굴로써 전투 중에 불태워졌다"[19]라고 보고하고 있는 바와 같이 수회장이 의병의 본거지라고 생각한 일본군은 이곳을 불태웠다.

일본수비대는 제천의병의 근거지인 충주성을 공격하였다. 일본군의 충주성 공격은 치밀한 정보 활동을 거쳐 실행된 듯 여러 차례 정찰병이 파견되었다. 부산수비대장 이즈노[伊津野] 소좌는 충주성 공격을 위하여 인근의 병력을 가흥과 안보에 집결시켰다. 2월 28일 헌병대를 가흥수비대에 집결시켰다.[20] 일본군의 충주성 공격에는 후비보병 제10연대 제1대대의 제1중대를 중심으로 한 중대 병력이 동원되었다. 가흥수비대장 미야케[三宅] 대위는 제1중대의 제3소대와 제2·3중대에서 차출된 24명을 인솔하여 성의 동북문을, 다나카[田中] 대위는 제1중대 제3소대와 문경수비대에서 파견된 오기하라[萩原] 중위가 인솔하는 40명을 인솔하고 서남문을 공격하였다. 이들은 3월 5일 밤 11시에 의병의 격렬한 저항을 물리치고 충주성을 함락하였다.[21]

驪州와 長湖院 두 곳의 폭도는 이미 지난 2월 24·25일의 양일 간 우리 수비병이 격퇴한 바 있습니다. 폭도는 현재 충주부를 근거지로 하여 그곳을 사수하고 있는 모양입니다. 그렇지만 이 달 6일 충주의 田中 대위로부터 이곳 伊津野 소좌에게 도달한 전보에 의하면, 이 달 5일 오후 11시 가흥 부근의 우리 수비병은 정예를 모아 충주부를 공격하여 드디어 이를 함락시켰습니다. 이 전투에서 폭도의 사망자가 58명이고 우리 부상자는 하사 이하 9명입니다. 그리고 폭도는

19) 『明治二十七八年役 第5師團陣中日誌』 권15, 1204~1205쪽, 1896년 2월 26·27일자.

20) 『明治二十七八年役 第5師團陣中日誌』 권15, 1208쪽, 1896년 2월 28일자.

21) 김상기 편역, 『(일본외교사료관 소장)한말의병자료』Ⅰ, 公 제50호 「忠州府 폭도 潰走의 건 보고」, 독립기념관, 2001, 76~77쪽.

다량의 탄환·화약·양식과 기타 소총·칼 등을 버리고 단양의 북방으로 도망갔습니다. 현재 충주·가흥 부근은 안정을 되찾게 됨으로써 우리 군사는 또 진격하여 송파진·곤지암 사이에 둔집한 廣州 부근의 폭도를 격퇴하기 위하여 지난 9일 가흥을 출발했습니다. 이상의 대략은 이미 지난 7일 우선 전보했습니다만, 그 후의 형편도 합쳐서 이에 보고합니다. 敬具.

이 보고서에 의하면, 의병의 사망자는 58명이고 일본군은 9명의 부상자만 냈다고 보고하고 있다. 일본군이 빼앗은 노획품 중에 의병의 무기로는 대포 5문과 火繩筒 300여정, 그리고 槍과 刀가 있었다고 한다. 이에 비해 일본군은 스나이더 소총이나 村田 연발총과 같은 월등한 화력을 가지고 있었다.

일본군은 2월 25일 장호원일대에서 의병과 격전을 벌였다. 미야케[三宅] 대위는 이 전투에서 의병 수십명을 사살하였으며 일본군은 2명이 부상당했다고 보고하고 있다. 장호원에서는 5월 20일에도 일본군의 공격을 받아 의병 24명이 전사했다.[22]

일본군은 3월 29일 안동지역에서 활동하던 의병에 대한 공격을 단행했다. 낙동수비대에서는 제3중대장 마치나라[町奈良]가 2개 분대를 인솔하고 공격하였다. 이 전투에서 의병 20여 명의 사상자가 발생했다. 일본군은 안동의 松峴까지 추격해 와 의병의 소굴이라 하여 시가와 민가에 불을 질렀다. 마침 바람을 타고 불길이 온 읍을 덮쳐 안동읍 1천여호의 민가가 불타버렸다. 안동부 방화를 자행한 일본군은 후비 보병 제10연대 제1대대 소속의 50여명이었던 것으로 밝혀진다.[23]

이러한 일본군의 만행은 안동관찰사로 임명되어 상주 지역에 머물고 있던 李南珪에 의해 조정에 전달되었다. 그는 자신의 관할예정지인 현장에서 일본군의 만행을 목도하고 바로 상소를 올려 이를 규탄하였으며, 동시에 안

---

22) 『陸軍省副官 情報』(陸軍省 日淸戰役 雜 M29-13), 電報 乙제27호, 1896년 5월 24일 新山소좌 보고.

23) 金祥起,「1895-1896년 安東義兵의 思想的 淵源과 抗日鬪爭」, ≪史學志≫ 제31집, 1998, 326~329쪽.

동관찰사의 직을 사직하고 귀향하였다. 그는 상소문에서 다음과 같이 일본군의 행패와 사민의 참상을 보고하였다.

> 순검도피자와 일본병이 갑자기 본부에 들어와 공해를 부수고 가옥을 불 지르니 수천 민호 중에 이제 한두 집도 없고, 吏卒은 山谷으로 도망가고, 土民은 구렁에 엎어지는 참상입니다.[24]

한편 김도현은 안동부의 방화사건이 있기 전 안동의병의 지원 요청을 받고 50여명을 이끌고 안동부에 가던 중에 밤이 늦어 烏川 後凋堂에서 잤는데, 그날 밤에 안동부가 방화되어 불타고 있음을 목도하였다. 그는 후일 안동의병의 副將에 임명되어 안동부에 들어갔는데, 방화사건 후의 안동의 참상을 다음과 같이 알려주고 있다.

> 이튿날 안동부에 들어가니 과연 집 천여호가 모두 불타서 잿 가루만 땅에 가득할 뿐 저자도 쓸쓸하여 그 참혹한 모습을 차마 볼 수가 없다.[25]

안동읍 방화사건에 대하여 당시의 유일한 국내 신문였던 ≪독립신문≫에서도 순검들이 민가에 들어가 부녀자에게 무례한 행위를 한 것과, 이들이 태봉전투에서 승리한 일본군과 함께 안동부를 방화하여 수천호가 불탔음을 알려주고 있다.[26] 조정 역시 일본군의 안동부 방화는 과잉 진압으로 인식하였다. 당시 외무대신이었던 李完用이 4월 26일 일본공사 고무라[小村壽太郎]에게 공문을 보내 이를 금지시켜 줄 것을 요청하기까지 하였다.

閔龍鎬의 江陵義兵은 선평전투에서 일본군의 공격을 받아 참패를 당하고 많은 의병이 희생되었다. 민용호 의병은 3월 17일에는 원산의 길목인 仙坪

24) 李南珪, 「辭安東觀察使疏」, 『修堂集』 권2, 疏, 42~43면 ; 『高宗實錄』 권34, 建陽元年 4월 28일자.
25) 金道鉉, 위 책, 25~28면.
26) 「잡보」, ≪독립신문≫ 건양원년 4월 30일 목요일.

에 진을 치고 원산 공격을 준비하였다. 그러나 오히려 일본군 원산수비대의 공격을 받았다. 일본 대본영에서도 의병이 元山을 내습한다는 정보를 받고 陸戰隊 병력을 실은 군함 高雄號를 파견하여 3월 16일 원산항에 입항하게 하였다. 일본군은 의병이 선평에 주둔해 있다는 첩보를 받고 다음 날인 3월 17일 오전에 수병 1개 소대와 야포대를 상륙시켰으며, 3월 19일 의병을 기습 공격하였다. 이 전투에 참여한 일본군은 원산수비대와 군함 高雄號에서 파견한 육전대 등 도합 150여 명 정도로 이들이 1천여 명의 의병과 격전한 것이다. 당시의 전투 상황은 원산수비대장 나카가와[中川] 소좌가 대본영의 오타[小田] 대좌에게 올린 보고서에 자세히 나와 있다. 이 보고서에 따르면, 선평전투는 3월 19일 오전 8시 40분부터 시작되어 10시 30분에 끝났다. 강릉의병은 사망자 30여 명과 5명의 포로를 남기고 회양과 흡곡으로 패주했다. 민용호는 이 전투의 상황을 『關東倡義錄』에 자세히 기록해 놓고 있는데, 이에 의하면 일본군이 총격을 하면서 돌격해 오는데 진눈깨비가 내려 화승총과 활을 쏠 수가 없었으며, 운무가 사방에 깔려 지척을 구분할 수 없어 적진으로 들어가 포로가 된 자도 있었다고 한탄하였다.[27]

한편 4월 14일 음성 지역에서 의병과 일본군과의 큰 전투가 있었다. 충주성전투에도 참전했던 장호원 수비대장 다나카[田中] 대위는 음성 의병이 안보수비대를 공격하려 한다는 소식을 듣고 本多소위 등 52명을 거느리고 14일 오후 9시 가흥을 출발하여 15일 오전 5시 의병의 본거지인 음성에 도착하였다. 일본군은 의병이 경계를 늦춘 사이에 기습적으로 의병의 본거지를 공격하였는데, 이 전투에서 의병은 46명이 살해되고 50여 명이 부상을 입은 것으로 보고되고 있다.[28]

전기의병기 일본군에 의해 살해된 의병의 숫자를 확인하기는 쉽지 않다. 위에서 살펴 본 바와 같이 우선 1896년 2월 23일 水回場전투에서 22명이

27) 김상기, 「전기의병의 일본군에 대한 항전」, ≪한국근현대사연구≫ 20, 2002, 47쪽.
28) 『明治二十七八年役 第5師團陣中日誌』 권15, 후비보병 제10연대 第1大隊(日本 防衛研究所, 文庫 千代田史料 77), 1240~1241쪽, 1896년 4월 17~18일자.

전사하였다. 그리고 2월 26일 제2차 수회장전투에서 이춘영 등 5명을 비롯하여 같은 날 장호원에서 수십 명이 전사하였으며, 3월 5일의 忠州城전투에서 30여 명(또는 58명), 3월 19일 仙坪전투에서 30여 명, 3월 29일 태봉전투에서 20여 명, 4월 11일 김해전투에서 4명, 4월 15일 음성전투에서 47명, 5월 19일 가흥수비대 공격시 5명, 5월 20일 장호원전투에서 24명, 9월 9일 함흥전투에서 20여 명이 전사하였다. 여기에 열거한 전사자 수만도 대략 3백여 명에 이른다. 그러나 이 숫자는 이외의 지역에서의 항전의 내용들을 밝히면 더 늘어날 것이다. 일본 측의 자료에서 아직 확인하지는 못하였으나 제천의병의 남산전투과 이천의병의 남한산성전투에서 安承禹를 비롯한 다수의 의병이 전사하였다. 또 일본군이 아닌 관군과의 전투에서 전사한 의병까지를 헤아린다면 그 숫자는 크게 불어난다. 일본 자료에서도 4월 18일의 晉州城전투에서 30여 명 6월 22일의 慶州城전투에서 30명이 관군과의 전투에서 전사한 것으로 보고되고 있다. 이 외에도 金河洛의 영덕전투와 춘천의병의 전투 등 관군과의 항전은 많다. 그리고 수회장과 안동시가지, 제천 시내가 일본군에 의해 의병의 소굴이라 하여 불태워지고 그 과정에서 민간인이 학살되는 등 일본군의 의병 학살은 비전투원에게까지 미쳤다.

3. 1904년 '한국주차군'의 설치와 의병 학살

1) 한국주차군 설치

일제는 1904년 2월 5일 러일전쟁을 일으키고 19일에는 제12사단장 이노우에[井上光] 중장이 인솔하는 사단 주력부대가 서울을 점령하였다. 23일에는 고종을 강요하여 한반도에 대한 군사적 지배를 목적으로 한 '한일의정서'를 체결하였다. 이어서 4월 3일 서울·원산·부산에 배치되었던 1개 대대규모의 한국주차대를 해체하고, 한국주차군을 설치하였다. 한국주차군은 '한국주차군사령부' 아래 주차수비대와 주차헌병대, 기타 주차사령부 예하부대로 편성되었다.

한국주차군 사령부는 막료 참모부와 부관부, 경리부 그리고 군의부로 조직되었다. 총원 109명과 승마 32필로 구성되었는데 사령관직은 소장급이 맡도록 하였다. 초대사령관은 소장 하라구치[原口兼濟]가 맡았으며, 참모장은 사이토[齋藤三郎] 중좌였다.[29]

한국주차군은 창설초기인 1904년 4월에는 1개연대, 4개대대, 2개중대로 약 4,272명의 병력이었다. 이 부대 중에 서울에는 후비보병 제24연대와 제14연대 제2대대, 후비보병 제48연대 제1대대가 배치되었다. 원산에는 보병 제37연대 제3대대와 후비보병 제45연대 제4중대, 부산에는 후비보병 제45연대 제2중대를 배치하였다. 그리고 후비보병 제47연대 제1대대는 서울-평양간 병참수비를 맡았다.[30] 그러나 러일전쟁이 종료된 후 1905년 10월 일본 대본영에서는 2개사단 체제를 확정하고 제13사단과 제15사단을 주둔시킬 것을 결정하였다. 제13사단은 보병2개 연대와 1개 대로 편성된 보병부대로, 원산, 성진, 청진에 상륙하고 함흥에 사단사령부를 두었다. 제13사단은 1906년 4월에는 화태에 있던 수비보병 제49연대 제1대대와 대만의 수비보병 제51, 52연대 및 야전포병 제19연대 제2대대를 예속시켜 군사력을 강화하였다. 제15사단은 원래 중국의 단동-봉천간의 철도수비대였다. 10월 23일부터 27일에 걸쳐 인천과 진남포에 상륙하였다. 사단사령부는 평양에 두었다.[31] 이어서 일제는 주차군을 동부수비대, 북부수비대, 남부수비대의 3개수비대 체제로 개편하였다. 이에 따라 제13사단을 동부수비대(관할구역: 함경도), 15사단을 북부수비대(관할구역: 황해도, 평안도), 보병 제30여단과 기병 제19연대, 야전포병 제21연대 1대대를 남부수비대(관할구역: 황해도,

---

29) 김정명 편, 『朝鮮駐箚軍歷史』, 巖南堂書店, 1967, 34쪽.
30) 김정명 편, 위 책, 35쪽.
31) 김정명 편, 위 책, 107~108쪽.

강원도, 경상도, 충청도, 전라도)에 편제하였다.

일제는 1907년 7월 24일 보병 제12여단 약 3,449명을 한국에 증파하였다. 이는 군대해산에 대한 저항을 대비하고자 한 것으로 보인다. 이 때 증파된 제12여단은 일본군 23사단 중 최강을 자랑하는 부대였다. 이는 대한제국 군대의 해산을 앞두고 해산군인들의 저항이 마땅히 있을 것으로 예상한 대비책이었다. 이후 군대해산 후 의병의 활동이 치열해지자 이를 진압하기 위하여 그해 9월 '임시파견기병대' 4개 중대 544명을 증파하고 강릉과 인천에 水雷艇을 파견하였다.32) 이때의 '임시기병파견대'는 서울, 조치원, 대구, 전주 등 주로 남부지역에 배치되었는데, 이는 의병 활동의 중심이 충청 이남의 남부지역으로 이동한 탓으로, 이에 대하여 기동성이 있는 대응이 필요하였기 때문이었다. 이 부대가 1909년 9월부터 전개된 이른바 '남한대토벌작전'을 수행한 주력 부대로 알려진다.

일제는 1907년 12월에 주차군의 편제를 북부수비관구와 남부수비관구로 개편하였다. 수비관부는 2개로 축소되었지만, 수비구는 11개소로 세분되었다. 이는 의병 진압을 위한 기동력에 중점을 둔 편제로 보인다. 이 시기 수비구의 배치표를 보면 <표 3>과 같다.33)

한국주차군은 의병의 활동에 기병 연대의 파견으로도 부족하여 1908년 5월 병력의 증파를 본국에 다시 요청하여 보병 2개 연대를 더 지원받았다. 그 중 1개 연대인 제7사단 27연대는 원산에 상륙하고, 다른 1개 연대인 제6사단 23연대는 마산에 상륙하여 각각 북한 지역과 남한 지역의 의병 진압 병력을 보강하였다.34)

---

32) 김정명 편, 위 책, 30~31쪽.
33) 주차군의 수비관구는 1910년 4월까지 8차에 걸친 개편 과정을 거친다. 이에 대하여는 김정명 편의 위 책에 수록되어 있으나, 유한철의 위 논문에 개편 내용이 자세히 정리되어 있어 참고된다.
34) 유한철, 앞 논문, 160쪽.

〈표 3〉 1907년 한국주차군 수비구 배치표

관구사령부	수비구	병 력	주력 주둔지	비고
북부수비관구 (사령관: 岡 岐生三 중장)	동부수비구	보병제25여단사령부	경성	
		보병제49연대	회령	
	북청수비구	보병제50연대본부 및 제1대대	북청	
		보병제50연대 제10중대, 기병제17연대, 치중병 제13대대	함흥	
	원산수비구	보병제50연대 제3대대 및 제4중대	원산	
	강릉수비구	보병제49연대 제1대대본부 및 제4,제11중대	강릉	
	금화수비구	보병제50연대 제2대대 임시파견기병 제2중대의 1소대	서울	
	충주수비구	보병제51연대 보병제52연대 제12중대 임시파견 기병 제4중대, 제2중대의 1소대	서울	
	서울지역	제13사단사령부, 보병제51연대 제2대대 및 제9 중대, 보병제52연대 제2중대, 기병제17연대, 야 전포병제19연대 제2중대, 공병제13대대 제1중대	서울	
	개성수비구	보병제47연대 제2대대	개성	
	서부수비구	보병제52연대	평양	
남부수비관구 (사령관: 恒 吉忠道 소장)	대전, 조치원지역	보병제47연대	대전	
		임시파견기병대 본부 및 제1중대	조치원	
	대구, 전주지역	보병제14연대, 임시파견기병 제1중대의 1소대	대구	
		임시파견기병 제3중대	전주	

　　1909년 10월 '남한대토벌작전'을 수행한 일제는 1910년 2월 한국주차군 수비대의 제6사단 병력을 제2사단 병력으로 교체하고, '임시한국파견대' 병력도 일부 교체하였다. 1913년에 이르러 일본군은 조선 국내 의병활동이 거의 종식된 것으로 판단하고 병력 배치 방법을 변경하여 분대 규모의 파견 병력을 소속 소대로 복귀시켰다. 또 1915년 7월 5일 당시 의병활동을 활발히 전개했던 蔡應彦 의병장이 평남 城川에서 붙잡히자, 이를 계기로 일제는 주요 의병장은 모두 체포되었다고 판단하고, 남부수비관구의 소대단위 주둔 부대를 다시 소속 중대로 귀대시켰다.[35]

　　일제는 수비대만으로도 부족하여 헌병과 경찰 병력을 증강하였다. 주차헌

---

35) 유한철, 앞 논문, 164쪽.

병대는 1904년 3월 발족하였다. 주차헌병대는 1896년 조직된 임시헌병대를 편입하여 조직되었지만, 대장급을 대위급에서 소좌급으로 격상시켰고(초대 대장: 다카야마[高山逸明] 소좌), 정원도 181명에서 329명과 승마 77필로 증원시켰다. 주차헌병대는 1906년 10월 제14헌병대로 개편하였다. 본부를 서울에 두고(사령관: 고가[高賀要三郎] 중좌) 서울과 전주, 대구, 평양, 정주, 함흥, 경성에 분대를 설치하고 다시 분대 예하에 분건소를 두었다. 서울 분대에는 인천, 개성, 춘천 분건소, 전주분대에는 대전, 목포, 군산분건소, 대구분대에는 마산, 부산분건소, 평양분대에는 황주, 진남포 분건소, 정주분대에는 영변, 신의주 분건소, 함흥분대에는 원산, 장진, 성진, 혜산진 분건소, 그리고 경성분대에는 청진, 회령, 웅기 분건소를 두었다.

헌병대는 1907년 7월 이후 의병의 항일전이 격화되자 헌병대를 확대 개편하였는데, 제14헌병대 체제를 폐지하고 다시 '한국주차헌병대' 체제로 복귀시켰다. 대장도 중좌급에서 소장급으로 격상시켰다. 초대 소장이 아카시[明石元二郎]이다. 분대도 경성, 천안, 영산포, 평양, 부산, 함흥 그리고 간도 용정촌의 7개 분대체제로 변경하였다. 조직도 더욱 세밀화하였는데, 국내의 6개 분대 밑에 39개 관구를 두고 다시 441개 분건소와 9개 파견소를 두었다. 간도용정촌 분대 밑에는 10개 분건소를 두었다. 이로써 1908년 말 헌병대는 2,347명에 달하는 병력으로 증원되었다.

일제는 의병을 진압하기 위하여 1908년 6월 '헌병보조원 모집에 관한 건'을 발표하여 이른바 헌병보조원을 모집하였는데, 1908년 9월에 채용이 완료된 헌병보조원이 4,234명에 달했다.[36] 헌병보조원을 모집한 목적은 '헌병보조원 모집에 관한 건'의 제1조에 의하면, "폭도의 진압과 안녕질서를 유지하기 위하여 헌병보조원을 모집하여 한국주차일본헌병대에 위탁하고 해 대장의 지휘에 따라 복무케 한다"라 하여 의병의 진압에 주요 목적이 있었음을 알 수 있다. 일제는 헌병보조원의 지휘는 일본 헌병대장이 하도록 하

---

36) 김정명 편, 위 책, 51~53쪽.

면서 모집 경비는 물론 무기와 탄약도 한국정부에 부담시켰다.[37]

2) 일본군의 의병 학살

(1) 중기의병기(1904~1907.7)

1904년 2월 일제는 러일전쟁을 도발하고 한일의정서를 강요하여 한국에 대한 군사적 지배권을 장악하려 하였다. 을사5조약이 늑결되자 의병은 전국적으로 확대되었다. 이 시기 대표적인 의진으로 홍주의진·산남의진·태인의 진을 들 수 있다.

중기의병 중 가장 큰 전투와 희생을 치른 의진으로 홍주의진이 있다. 홍주 유생 안병찬·채광묵 등은 을사5조약의 늑결 소식을 듣고 1906년 초부터 의병봉기를 추진하였다. 정산에 거주하는 민종식을 총수에 추대하고 3월 14일 예산의 광수에서 봉기하였다. 첫 전투는 청양의 화성에서 있었으나 안병찬이 체포되는 등 패하고 말았다. 홍주의병은 이용규의 모군에 힘입어 5월 9일 홍산에서 재봉기하였다. 민종식을 총수로 재추대한 홍주의병은 5월 19일 홍주성을 점령하고 이후 일본경찰과 헌병대의 공격을 격퇴하였다. 이에 조선주차사령관 하세가와[長谷川好道]는 서울의 포병과 기병 2개 중대를 홍주로 파견하였으며 전주수비대 보병1개 소대 등의 지원군을 파견하여 공격하였다.[38] 일본군은 5월 20일부터 공주의 이와타[岩田] 경부가 이끄는 고문부 경찰과 수원의 헌병부대가 증파되어 홍주성을 공격하였다. 그러나 의병은 군건한 성벽을 이용하여 이들의 공격에 잘 대응하였다.

이와 같이 몇 차례의 일본경찰과 헌병대의 공격에도 전세가 의병 측에 유리하게 전개되자 친일정부에서는 홍주의병을 진압하기 위하여 공주에서 20명을, 청주진위대에서 위관 1명과 병정 50명을 홍주로 파견하였다.[39] 통감 이

37) 이승희, 『韓國倂合と日本軍憲兵隊』, 동경: 新泉社, 2008, 95~100쪽.
38) 김상기, 「1906년 홍주의병의 홍주성전투」, ≪한국근현대사연구≫ 37, 2006.

토[伊藤博文]도 주차군 사령관에게 군대파견을 명령하였다. 사령관 하세가와[長谷川好道]는 5월 27일 대대장의 지휘아래 보병 2개 중대를 홍주에 파견하여 경찰과 헌병 그리고 진위대에게 협조토록 훈령하였다.[40] 이에 보병 제 60연대의 대대장 다나카[田中] 소좌 지휘 하에 보병 2개 중대(약 400명)와 기병 반개소대 그리고 전주수비대 1개 소대가 합세하여 30일 홍주성을 포위하기에 이르렀다. 이들은 다나카[田中] 소좌의 지시에 따라 30일 밤 11시에 동문으로부터 약 500미터 지점의 숲속에 잠복하였으며, 31일 오전 2시 반 공격을 개시하여 3시경에 기마병 폭발반이 동문을 폭파시켰다. 이를 신호로 하여 일본 보병과 헌병대, 경찰대가 기관포를 쏘며 성문 안으로 진입하였다. 또한 2중대 1소대와 4중대 1소대는 각각 갈매지 남쪽고지와 교동 서쪽 장애물 도로 입구에서 잠복하여 의병부대의 퇴로를 차단하였다.[41] 이때 의병 측에서는 성루에서 대포를 쏘면서 대항하였으나 북문도 폭파되어 일본군이 들어왔다. 의병은 치열한 시가전을 감행하면서 방어했으나 결국 일본군의 화력에 밀려 많은 사상자를 내고 처참하게 죽어갔다. 일본 경찰의 보고에 의하면 불과 1시간도 안 된 4시경에 홍주성은 일본군에 의해 점령되었다.[42] 홍주성 전투의 결과는 곧바로 이토[伊藤博文]에게 다음과 같이 보고되었다.

방금 홍주성에 출정중인 지휘관 岩田 소좌로부터 다음과 같은 전보가 도달하였습니다. 예정대로 어제 30일 오전 11시 30분부터 정찰을 실시한 다음 오늘 오전 3시에 동문 및 북문의 두 성문을 파괴하고 약간의 격렬한 시가전을 치른 후 오전 7시 반에 성 전체를 점령했음. 우리 측의 사상자는 경상자가 2명이고, 적의 사망자는 60명임. 현재의 포로는 127명이고 또한 계속하여 포획할 수 있을 것으로 예상됨. 賊將은 아직 찾지 못함. 서남쪽으로 도주한 의심이 감. 패잔병에 대하여는 현재 이들을 계속 추격하고 있음. 노획품의 수는 조사 중임. 포로의 말에

---

39) ≪황성신문≫ 1906년 5월 29일자 잡보, 「派兵請費」.
40) 「(56) 洪州城 攻擊을 위한 駐箚軍投入決定 報告의 件」, 『통감부문서』 3, 48~49쪽.
41) 성덕기, 「의사 이용규전」, 『독립운동사자료집』 2, 331쪽.
42) 「(78) 洪州城占領에 따른 死傷者 및 戰況 報告 件」, 『통감부문서』 3, 54쪽.

의하면 적병의 수는 약 1천명이라 함. 적에게 잡혔던 일본인은 참살되어 있는
것을 발견함.[43]

이 보고는 전투가 있은 다음 날인 6월 1일 쓰루하라[鶴原] 총무장관이 岩
田 소좌의 보고를 근거로 하여 이토[伊藤博文]에게 전투 결과를 보고한 내
용이다. 이에 의하면 의병의 총수는 1천여 명이었으며, 이 중에 전사자가 60
명, 포로가 127명임에 비해 일본군의 피해는 경상자 2명에 불과하다고 보고
하였으며, 6월 4일에는 의병 포로를 145명으로, 전사자 수를 82명으로 수정
하여 보고하고 있다.[44]

그러나 홍주성전투 직후 부임한 홍성군수 尹始永의 일기에 의하면, 홍주
성이 일본군에 의해 점령된 후에 자신이 군수로 부임한 후에도 일본군이 의
병을 형틀에 매달고, 또 '砲殺'하는 것을 보았다고 기록하고 있으며, 이미
의병 전사자 83명을 매장하였는데, 윤4월 17일(양, 6월 8일)에도 또 목 잘린
자 15인을 찾아내어 매장하였다고 적고 있다.[45] 이로 보아 일본군이 82명이
라고 제출한 보고서는 신빙할 근거가 없게 되었다. 홍주성전투에서 희생된
의병의 수에 대하여 자료마다 적게는 80여명에서 많게는 1천여 명이라 하
여 상이하게 나타난다. 그러나 의병의 중심에 있었으며, 체포된 직후 기록한
의병장 柳濬根의 『馬島日記』에서 3백여 명이 전사되었다고 기록되어 있다.
따라서 이 전투에서 참모장 蔡光默 부자와 운량관 성재평과 전태진·서기
환·전경호를 비롯하여 300여명 이상이 전사한 것으로 추정된다.[46]

---

43) '鶴原 총무장관이 伊藤 통감에게 보낸 전신' 1906년 6월 1일(「한국 각지폭동 잡건」,
『일본외교사료관 소장 한말의병자료』Ⅲ, 66쪽).

44) 「(78) 홍주성점령에 따른 사상자 및 전황보고 건」,『통감부문서』3 ; 《황성신문》 1906
년 6월 18일자 잡보, 「義援調査」에 의하면, 홍주의병 전사자가 모두 83명이고, 이 중
에 4명의 여성이 포함되어 있었다고 한다.

45) 김경식(홍성문화원 사무국장) 국장은 1949년 홍주의사총을 처음 조성할 때 유골이
열다섯 바지개 분량이었는데, 首級이 몇 개 없었다고 들었다고 증언하였다(2004년
10월 15일, 홍성). 일본군이 수급을 어떻게 처리했는지는 알 수는 없으나 일본군에
의해 의병이 참수당했음을 알려주는 중요한 증언으로 보인다.

홍주의병으로 체포된 이 중에서 곽한일을 비롯하여 박윤식·김덕진·정재
호·황영수·박두표 등은 종신 유배형을 받고 지도(전라도 신안군)로 귀향갔
으며, 홍순대와 김재신은 고군도(전북 옥구군 미면)로 귀양갔다. 한편 안병
찬·박창로·최선재·윤자홍 등 수십 명은 공주감옥에 감금되었다. 이남규와
이충구도 체포되어 고문을 당했으며, 1907년 9월에는 일본기마대 1백여 명
이 李南珪 부자를 체포해 가던 중 귀순을 거부함에 온양의 평촌(현 아산군
송악면 평촌리) 냇가에서 이들을 학살하는 만행을 저질렀다.[47]

산남의진은 정환직·정용기 부자의 주도로 영천에서 봉기하였다. 정환직
은 임진의병장 鄭世雅의 후손이다. 고종의 시종관이었던 그는 고종의 밀칙
을 받고 아들 정용기에게 의병봉기를 지시한 것이다. 정용기는 1906년 3월
이한구·정순기 등과 영천에서 거의하였다. 산남의진은 청송·영천간에서 활
약하였으나 경주전투에서 정용기가 관군에 체포되자 1차 산남의진은 해산
하였다.

태인의병은 최익현이 임병찬 등과 주도하여 이루어졌다. 이들은 1906년
6월 4일 태인의 무성서원에서 거의하고 태인 관아를 점령하였다. 순창에서
진을 치고 있던 진위대 군사의 공격으로 중군장 鄭時海가 전사하였으며 최
익현 등 13명은 체포되었으며, 그 중에 최익현과 임병찬은 대마도에 유배되
었다.

(2) 후기의병기(1907.8~1915)

1907년 8월 1일 일제가 한국군을 강제 해산하자 이에 항거한 군인들과
의병이 서로 연합하여 대대적인 항일전을 벌이게 되었다. 이때 전사한 군인
이 70여명이고 부상은 104명, 포로는 6백여 명에 달했다.[48] 해산된 군인들

---

46) 김상기, 「1906년 홍주의병의 홍주성전투」, ≪한국근현대사연구≫ 37, 2006.
47) 김상기, 「수당 이남규의 학문과 홍주의병투쟁」, 『조선시대의 사회와 사상』, 조선사
　　회연구회, 1998.
48) 「조선폭도토벌지」, 『한국독립운동사자료집』 3, 685쪽.

의 항전은 원주·강화·홍주·진주진위대로 확대되었다. 이들은 각기 의병에 가담하여 의병의 전력을 강화 시켰다. 그 중에 원주 진위대는 특무장교 민긍호의 지휘아래 병사층을 중심으로 거의하여 강원도 충북일대에 본격적인 의병항쟁을 전개하였다. 이후 후기의병은 전국적으로 확대되었다. 그 중에서 문경의 이강년부대, 원주의 이은찬부대, 영해의 신돌석부대, 영천의 정환직·정용기 부자 의병장, 호남의 기삼연·심남일·이석용·전해산·안계홍 부대, 함경도의 홍범도·최덕준 부대 등은 특히 이름난 의병부대이다.

1907년 11월에는 전국연합의병의 성격을 갖는 13도창의군이 결성되었다. 서울 수복을 목표로 1908년 1월 양주에 집결한 의병 수는 1만여 명에 달했다. 지휘편제는 창의대장 이인영, 군사장 허위, 관동의병대장 민긍호, 교남의병대장 박정신, 황해진동대장 권중희, 관서진동대장 방인관, 관북의병대장 정봉준, 호서의병대장 이강년, 호남의병대장 문태수 등으로 조직되었다. 13도창의군의 서울진격전은 쇠약해가는 의병의 사기를 고양시켰으며 의병항쟁을 국제법상 전쟁의 단계로 발전시킨 점과 한국인의 계획적이고 대담한 무장투쟁을 널리 알렸다는 점에서 의미를 갖는다. 그후 의병들은 각기 지역으로 내려가 항일전을 수행하였다.

그러나 청일전쟁과 러일전쟁을 경험한 일본 정규군과의 항전은 너무나 힘겨운 투쟁였음에 틀림없다. 일본군은 무라다총을 개량한 30연식을 개인화기로 사용하였다. 기병과 치중병은 30년식 기관총으로 무장하였다. 포병은 31년식 야포와 산포로 무장하고 의병을 진압하였다. 이러한 일본군의 화기는 명중도나 유효사거리 면에서 살상능력이 뛰어난 것으로 의병들을 대량 학살할 때 사용한 것들이다.

일본군은 앞 장에서 살펴본 바와 같이 각 지방에 수비대를 분산 배치하여 지방에 거점을 두고 활동하는 의병을 무차별 학살하였다. 의병진압 방식도 기존의 수색 작전에서 이른바 攪拌的 방식을 쓰기도 하였다. 해상에서도 수뢰정이나 경비선을 배치하고 도서 지역으로 도피하는 의병을 추격하여 살상하는 잔인한 수법을 썼다.

① 호남의병 대학살작전

1909년 9월 1일부터 10월까지 약 2개월간에 걸쳐 일본군은 호남의병에 대한 대학살작전을 수행했다. 이 군사작전은 한국임시파견대의 전병력을 호남지역의 의병 진압에 투입하여 호남의병을 '박멸'한다는 계획이었다. 작전 계획의 골자는 다음과 같다.

제1기: 9월 1일부터 15일까지
　　지역: 부안에서 하동의 선에서 아래로 법성포에서 황제도까지의 지역
제2기: 9월 16일부터 9월 30일까지
　　지역: 법성포에서 황제도의 선에서 서남해안에 이르는 전지역
제3기: 10월 1일부터 10일까지
　　지역: 서남해안 일대의 제 도서

일본군은 이른바 교반적 방식으로 한 지역을 수색하고 다시 돌아와서 그 지역을 수색하는 방식으로 철저하게 의병을 살육하였다. 도서로 도피하는 의병을 색출하기 위하여 연안에는 수뢰정 4척과 석유발동기선을 대기시켰다. 이 작전으로 임창모, 임학규 등 의병장들이 살해되었으며, 심남일·안계홍·양진여·강무경 등 의병장들이 체포되었다. 전남경찰서의 보고에 따르면 이 작전 중에 살해된 의병이 420명으로 보고되어 있다.[49] 일본군은 이 작전을 수행하면서 의병만이 아닌 일반 주민들을 살해하는 만행을 서슴치 않았다. 호남의병에 대한 대대적인 탄압을 직접 목격한 황현은 『梅泉野錄』에서

　　사방을 그물치듯 해놓고 순사를 파견하여 촌락을 수색하고 집집마다 뒤져서 조금이라도 혐의가 있으면 죽였다. 그래서 행인의 발길이 끊기고 이웃과의 연락

---

49) 『폭도에 관한 편책』 전남경비발 제2082호, 융희2년 10월 23일 ; 홍순권, 위 책, 162쪽.

이 두절되었다. 의병들은 삼삼오오 도망하여 흩어졌으나 몸을 감출 데가 없어 강자는 돌출하여 싸워 죽었고 약자는 기어 도망하다가 칼을 맞았다.[50]

라고 기록하고 있음은 이를 말해준다. 이와 같은 대탄압으로 호남의병의 기세는 크게 꺾이지 않을 수 없었다.

② 산남의병의 피해

후기의병기 호남의병의 피해만큼 영남지역에서도 큰 피해를 입었다. 그중에서도 대표적인 의병의 하나인 산남의진은 항쟁과정에서 많은 희생이 있었다. 제1대 산남의병장 정용기는 부친의 주선으로 석방하여 의병을 재봉기하였으나, 1907년 9월 입암전투에서 이한구·손영각·권규섭 등의 핵심 부장과 함께 전사하였다. 아들의 뒤를 이어 대장이 된 정환직 역시 그해 12월 체포되어 순국하였다. 『폭도에 관한 편책』을 토대로 산남의진의 피해 상황을 살펴보면 다음과 같이 전사자가 250여명, 사상자가 247명으로 파악된다.[51]

> 1907. 8. 30 ~ 9. 1 : 본부선발대 100여명 입암전투에서 대다수 전사
> 1908. 1. 13 : 청하전투에서 19명 전사
>   1. 17 : 영천전투에서 18명 전사
>   1. 20 : 흥해전투에서 15명, 경주전투에서 27명 전사
>   2. 12 : 흥해 수성동전투에서 6명 전사
>   2. 14 : 청하전투에서 23명 사상
>   2. 29 : 흥해전투에서 25명 사상
>   3. 2 : 흥해전투에서 37명 사상
>   3. 6 : 흥해전투에서 25명 사상
>   3. 17 : 흥해전투에서 8명 전사
>   3. 19 : 인비전투에서 28명 사상
>   3. 25 : 흥해전투에서 20명 사상

---

50) 『梅泉野錄』(國史編纂委員會刊, 1972) 권6, 隆熙 3년 8월.
51) 裵勇一, 「山南義陣考」, ≪한국민족운동사연구≫ 5, 1991, 152쪽.

4. 10 : 경주전투에서 39명 사상

4. 14 : 영천전투에서 20명 사상

4. 17 : 청송전투에서 18명 전사

4. 26 : 청송전투에서 15명 사상

4. 29 : 청송전투에서 35명 사상

6. 20 : 청송전투에서 15명 전사

7. 15 : 청송전투에서 12명 전사

7. 25 : 일월산전투에서 9명 전사

③ 당진 소난지도 의병의 피해

1908년 3월 13일 홍성경찰서에서는 당진의 소난지도에 의병이 집합해 있다는 정보를 듣고 일본인 순사 7명과 한인순사 8명 등 15명으로 구성된 경찰대를 편성하여 가미즈마[上妻孝八]의 인솔하에 당진지역으로 파견하였다. 이들은 3월 15일 아침 6시부터 배를 타고 소난지도로 들어가다가 의병과 총격전을 벌였다. 11경에 이르러 의병은 무기가 고갈되어 응전을 할 수 없는 지경이 되었다. 의병은 일본 경찰대의 공격에 고지 뒷쪽의 절벽 아래로 뛰어내려 섬의 동남쪽으로 피하였으나, 동남쪽의 突角지점에서 22명이 전사하고 말았다. 오후 1시부터 일본경찰대는 섬 전체를 다시 수색하여 북쪽의 동굴 속에서 의병 5명을 살해하였다. 의병은 계속 추격을 당하여 오전에 크게 피해를 입은 突角지점에서 14명이 또 다시 전사했다. 오후 3시경 전투는 끝났고 대장 洪元植과 선봉장 朴元石을 비롯하여 총 41명이 전사하고 9명이 부상을 입고 체포되면서 의병은 궤멸하고 말았다. 기타 의병 50명 내외가 바다에 투신하여 행방불명되었다고 보고되고 있다. 이로 보아 소난지도에서 약 100명에 달하는 의병이 살해된 것으로 보인다.

경찰대가 의병으로부터 노획한 물품이 배 2척을 비롯하여 벼 153석과 현미 22석이 있다. 일본경찰의 보고서에 의하면, 이 벼와 쌀은 구매자가 없어 소각해 버렸다. 당시 주민들은 불을 끄고 이를 식량으로 이용하려고 했으나 기름 냄새 때문에 먹을 수가 없었다 한다. 더욱이 선원들을 당진포의 해창

앞까지 끌고 와서 그곳에서 총살시켰다 한다.[52]

④ 주민과 민가 피해

일본군은 의병을 진압하는 과정에서 비전투원인 주민에 대한 학살과 민가 방화 등의 만행을 저질렀다. 일본군은 전기의병기에도 충주와 안동시가지, 제천시내 등을 의병의 '소굴'이라고 하여 초토화한 바 있다. 일본군은 후기의병기에도 이 지역에서 만행을 저질렀는데 맥켄지는 제천 지역에서의 참상을 목도하고 이를 『대한제국의 비극』에 다음과 같이 고발하고 있다.

> 일본군은 우리 마을을 지나서 7개 부락을 거쳐 지나갔습니다. 저쪽을 보십시오. 모두 폐허가 되었습니다. 그들은 (중략) 이집 저집을 돌아다니며 욕심나는 것을 모두 빼앗은 다음 불을 질러버렸지요. 젖먹이 적부터 그 집에 살고 있던 한 노인은 자기 집에 불이 붙는 것을 보자 무릎을 꿇고 그 일본군의 발에 매달렸습니다. 그는 울면서 애원했지요.(중략) 그러자 그 일본군인은 총을 뽑아 노인을 쏘아 죽였습니다.(중략)
> 어느 한 여인은 해산이 가까워 집에 누워있다가 끔직한 변을 당했습니다. 어느 한 젊은이는 들에서 풀을 베고 있었습니다. 그는 일에 바빠서 일본군들이 오는 것을 보지 못했습니다. 일본군은 칼을 빼어 햇빛에 번쩍 가리면서 여기에 의병이 있다고 소리쳤습니다. 그는 그 청년을 쏘아 죽였습니다. 어느 사람은 불길이 타오르는 것을 보고 자기 집의 모든 족보가 불타는 것으로 알았습니다. 그는 불을 끄기 위해서 집으로 달려 내려갔지요. 그러나 그가 달려 내려가자 일본군은 그에게 총을 쏘아대었고 그 사람은 꼬꾸라졌습니다.(후략)[53]

이러한 참상은 양주읍에서도 일어났다. ≪대한매일신보≫ 1907년 9월 10일자에 의하면,

---

52) 김상기, 「당진 소난지도 의병항전」, ≪한국근현대사연구≫ 28, 2004, 48쪽.
53) F.A.맥켄지(신복룡 역주), 「제16장 일본의 만행」, 『大韓帝國의 悲劇』, 탐구당, 1980, 219~221쪽.

재작일에 일병 일소대가 양주읍으로 지나가는데 그 군처에 백성들이 피난하
려고 산으로 피하여 가는 거슬 일병이 의병들이 도주하는 줄노 알고 쫓아가며
총을 노화서 백성들이 만히 죽고 또 촌집들을 몰수히 쇼화하엿다더라.[54]

라 하여 일본군이 양주읍의 촌민들을 살해하고 가옥마저 소각한 만행을 알
려주고 있다. 또한 ≪대한매일신보≫ 같은 날 기사 중에는 다음과 같은 만
행의 사실을 싣고 있어 충격적이다.

일전에 일병 백여 명이 지평군 섬의동이라는 동네에 드러가서 의병이 잇건
땅이라 하고 츙화하여 그 동네집 칠십여 호가 몰쇼하엿고 근동에 서판 집을 또
츙화하여 잉태한 부녀 하나히 불에 타죽었다더라.[55]

라 하여 지평에서는 민가에 불을 놔 임산부를 숨지게 하는 사건이 있었음을
알려준다.

『조선폭도토벌지』에 의하면, 1907년 8월 23일 제천지역에서 의병 30여
명을 살해하고 시가지 대부분을 소각하였음을 밝히고 있다. 같은 달 24일에
는 여주 지역의 민가가 소각당하였다.[56] 8월에는 지평의 水洞에서 200여호
를 소각했으며,[57] 10월에는 양근읍내에서 200여호, 사탄과 역곡에서 90여
호, 옥천에서 20여호의 민가가 일본군에 의해 소각되었다.[58] 11월에는 양근
읍에 군의 관아만 남고 민가 수백여 호가 소각되었다.[59]

1907년 가을 영국의 신문기자 맥켄지가 양근읍을 가서 의병을 만나고 의
병의 사진을 남겼다. 맥켄지가 양근읍에 들어가니 우선 민가마다 대문에 십
자가가 그려져 있는 것을 보았다. 그런데 이것은 일본군이 일주일 전에 양

54) ≪대한매일신보≫ 1907년 9월 10일, 잡보.
55) ≪대한매일신보≫ 1907년 9월 10일, 잡보.
56) 「조선폭도토벌지」, 위 책, 691쪽.
57) ≪황성신문≫ 1907년 8월 29일, 잡보.
58) 「楊邑又燒」, ≪대한매일신보≫ 1907년 10월 8일.
59) ≪대한매일신보≫ 1907년 11월 6일, 잡보.

근읍을 습격하여 민가를 소각하였는데, 십자가가 있는 집을 불태우지 않았기 때문에 일본군이 간 뒤에 집집마다 대문 위에 십자가를 그려 붙였다는 것이다.[60] 이렇게 1907년 8월부터 12월까지 5개월간 만해도 일본군이 소각한 호수가 <표 4>에서 보듯이 6,681호에 달한다.[61]

〈표 4〉 일본군에 의해 소각된 민가호수

신문게재일	사건 일자	피 소 장 소	피소 호수
1907.8.29		지평군 長水洞	200여호
9. 2	9월 초	성주군 川倉洞	17호
9. 9		충주읍 동문의 藥里峴	30호
9. 9		충주읍 고북문 店幕	7,8호
9.11	7. 20(음)	報恩邑底	260여호
9.21	7. 26(음)	홍천군 남심리 城前村	100여호
9.21	8. 2(음)	洪川邑	300여호
9.21		천안군 竹溪	10여호
9.21	8. 7(음)	천안군 垈巨里	19호
9.21		永同郡	8호
10. 1		경기도 朔寧郡	60여호
10 .2		경기도 楊根郡	300여호
10. 2		경기도 安城 서방 8여 호	20호
10. 3		경기도 여주군 仰德里	90여호
10. 3	9. 30(양)	경기도 양주군 德沼	100여호
10. 3		경기도 加平郡	60여호
10. 4		경기도 陽智郡	15호
10. 4		경기도 加平郡	61호
10. 5	9. 22(양)	충남도 문의군 동면 桂山	근 100호
10. 6		충북도 報恩一郡內	261호
10 .6		경기도 楊根邑內	100호
10. 8		강원도 蔚珍	근 100호
10. 9		강원도 安峽郡	60여호
10.11	10. 6(양)	경기도 양성군 金谷面	3호
10.11	9. 26(양)	황해도 마산면 挑平洞	100여호
10.15	8. 29(음)	충북 보은군 산외면 長甲里	17호
10.22	9. 30(양)	충북 회인군 桂山里	47호
10.23		강원도 洪川郡	118호
10.27		경기도 利川郡	10여호
11. 2		강원도 蔚珍	160여호

---

60) F.A.맥켄지(신복룡 역주), 위 책, 235쪽.

61) 통감부 편, 「제2차 한국시정연보」, 『독립운동사』 1권, 524~526쪽(1907년 8월 1일~12월말).

11. 9	10.29(양)	경기도 富平郡	2호
11.14		강원도 鐵原郡	22호
11.15		경기도 利川郡	160여호
11.15	11. 5(양)	강원도 洪川·砥平·春川	66호
11.15	11.11(양)	경북 順興	180호
11.23	11.12(양)	경북 榮川	109호
11.30		奉化·順興邑	전부 회진
12.13		평양 銀波	1호
12.17		경기도 安城郡	102호
12.17		경기도 安山郡	5호
12.17		경기도 坡州郡	6호
12.17		경기도 陽智郡	15호
12.17		경기도 長湍郡	9호
12.17		경기도 江華郡	5호
12.17		경기도 陰竹郡	5호
12.17		경기도 積城郡	27호
12.17		경기도 交河郡	142호
12.17		경기도 楊根郡	455호
12.19	12.19(양)	충북 황간군 상초면 盤店里	7호
12.20		강원도 양구군 綠浦里	3호
12.20		강원도 양구군 鶴嶺[62]	20여호

⑤ 사찰 소각

일본군은 의병을 탄압하는 과정에서 의병의 근거지로 이용되었다고 하여 유서깊은 사찰을 소각하는 만행을 저질렀다. 한국주차군사령관이 일본 참모 총장에게 보낸 보고서에 의하면, 양평지역의 상원사와 용문사가 일본군 보병 제52연대 제9중대에 의해 1907년 8월 24·25일간에 소각되었음을 다음과 같이 알려준다.

보병 제52연대 제9중대는 24, 25일 양일 간에 적의 근거지인 上元寺 및 龍門寺는 집적해 있던 다량의 양식과 함께 불태웠음[62]

또한 『조선폭도토벌지』에서도

양근, 이천 방면으로 파견된 明石 중대는 23일 양근에 도착, 24일 양근 동북

---

62) 「參1發 제83호」(1907년 8월 28일), 『한말의병자료』 4, 독립기념관, 58쪽.

약 20리에 있는 폭도의 소굴인 장수동 蓮安幕을 습격, 궤란하는 폭도를 습격하여 龍門寺 근거지를 무찔러 장래의 화근을 끊기 위하여 그것을 소각해 버렸다.63)

라고 용문사의 소각 사실을 보고하고 있다. 양평지역의 사나사도 이때 소각되었다. 「10월의 폭도토벌」에 의하면

보병 제51연대 제11중대는 (중략) 27일에는 양근 북방 舍那寺에서 약 150의 폭도를 습격 궤란시키고 舍那寺를 소각해 버렸다.64)

라고 10월 27일 사나사의 소각 사실을 알려주고 있다.

1907년 9월에는 강원도 횡성에 있는 鳳腹寺가 소각되었다. 일본군이 봉복사 일대에서 의병 50여명을 사살하고 사찰을 소각한 것이다.65) 그해 10월에는 철원 부근에 있는 深源寺가 역시 일본군에 의해 불태워졌다.66) 또한 진주파견대와 광주수비대는 10월 17일 고광순의병을 공격하여 고광순의병장 등 22명을 사살하고 연곡사를 소각했다. 이때의 보고서는 다음과 같다.

진주파견대장 小山 대위는 하동 방면을 정찰한 결과 폭도 3백이 七佛寺 鷰谷寺 文殊洞에 있음을 알고 16일 화개장에 이르러 광주수비대장 木野 대위가 인솔하는 1소대와 연락하고 16일 새벽 연곡사를 포위 공격하여 수괴 高光詢 이하 22명을 사살하고 수십을 부상시키고 연곡사는 소각하였다.67)

---

63) 「조선폭도토벌지」, 위 책, 692쪽.
64) 「조선폭도토벌지」, 위 책, 709쪽.
65) 「조선폭도토벌지」, 위 책, 696쪽.
66) 「조선폭도토벌지」, 위 책, 711쪽. "철원 보개산에 의병이 있던 심원사를 일병이 불을 질렀다고 군수가 내부에 보고하였음"(≪대한매일신보≫ 1907년 10월 26일, 잡보).
67) 「조선폭도토벌지」, 위 책, 712쪽.

⑥ 포로 학살

일본군의 의병 학살과 관련하여 반드시 짚고 넘어가야 할 것이 포로문제
이다. 그러나 일본군의 어느 보고서에도 의병 포로에 대한 보고 내용을 발
견할 수 없다. 당진 소난지도의병의 경우에도 최근에 밝혀진 바와 같이, 190
8년 3월 15일 홍성의 일본 경찰대는 당진 소난지도에서 의병과의 격전을 벌
여 1백 명에 가까운 의병 전원을 추격하여 살해하고 부상당한 의병 9명을
체포하였다. 일본경찰대는 소난지도 전투에 대한 상세한 보고서를 제출하였
는데, 체포된 9명의 포로에 대한 처리 문제는 어디에도 나와 있지 않다. 단
지 배와 함께 태워 죽였다는 현지 주민들의 증언만이 전해진다.[68] 포로는
국제법적으로 보호를 받아야 함은 물론 인도주의적 차원에서도 당연히 포로
로서의 대우를 받아야 함에도 불구하고 일본군은 대표적인 의병장만을 법정
에 세웠을 뿐 의병 포로들을 체포 즉시 현장에서 학살하는 수가 많았다. 이
와 같은 의병 포로 문제는 일제의 한국침략의 불법성과 아울러 잔학상을 적
나라하게 보여주는 대표적인 사례인 것이다.

⑦ 후기의병기 의병의 피해

이와 같이 후기의병 기간 중에 의병의 피해는 막심하였다. 1913년 3월
조선주차군사령부에서 작성한 『조선폭도토벌지』에 의하면, 1906년 5월부
터 1911년 6월까지 전사한 의병의 총수가 17,779명으로 조사되어 있다.[69]
이를 연도별로 보면, 1907년은 8월 이후 12월까지 5개월에 의병 전사자수
가 3,627명에 달하고, 1908년은 11,562명으로 집중적인 탄압을 받았음을 알
수 있다. 1909년에는 2,374명으로 여전히 많은 의병이 살육 당했다. 1910년
에는 125명으로 줄었다가 1911년에는 9명으로 나와 있다.[70]

---

68) 김상기, 「당진 소난지도 의병항전」, ≪한국근현대사연구≫ 28, 2004.
69) 1906~1911년, 『조선폭도토벌지』 자(自) 명치 39년 (至) 명치 44년 폭도 토벌 피아
　　손상 유별표(『독립운동사자료집』 3, 823~825쪽).
70) 『조선폭도토벌지』, 위 책, 823~825쪽.

한편 조선헌병대에서도 1907년부터 1910년도까지 의병을 살육한 보고서를 제출하였음을 볼 수 있다. 조선헌병대사령부에서 펴낸『조선헌병대역사』에 의하면 위 기간 동안에 16,999명의 의병이 전사했음을 알 수 있다. 이를 『조선폭도토벌지』와 연도별로 비교하면 다음 표와 같다.

〈표 5〉 의병 전사자수 비교표 (1907년 7월 ~ 1911년)

구 분	『조선폭도토벌지』 전사자수	『조선헌병대역사』			비 고
		전사자수	사상불명자	포 로	
1907년(7~12월)	3,627	2,968	898	647	
1908년	11,562	11,578		1,748	
1909년	2,374	2,339		859	
1910년	125	114		439	
1911년	9	?		?	
총 계	17,697	16,999+ ?	898	3,693 + ?	

위 조선주차군의 보고서에서는 1911년 말까지의 현황이 나와 있고, 조선 헌병대의 보고서에는 1910년 8월까지 보고되어 있다. 헌병대의 보고서가 주차군의 보고서보다 698명 적게 잡혀있는 것은 1910년 8월 이후의 수치가 빠져 있기 때문으로 보인다. 또한 1907년의 경우에 주차군의 보고서가 헌병대 보고서보다 659명 적다. 그런데 헌병대보고서에는 '사상불명자'로 898명이 잡혀있다. 이들 대부분이 역시 전사자가 아닌가 한다. 그렇다면 주차군에서 보고한 숫자와 거의 같을 것으로 보인다. 따라서 일단 주차군의 보고서에 나와 있는 17,697명의 의병전사자 수(1907년 7월~1911년 말)를 일본군의 공식적인 발표로 보아야 할 듯하다.

그러나『조선폭도토벌지』의 이 통계는 같은 책의 의병측 피해상황과 통계가 맞지 않는 부분이 있다. 예컨대, 홍주의병의 희생자 수를 82명으로 보고하고 있으나, 전술한 바와 같이 3백여 명이 희생된 것으로 조사된다. 또한 위 표에 의하면 1907년 8월 의병이 수비대에 의해 198명이 전사한 것으로

되어 있다. 그러나 같은 자료에는 이 통계표만이 아닌 의병 전투와 피해상
황이 상술되어 있는데 이를 살펴보면 다음과 같다.[71]

8. 1 : 서울시가전에서 70여명 전사
8. 18 : 장호원전투에서 150여명 의병 궤란시킴
8. 22 : 여주 이포전투 10여명 전사
8. 23 : 제천전투에서 30명 전사(촌락 소각)
8. 23 : 충주전투에서 20여명 사상
8. 24 : 양평 용문산전투에서 50여명 사상("폭도는 사상 50을 유기하고")
8. 30 : 광탄전투에서 1백여 명 사상("폭도는 사상자 1백 여를 유기하고")
8. 31 : 괴산전투에서 40여명 전사

8월 1일 군대해산에 항거한 군인들이 시가전에서 70여명이 전사한 것을
비롯하여 여주·이포·제천·괴산전투에서 모두 150여명이 전사하고 150여명
을 궤란시키고, 170여명을 전사 혹은 부상을 입었다는 것이다. 이로 보아 1
98명이라는 수치는 신빙성이 없어 보인다. 또한 이 전투기사는 충북, 강원
지역에 한정한 통계보고서이다. 이 시기에 위 지역 외에도 경상도 지역의
이강년 의병, 신돌석 의병의 활동 부분이 누락되어 있다.

또한 위 표에 의하면, 1909년 9~10월간 자행된 이른바 남한대토벌작전
기간 동안에 수비대에 의한 의병 사망자가 62명, 헌병에 의한 사망자가 123
명으로 기록되어 있다. 그러나 전남경찰서의 보고에 따르면 의병 전사자수
가 420명으로 나와 있다. 또한 일본 방위연구소 소장의 『千代田史料』에 근
거하여 이 기간 동안 의병의 희생자 수를 통계한 결과 9월 1일부터 10월 20
일까지 451명이 전사한 것으로 나와 있다.[72] 이로 보아 300여명의 희생자
가 누락되었음을 알 수 있다.

위 표의 수치는 1911년 이후의 의병전사자수가 제대로 나타나지 않고 있

---

71) 「조선폭도토벌지」, 위 책, 687~693쪽.
72) 이승희, 위 책, 147쪽.

다. 일제는 1910년 한일합방을 단행한 후, 그 해 11월부터 12월까지 한달 동안 경상도 일월산 지구의 의병에 대한 대대적인 학살에 나섰다. 1911년 9월 하순부터 11월 초순까지 40여일 간에는 제2사단에 의해 황해도 일대의 의병이 큰 타격을 입었다. 이 전투에서 다수의 의병이 살해되었다. 또한 최후의 전투로 알려지는 평산의병장 김정안부대 수십 명이 1914년 5월 서흥의 제비여울전투에서 전원 전사하였는데,[73] 이러한 내용들이 위 표에는 누락되어 있다.

또한 일본 측의 보고에 의하면 일본군수비대와 경찰 및 헌병에 의해 부상자가 3,706명에 달한다. 또한 체포된 의병의 숫자가 2,131명으로 나와 있다. 일제는 이들 포로에 대하여 즉결 처분한 경우가 많다. 또한 재판과정을 거친 경우라 하더라도 사형을 구형하고 집행한 경우도 많이 있다. 이런 숫자는 모두 누락되어 있다.

4. 맺음말

한말 의병은 20여 년 간에 걸쳐 전국적으로 치열하게 전개되었다. 전국 유림의 중망을 받고 있던 유학자들이 붓 대신에 칼을 들었으며, 이름 없는 수많은 민중들이 여기에 합세하였다. 의병을 탄압하던 구한국 군인들도 때늦게나마 의병에 합세하여 대일항전을 이끌어갔다.

일제는 1894년 동학농민군을 무차별 학살한 이후 수비대와 임시헌병대를 조선에 주둔시켜 항일의병을 진압하였다. 1905년 을사조약을 강행하여 조선의 국권을 박탈한 일제는 이에 항거하는 의병을 진압하기 위해 한국주차군을 설치하였으며, 1907년 군대해산 이후 의병의 항쟁이 확대되자 군대를 증파하여 2개 사단 규모의 정규군과 헌병대를 동원하여 의병을 잔인하게 학

---

73) 오길보, 『조선근대반일의병운동사』, 1988, 312쪽.

살하였다.

일본군과의 전투과정에서 전사한 대표적인 이들로 정환직·정용기 부자를 비롯한 산남의병들, 채광묵 부자 등 3백여 홍주의병, 이춘영·안승우·서상열·주용규·홍사구와 같은 제천의병, 김정환 등 평산의병, 그리고 기삼연과 고광순, 김태원·김율 형제 등 천 여명 이상의 호남의병 등 이루 헤일 수 없다. 이천의병장 김하락은 전투 중 투신 자결했으며, 김상태·문태수는 옥중에서 자결했다. 이강년·심남일·이은찬·이인영·전해산·채응언·최세윤·허위는 총살형을 받고 순국하였다

일본군과의 전투과정에서 희생된 의병의 숫자를 확인하는 일은 결코 쉽지 않다. 전기의병기 일본군에 의해 살해된 의병을 보아도 水回場전투에서 20여명, 장호원에서 수십 명, 忠州城전투에서 50여명, 仙坪전투에서 30여명, 태봉전투에서 20여 명, 음성전투에서 47명, 장호원전투에서 24명, 함흥전투에서 20여 명 등 일본 자료에 나오는 희생자 수만도 대략 3백여 명에 이른다. 제천의병의 남산전투과 이천의병의 남한산성전투에서도 다수의 의병이 사살되었다. 또 진주성 전투나 경주성 전투와 같이 일본군이 아닌 관군과의 전투에서 전사한 의병까지를 헤아린다면 그 숫자는 크게 불어난다. 전기의병기 일본군은 수회장과 안동시가지, 제천시내를 의병의 소굴이라 하여 소각하고 민간인을 학살하기까지 하였다. 후기의병기에도 일본측 자료로 확인 가능한 희생자 만해도 2만 여명에 달한다. 그 중에 1907~1909년의 2년여의 기간에 집중적으로 희생을 당했다. 부상자 수는 그 이상이며, 포로들의 부당한 처리에 대하여는 아직 조사도 안 되었다.

한편 일제 측의 통계에는 누락된 부분들이 많아 보인다. 의병의 활동은 1915년까지 지속되었다. 『조선폭도토벌지』의 통계는 1911년까지이다. 1912년부터 1915년까지의 통계가 누락되어 있다. 또한 부분적으로 의병 희생자의 숫자가 축소되어 보고된 측면이 있다. 1906년 홍주성전투에서 희생된 의병의 수를 『조선폭도토벌지』는 82명으로 표시되어 있지만, 실제는 그보

다 4배에 가까운 3백여 명이 희생된 것으로 조사된다. 1909년 9~10월에 자행된 호남의병 대탄압작전시 살해된 의병 수를 『조선폭도토벌지』의 통계에는 123명으로 되어 있지만, 일본 방위청 자료에 의하면 451명으로 조사되어 있어 이 역시 거의 4배에 가까운 의병이 희생된 것으로 보인다. 여기에 민간인의 피해 부분도 누락되어 있다. 따라서 후기의병기에 희생된 의병의 숫자는 일제 측의 통계에는 2만 명 미만이지만 적어도 그보다 3~4배에 달할 것으로 보인다.

일본군과 의병과의 전투는 일견 전투행위로 보이지만, 일본군에 의한 의병에 대한 대량 학살의 성격이 짙다. 1906년 홍주성전투에서 의병이 3백여 명 희생되었으나 일본측의 희생자는 3명이었다. 1908년 당진 소난지도 전투에서도 의병 1백여 명이 희생되었지만 일본군 측은 한인 순사 1명의 부상자가 나왔을 뿐이었다. 『조선폭도토벌지』의 통계에서도 의병 17,779명이 희생되었는데 일본 측의 피해는 136명에 불과했다. 또한 일본군은 의병이 거주했던 마을을 소각하고 유서 깊은 사찰까지도 소각했다. 민간인을 구별하지도 않고 사살하는 만행을 서슴치 않았다. 체포된 의병을 재판 과정도 없이 현장에서 총살형을 가하는 경우가 많았다. 이와 같이 일본군과 의병과의 전투는 일견 전투행위로 보이지만, 의병에 대한 대량 학살의 성격이 짙다.

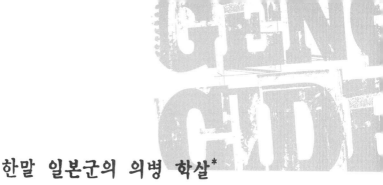

한말 일본군의 의병 학살[*]

홍 순 권[**]

1. 머리말

지금까지 한말 일본군의 의병학살을 본격적으로 다룬 연구서는 1988년 임종국 선생이 펴낸 『일본군의 조선침략사 I』(일월서각)이 거의 유일하다. 물론 이 연구서는 개항 이후 일본군의 주둔 경과와 국내 배치 현황을 중심으로 일본군의 침략과정을 서술한 것이어서 일본군의 의병학살을 중심 주제로 다룬 것은 아니다. 이 밖에 한말 일본군의 한반도 주둔 문제를 군사사적으로 정리한 글은 있으나, 이 문제를 한말 의병운동과 관련하여 밀도 있는 분석을 시도한 예는 아직 찾기 힘들다.[1]

---

* 이 글은 ≪제노사이드 연구≫ 제3호(한국제노사이드연구회, 2008. 2)에 게재되었던 논문임.
** 동아대학교 사학과 교수
1) 일본군의 한반도 주둔에 관한 국내 연구로는 임종국, 『일본군의 조선침략사』 I(일

이 글은 金正明 編의 『朝鮮駐箚軍歷史』(日韓外交資料集成別册1)[巖南堂書店, 1967], 1909년 통감부 경무국에서 펴낸 『暴徒史編輯資料』, 1913년 朝鮮駐箚軍司令部가 발간한 『朝鮮暴徒討伐誌』에 실린 일본군의 의병 토벌 관련 자료와 통계 기록을 주 자료로 삼아 일본군경에 의한 의병학살의 성격을 규명하고자 한 것이다.[2] 일본군의 의병 학살과 만행에 대해서는 이밖에도 1908년에 발간된 맥켄지(F.A. McKenzie)의 『대한제국의 비극』(The Tragedy of Korea)을 통해 그 실상의 일부가 널리 알려져 있고, 의병운동 당시에 발행되고 있던 ≪대한매일신보≫, 그리고 한말 유학자 黃玹이 지은 『梅泉野錄』이나 기타 의병들의 문집에서도 그 일부 기록을 찾아 볼 수 있다. 그러나 일본군에 의한 의병 학살 문제는 일본군 스스로의 학살 기록을 분석하는 것이 선차적 과제라고 할 수 있다. 이러한 분석을 통해 이 글은 일본군에 의한 의병 학살의 진상과 성격을 보다 구체적이고 객관적으로 밝힐 수 있기를 기대한다. 단, 일본 육군성 공문서인 『密大日記』나 국사편찬위원회가 소장하고 있는 조선총독부 內部警務局編, 『暴徒に關する編册』(1907~1910) 등의 내용을 전면적으로 검토하여 위 자료들과 비교 분석하는 작업을 행하지 못한 것은 이 글의 한계라고 할 수 있다.[3]

월서각, 1988)가 나온 이후 유한철, 「일제 '한국주차군'의 한국 침략과정과 조직」, ≪한국독립운동사연구≫ 제6집, 독립기념관 한국독립운동사연구소, 1992가 거의 유일하다.

2) 본고에서 인용하거나 참고한 『暴徒史編輯資料』(朝鮮統監府警務局編, 1909)와 『朝鮮暴徒討伐誌』(朝鮮駐箚軍司令部刊, 1913)는 독립운동사편찬위원회 편, 『독립운동사자료집』제3집(의병항쟁사 자료집), 1971에 번역 수록되어 있는 것임.

3) 특히, 『暴徒に關する編册』(1907~1910)에 수록된 내용은 약 4년에 걸친 일일전투 보고이기 때문에 그 전체를 정리 전산화하는 것은 상당한 시간과 노력이 요구되는 매우 방대한 작업이다. 일본군이 학살한 의병부대와 개인에 대한 구체적인 정보에 파악과 분석은 차후 이러한 작업이 완성된 다음에 가능할 것이다. 그 때 본고의 내용도 일부 보완될 수 있을 것으로 기대된다. 그러나 한말 일본군의 의병 학살에 관한 전반적인 파악과 그 성격을 이해하는 일은 앞서 언급한 『暴徒史編輯資料』와 『朝鮮暴徒討伐誌』의 분석으로도 충분하다.

2. 일본의 군사 침략과 한말 의병운동

1) 청일전쟁 이후 일본군의 주둔과 전기의병운동

임오군란이 일어난 1882년 8월 일본은 조선과 제물포조약을 체결하여 서울에 병력을 주둔시키는 조약상의 근거를 만들었다. 이때부터 일본군 1~2개 중대가 이른바 '공사관 수비대' 또는 '공사관 경비대' 등의 명목으로 서울에 주둔하였다.[4]

일본군 수비대는 1885년(명치18)의 天津條約에 의해 일시 철병하게 되지만, 1894년 청일전쟁을 계기로 일본은 조선에 대규모 부대를 파견하여 사실상 조선을 점령하고 일본군대의 조선 주둔을 꾀하였다.[5] 그리하여 일제의 '수비대'는 청일전쟁 중에 부활되었다. 거류민 보호, 병참 경비, 군용전선 경비 등이 일본군 수비대의 주둔 명분이었다.[6] 당시 재부산영사 가토[加藤增雄]나 조선주차공사 이노우에[井上馨] 등은 번갈아 본국정부에 청일전쟁 이후 계속 조선에 일본군을 주둔케 하여 각 요지에 분산 배치할 필요성을 역설하였는데, <동학당 재연>에 대처해야 한다는 것이 가장 큰 이유였다. 결

---

4) 임종국, 앞 책, 41~42쪽.
5) "일본은 일청전쟁을 7개 사단으로 치렀지만, 戰後 곧 육군은 明治 29년(1896) 평시 7개 사단 태세를 일거에 13개 사단으로 확대하는 계획에 착수하였다. 小林道彦씨에 의하면, 전시총동원을 54만인으로까지 높일 계획이며, 이 동원태세의 완성은 明治 42년으로 되어 있었다고 한다. 동 29년에 제7사단이 편성되고 … 明治 31년 10월까지 합계 6개 사단이 증설되었다. 또 마찬가지로 小林씨의 연구성과는 그 후 러시아에 의한 東淸철도부설권의 획득이나, 동 33년의 북청사변의 발발, 게다가 그 뒤 줄지어 일어난 러시아에 의한 만주 점령에 의해 계획 실현이 재촉되었음을 명백히 하고 있다. 상설사단은 13개 그대로 明治 36년 가을까지 평시 정원은 16만 3,000인으로 증원되고, 明治 37년에는 54만인 동원태세가 실현되고 있었다."(加藤陽子, 『徵兵制と近代日本』, 吉川弘文館, 1996, 144~145쪽)
6) 당시 조선에 주둔해 있던 일본군 수비대는 부산지구 수비대, 인천 병참수비대, 용산 병참수비대, 임진진 독립지대(支隊), 원산지구 수비대, 경성지구 수비대 등이다.

국 일본군은 어떤 외교적 약정도 없이, 청일전쟁 후에도 서울·부산 간에 전신선 엄호와 공사관, 거류민 보호의 명목으로 서울, 부산, 원산에 임시헌병대와 보병 1대대를 주둔시켰다.[7]

1895년 일어난 '을미사변'과 단발령의 여파로 일본군의 침략과 개화파 정권에 반대하는 의병들의 봉기가 전국에서 일어나자, 조선에 주둔하고 있던 일본군은 조선 관군과 함께 의병부대의 진압에 나섰다. 그러나 이 시기 의병부대의 진압에 일본군이 참여하기는 했으나, 전체적으로 보면 의병 진압군의 주력은 장기렴이 지휘하는 조선 관군이었다고 볼 수 있다. 이를테면, 1896년 2월 충주성을 점령한 제천의병 세력이 이후 佳興과 水安堡의 일본군 수비대를 공격했을 때도 그들은 일본군 만 아니라 관군도 함께 상대해야 했던 것이다.[8]

한편, 당시 ≪독립신문≫에 보도하기를 "사월 십이일 함흥부 관찰사 김유성씨가 군부에 한 보고에, 이 달 열하룻날 안변 군수 임원호씨의 보고를 보니 이 고을 학포사에서 지난달 십육일 관동 비도(匪徒: 의병) 일천 칠백명이 모였는데, 本府에 유하던 일본 병정들이 총과 불을 놓아 쫓으니 사면으로 도망하거늘 일병은 원산항으로 갔는데, 동네에 불탄 집이 쉰 한 호요 죽은 백성이 아홉인데 …"라고 한 것으로 보아 원산항 인근 지역에서 일본군과 의병 사이에 격심한 전투가 있었던 것을 알 수 있다.[9] 실제로 기존 연구 성과에 의하면 1896년 의병들은 개항장을 일차적인 배일 활동 대상지로 삼았다. 그리고 ≪독립신문≫에 보도된 바와 같이 그 일환으로 실시된 원산항 공격작전은 일본군의 선제공격으로 실패로 돌아갔다.[10]

---

7) 中塚明, 『近代日本の朝鮮認識』, 研文出版, 1993, 96~102쪽.
8) 김상기, 『한말의병연구』, 일조각, 1997, 196~203쪽.
9) ≪독립신문≫ 1896년 5월 19일자.
10) 당시 의병들이 안변의 선평장에 일단 집합한 다음 3월 19일 원산을 공격하려는 계획은 일본군측에 사전에 그 내용이 전부 알려져 있었다. 3월 8일 이전에 이미 의병 300명이 모여 있었고 3월 10일까지 춘천과 고성, 간성 등지의 의병 440명이 집합하여 강릉의 민용호가 도착하기를 기다리고 있었는데 강릉의 민용호부대는 3월 4

의병과 일본군의 충돌은 부산 개항장 인근에서도 이루어졌다. 진주에 집결했던 의병세력은 1896년 3월 29일에 김해를 일시 습격한 데 이어서, 4월 11일과 12일 200여명의 병력으로 연이틀 김해를 공격하였다. 이 때 의병들의 공격 목표는 渡船場을 탈취하여 龜浦의 일본군 수비대 수비지와 부산의 일본인 거류지를 습격하는 것이었다. 하루 한 차례씩, 두 번의 격렬한 전투가 치러졌고, 끝내 의병이 패하여 창원방면으로 퇴각하고 말았다. 이 전투에서 일본군은 부상자 4명, 의병측은 사망 4명, 부상 20명이었다고 한다.[11]

이상에서 알 수 있듯이, 이른바 전기의병운동 단계에서는 일본군과 의병 간의 충돌이 몇 차례 있었던 것은 사실이나, 후기의병운동 단계에서와 같이 일본군의 지속적인 군사작전으로 인한 의병의 대량학살이 일어났던 것은 아니다. 전기의병운동 단계에서는 시위적 성격의 의병진이 많았고, 의병 진압에 앞장선 주력은 관군이었던 까닭에 일본군은 오히려 보조적인 역할을 하는 데 지나지 않았다. 또 일본군과의 직접적인 충돌도 일본군 수비대가 주둔하고 있던 수안보 등지와 일본인 거류지가 있는 개항장 인근 지역에 한정되어 있었다. 이는 일본군이 주도적으로 의병들에 대한 수색과 '토벌'을 자행했던 후기의병운동 때와는 다른 양상이었다.

의병운동 세력이 약화되어 대부분의 의병부대가 해산했을 즈음인 1896년 5월 러일간에 이른바 '고무라·웨베르각서'가 체결되었다. 이 각서를 통해 일본군은 러일전쟁 개전 당시까지 조선에 일본군을 주둔할 근거를 갖게 되었으며, 이를 계기로 조선 주둔의 일본군은 스스로의 명칭을 '韓國駐箚隊'(이하 주차대로 약칭)라고 고쳤다. 일본군 주차대는 1896년 5월, 종래의 일본군

일에 강릉을 출발하여 3월 17일에야 선평장에 도착하였다. 민용호 부대가 도착하자 3월 19일 저녁무렵에 일본군이 먼저 선제공격을 가하였다. 진눈깨비가 몰아치면서 의병들의 주요무기였던 화승총이 쓸모없게 되었고, 黃(의병의 옷) 黑(일본군 옷)을 구분할 수 없을 정도의 짙은 안개 때문에 의병들은 패퇴하고 말았다. 이 선평 싸움에서 민용호부대는 軍師 박동의가 전사 하였다(이상찬, 「1896년 의병운동의 정치적 성격」, 서울대학교 대학원 박사학위논문, 73쪽 참조).
11) 이상찬, 위 논문, 75쪽.

수비대가 철수하고 평시편성 1개 대대가 새로 파견됨으로써 시작되었다. 이들은 1년 교대제로 조선에 와서 머물면서, 공·영사관과 거류민 보호를 임무로 삼았다. 그리하여 부산과 원산에 각 1개 중대가 분파되었고, 나머지 부대는 京城에 주둔하였다. 이밖에 일본군 주차대에 소속된 일본군 병력으로 군병원 및 군용전신 경비 목적인 臨時陸軍電信府와 임시헌병대[12]가 있었다.

일본군 주차대는 1903년 12월 경성에 일본군 한국주차대사령부를 설치하였다. 사령부는 1904년 1월 예하 주차보병대대본부와 2개 중대를 인솔하여 남산 아래 신축병사로 이전하였다. 이들은 1904년 3월 10일자로 한국주차군사령부가 편성되면서 편제를 풀고, 그 중 보병부대만 일본의 원 위수지로 철수하였다. 주차대병원·임시육군전신부·임시헌병대는 신설된 주차군 사령부의 예속부대로 참가하였다. 이제, 1904년 러일전쟁으로 인하여 한국주차군이 설치되기 이전까지 일본군의 한반도 주둔 상황을 정리하면 다음과 같다.

(1) 1880년 12월 : 일본 공사관이 개설될 때 6명의 일본군이 파견됨.

(2) 제물포조약(1882년 8월 30일)에 따라 1883년 9월 '공사관수비대'(또는 공사관호위대) 명의로 1개 대대(2개 중대로 구성) 주둔(대대장: 少佐 波多里毅).

(3) 1883년 일본 공사의 건의에 따라 2개 중대를 1개 중대로 감축.

(4) 한성조약(1885년 1월 9일)에 따라 1개 대대 주둔.

(5) 天津條約(1885년 4월 18일)에 따라 공사관 수비대 철수

(6) 청일전쟁을 계기로 '부산지구경비대', '인천병참경비대', '용산병참경비대', '臨津鎭독립지대'의 명의로 일본군 주둔.

(7) 고무라·웨베르각서(1896년 5월 14일)에 의해 '한국주차대'의 명의로 보병 4개 중대와 헌병 200명 주둔.[13]

---

12) 1896년 9월 2일 현재 임시헌병대 지부 소재지는 경성 송정 가흥 문경 낙동 대구 밀양 부산 등 8개처이며, 그 사이에 7개의 중간 宿舍가 배치되었다(임종국, 앞의 책, 87쪽).

13) 한국주차대는 1896년 5월 설립 이래 한국에 주둔한 1개 대대 병력(약 570명)을 그대로 인수하였다. 이 한국주차대는 부산, 원산에 1개 중대(약 136명)를, 경성에 2개 중대를 주둔시켰다(유한철, 앞 논문, 135쪽).

(8) 1903년 12월 '한국주차대사령부' 설치.

2) 러일전쟁 이후 일본군의 주둔과 후기의병운동

1904년 러일전쟁을 계기로 일제는 한반도에 대한 군사적 지배를 목적으로 대한제국 정부에 '한일의정서'의 체결을 강요하고, 이를 근거로 함경도 일대에 군정을 실시하였다. 이어서 3월 청일전쟁 이래로 서울, 원산, 부산에 배치한 1개 대대의 한국주차대 조직을 해체하고, 대본영 직속으로 한국주차군사령부를 편성하여 병력을 증강하였다.[14] 한국주차군의 조직은 '한국주차군사령부' 아래 주차사단(수비대)과 주차헌병대를 주 병력으로 하고 기타 예하부대와 함께 편성되었다.[15] 그리하여 1904년 4월 3일 경성에 한국주차군사령부를 설치하여 사령관직에 소장급을 배속하였고, 1904년 9월 7일 한국주차군 확장안에 따라 사령부 조직을 확대하고 주차군사령관직에 대장(혹은 중장)급을 배속하였다.

일본은 1904년 7월에 '군사경찰훈령'을 공포하여 조선의 치안을 일본군이 담당하도록 하고 열차운행을 방해하거나 전신줄을 끊는 사람은 군율로 다스리도록 하였다. 이때 일본군은 철도나 전신선을 파괴했다는 이유 하나만으로 조선인을 공개 처형하는 등 일본제국주의의 침략에 저항하는 조선 민중을 무참히 학살하였다. 이것은 이후 전개된 의병집단학살의 전주곡이 되었다.

러일전쟁 종결 후 일본은 한국주차군의 2사단 체제를 확정하고 제13사단과 제15사단을 주둔시킬 것을 결정하였다. 일본은 1905년 7월 제13, 14, 15,

---

14) 이하 내용 중 러일전쟁 이후 일본군의 한반도 주둔 상황은 유한철, 앞 논문의 내용을 참고하여 정리한 것이다.

15) 한국주차군수비대, 한국주차헌병대 외에 한국주차군 예하 부대로는 진해만 요새사령부, 영흥만 요새사령부, 한국주차육군 兵器支廠, 한국주차군 군악대, 한국주차 육군창고, 한국주차 위수병원, 한국주차 위수감옥 등이 있었다(유한철, 앞 논문, 150쪽).

16사단의 4개 사단을 신설하였는데, 이 중 제13사단과 제15사단이 조선에 파견되었다.[16) 이로써 의병 봉기에 대비한 일본군대의 한반도 주둔 계획이 일단 완료되었다.

그런데 1907년 7월 일본은 본국으로부터 1개 여단 병력을 긴급 증파하여 대구에 여단본부를 두고 남부수비관구를 보강하였다. 이 때 증파된 제12여 단은 일본군 23사단 중 최강을 자랑하는 부대였다. 이는 대한제국 군대의 해산을 앞두고 해산군인들의 저항이 마땅히 있을 것으로 예상한 대비책이었 다. 이후 의병운동이 전국적으로 확산되고 의병들의 저항이 예상 밖으로 커 지자 1907년 10월 초 기병 1개 연대(4개 중대로 편성)를 더 추가하고 강릉 과 인천에 水雷艇을 파견하여 연안의 의병 진압에까지 대비하였다.[17)

1907년 10월 초 파견된 기병 연대는 한국주차군 사령군 하세가와[長谷川 好道]가 본국 정부에 증원 요청하여 파견된 부대였다.[18) 이 때의 '임시기병 파견대'는 경성, 조치원, 대구, 전주 등 주로 남부지역에 배치되었는데, 이는 의병 활동의 중심이 충청 이남의 남부지역으로 이동한 탓으로 이에 대하여 기동성 있는 대응이 필요하였기 때문이었다. 이후 의병들의 거점 이동에 따 라 전라남북도에 배치되었다가 '남한대토벌작전'을 수행하고 대토벌의 임무 를 마친 직후인 1909년 11월에야 철수하였다.

---

16) 1개 사단은 2개 여단 외 기병대대, 포병연대, 공병대대, 輜重兵대대로 구성되었다. 1개 여단은 2개 연대로 1개 연대는 3개 대대로 1개 대대는 4개 중대로 구성되었다. 한국주차군 설립 초기 병력은 1개 연대(약 1,721명), 4개 대대(약 570×4=2,280명), 2개 중대(약 136×2=약 272명) 총 4,273명 정도로 추산된다(유한철, 앞 논문, 142~ 145쪽 참조).

17) 1907년 12월 일본의 주둔군 개편 배경은 후기의병의 재봉기이다. 1차 병력 증강 때는 1907년 7월 24일 보병 제12여단을 파견하였으며, 2차 병력 증강 때에는 1907 년 9월 27일 임시파견기병대(기병 제1, 제2여단에서 임시 편성한 4개 중대)가 파견 되었다. 즉, 1, 2차에 걸쳐 1개 여단(약 3,449명) 4개 중대(136×4=약 544명) 병력 총 약 3,993명이 증가된 것이다. 이 때 기본편제는 종전 4개 수비관구 편제에서 2 개 수비관구 11수비구 편제로 개편되었다. 이에 따라 병력 주력 주둔지는 이전 5개 지역에서 13개 지역으로 세분되었다(유한철, 앞 논문, 157~158쪽).

18) 金正明 編, 『朝鮮駐箚軍歷史』, 30~31쪽.

 기병 연대의 파견으로도 부족하여 한국주차군은 1908년 5월 병력의 증파를 본국에 다시 요청하여 보병 2개 연대를 더 지원받았다. 그 중 1개 연대인 제7사단 27연대는 원산에 상륙하고, 다른 1개 연대인 제6사단 23연대는 마산에 상륙하여 각각 북한 지역과 남한 지역의 의병 진압 병력을 보강하였다. 주로 화승총이나 창, 칼 등 구식의 원시적 병기로 무장한 의병을 진압하기 위하여 이같이 많은 병력을 투입하였던 것이다.[19] 그러나 일본은 이것만으로도 부족하여 헌병과 경찰 병력을 증강하였다.[20] 1906년 일본의 한국주차헌병대 병력은 1,162명으로, 이들이 2,679명의 경찰을 보조하는 형식을 취하고 있었으나, 1907년에는 헌병을 2천명으로 두 배 늘리고, 경찰도 4,952명으로 늘렸다. 1908년에는 다시 헌병을 6,608명으로 3배 이상이나 더 늘리고 경찰은 4,991명 선을 유지하였다. 일본군은 이 밖에 의병 진압을 위해서 1908년 6월 조선인 헌병보조원 4천여 명을 모집하여 일본 헌병의 앞잡이로 삼았다.[21] 또 다른 한편으로 일제는 친일단체인 일진회를 앞세워 마을

---

19) 1908년 5월 19일의 주둔군 개편에 따라 제6사단 보병 23연대와 제7사단 보병 27연대의 약 3400여명의 병력(1대 연대 병력 약 1,721명×2＝ 약 3,442명)이 증파되었다. 이 때 2개 수비관구 11개 수비구 편제에서 2개 수비관구 8개 수비구 체제로 개편되었다(유한철, 앞 논문, 160쪽).

20) 1906년 10월 29일 '한국주차헌병대'는 '제14헌병대'로 개편되었다. 1907년 10월 헌병대 확대 이후, 헌병대는 한국주차군사령부의 예하로 편제되었으나 실제 운영권은 통감에게 귀속되어 있었다. 부대 명칭도 '제14헌병대'에서 '한국주차헌병대'로 환원하고 헌병대장직을 中佐급에서 少將급으로 격상시켰다. 이 때 소장 明石元二郞이 부임하였다. 일제는 이후에도 분견소를 확장하여 1907년 말 이전의 19개 분견소를 460여개소의 분견소로 세분하여 배치하였다. 이는 1907년 12월 주차군수비대에서 은밀히 출몰하는 의병에 효과적으로 대응하기 위해 분대규모의 세분 배치를 시행하였던 것과 맥을 같이 한다. 이 때 일본군 병력도 2,400여 명으로 증가하였는데, 이들 증가 병력은 일본으로부터 이송되었다(유한철, 앞 논문 148~149쪽).

21) 이 헌병보조원은 주로 헌병분대의 소재지로부터 모집한 남자로 한국정부가 부담하는 무기를 지급하여 직접 헌병의 수족으로 일하도록 한 자였다. 당초 약 4천명이 모집되었는데, 1909년 1월에는 헌병 1명에 대해서 3명의 비율(약 6,000명)으로 증원하였다. 그리고 헌병분견지도 457개소로 늘리고, 비상히 세분된 지역을 담당하도록

마다 이른바 자위단을 조직하게 하고, 일본군과 경찰이 의병을 수색하거나 '토벌'할 때 동원하도록 조치하였다. 그러나 자위단 조직은 이후 활동 실적이 거의 없는 것으로 보아 주민들의 비협조로 유명무실해지고 만 것으로 판단된다.[22]

이처럼 러일전쟁 이후 일본군의 한반도 주둔과 의병 진압은 초기에는 수비대 중심의 대규모 군사작전 방식으로 전개되었으나, 헌병대 병력의 증강과 함께 점차 밀집 수색을 통한 진압 방식으로 변화해 나갔다. 이는 일본군에 대한 의병들의 저항 방식의 변화와도 밀접한 관련이 있었지만, 다른 한편으로는 식민지 민중에 대한 억압체제가 '토벌' 중심의 전시체제에서 헌병과 경찰 중심의 일상적 무단감시체제로 전환해 나가는 것을 의미하는 것이기도 하였다. 이러한 점에서 헌병경찰제도를 기축으로 하는 1910년대의 무단통치는 식민지의 저항 민중인 의병세력에 대한 억압 위에 구축된 특수한 방식의 군사적 식민지배체제라고 평가할 수 있다.[23]

이러한 과정을 거치면서 일본군은 이른바 '남한대토벌작전'을 실시하기 직전인 1909년 5월 4일에는 '임시한국파견대' 제도를 확정하고, 남부수비관구내의 주둔 병력인 보병 제12여단 사령부, 보병 제14연대, 보병 제27연대, 보병 제47연대, 임시파견기병대 등 임시 증파 병력은 일본으로 복귀시키는 대신 상설 병력인 '임시한국파견대' 2개 연대(약 1,721명×2연대=약 3,442명)를 편성 파견하였다. 이때 조선에 파견된 일본군 전체 병력은 1사단＋2개 연대(임시한국파견대)의 규모로 그 배치 상황은 다음과 같았다.

되었다. 헌병보조원은 1개월 8엔 내지 16엔을 지급받는 외에 특별수당, 야근료 등도 지급받아 대우도 좋았다. 헌병보조원의 참가로 일본군은 지역 사정을 확실히 파악할 수 있었다. 헌병보조원 중에는 의병에 잠입하여 첩보활동을 하여 일본군을 도왔던 자도 있다(김정명 편, 『조선주차군역사』, 48~56쪽).
22) 홍순권, 『한말 호남지역 의병운동사 연구』, 서울대학교출판부, 1994, 192~193쪽 참조.
23) 中塚 明, 『近代日本の 朝鮮認識』, 研文出版, 1993, 96~102쪽.

가. 북부수비관구(관구사령관, 중장 니시지마[西島助義]) : 주력 주둔지= 종성 (보병 제36여단사령부), 회령, 북청, 함흥, 원산, 평양(보병 제11여단사령부), 개성, 황주, 안주, 경성(용산 : 제6사단사령부), 금화, 충주의 12개 지역.

나. 남부수비관구(관구사령관, 소장 와타나베[渡邊水哉]) : 주력 주둔지= 대전, 전주, 안동, 대구(임시한국파견대사령부), 남원, 광주의 6개 지역.

'남한대토벌'을 수행한 일본군은 1910년 2월 한국주차군 수비대의 제6사단 병력을 제2사단 병력으로 교체하고, '임시한국파견대' 병력도 일부 교체하였다. 1913년에 이르러 일본군은 조선 국내 의병활동이 거의 종식된 것으로 판단하고 병력 배치 방법을 변경하여 분대 규모의 파견 병력을 소속 소대로 복귀시켰다. 또 1915년 7월 5일 당시 의병활동을 활발히 전개했던 蔡應彦 의병장이 평남 城川에서 붙잡히자, 이를 계기로 일제는 주요 의병장은 모두 체포되었다고 판단하고, 남부수비관구의 소대단위 주둔부대를 다시 소속 중대로 귀대시켰다.24)

3. 일본군의 토벌부대 편성과 의병학살

1) 토벌부대의 편성

1905년 11월 을사조약이 강제 체결된 이후 처음으로 대규모의 의병을 조직하여 일본군대와 맞선 것은 1906년 5월 홍주에서 일어난 閔宗植 의병부대였다. 처음 민종식 의병부대가 홍주성을 공격할 당시에 홍주성의 방어는 일본군 헌병 2명과 우편국원이 구식 화포를 이용하여 대응하는 수준이었다. 이에 맞서 의병들이 구식 화포 2문과 신식 소총으로 공격하자 홍주성은 쉽게 무너지고 말았다.25) 이후 공수가 바뀌어 일본측은 경찰관과 헌병대를 파

---

24) 1915년에 이르러서야 일제는 의병과의 전쟁을 위한 특수편제를 완전히 평시체제로 환원시켰다(유한철, 앞 논문, 164쪽).

건하여 홍주성을 수차 공격하였으나, 홍주성을 빼앗지 못하였다. 당시 일제
가 파견한 병력 상황을 보면 아래와 같다.

□ 5월 20일 : 경부 이하 6명
□ 5월 21일 : 수원헌병대 조장 이하 6명 누계 12명
□ 5월 22일 : 경성 경무고문부의 기리하라[桐原] 경시 및 한국 경무관 부하 20
  명 누계 34명
□ 5월 24일 : 수원헌병분대 분대장 이하 14명 누계 48명이 공격 실패
□ 5월 28일 : 경성헌병대 히에다[日枝] 헌병대위 이하 26명과 공주진위대 57명.
  * 파견 누계 131명

이처럼 추가적인 경찰과 헌병 병력으로도 의병 진압이 쉽게 이루어지지
않자, 일본군은 드디어 기병을 포함한 수비대 병력을 동원하기로 결정하였
다. 그리하여 남부 수비대사령관은 곧 보병 제60연대장에게 대대장 소좌 다
나카[田中新助]을 지휘관으로 하는 기관총 2정을 갖춘 보병 2중대, 기병 반
(半)소대로 된 1지대를 편성하여 홍주성으로 보내고, 동시에 전주 수비대의
보병 1소대로 하여금 그에 협력케 하였다. 당시 대한제국 군대는 '토벌'을
꺼려했으므로 참가하지 않았다.26) 홍주성 전투 결과, 일본군측의 보고에 따
르면 일본군은 '폭도 시체 82, 포로 145, 수괴 민종식 이하 약간 도주' 등의
전과를 얻었다.27) 일본측 피해가 전무한 상태에서 의병측 사망자만 82명이
나 되었으니, 사실상 일본군의 일방적 살육이라고 할 만한 진압 작전이었다.
민종식 의병부대의 해산 이후에 의병 봉기는 전국적으로 계속되었다. 민종
식에 이어 호남에서 崔益鉉 등 유생들의 의병 봉기가 이어졌고, 충청·강원·

---

25) 이하 민종식 의병부대와 일본군간의 전투 내용은 『조선폭도토벌지』, 673~677쪽의
  기록에 의거한 것이다. 여기에서 지적하고 있는 의병들이 보유한 구식 화포와 신식
  소총은 의병들이 홍주성 공격에 앞서 藍浦郡 관아를 공격하여 획득한 것으로 파악
  된다.
26) 『조선폭도토벌지』, 661쪽.
27) 『조선폭도토벌지』, 674~677쪽.

경북 지역에서도 의병들의 활동이 지속되었다. 그러나 '토벌'이라는 이름으로 행해진 일본군의 의병 학살이 본격적으로 자행되기 시작한 것은 1907년 8월 일제에 의한 대한제국 군대의 강제해산 직후부터였다.

1907년 7월 24일 이른바 '한일신협약'(丁未7條約)이 성립되어 발표되자, 이와 동시에 일제는 군대와 헌병, 그리고 경찰관의 행동을 통일하여 경성 위수사령관인 오카자키[岡崎] 중장의 지휘 감독을 받도록 하였다.[28] 따라서 이 때 이른바 '의병토벌대'는 일본군 장교의 지휘를 받되, 그 구성은 수비대 병력 뿐만 아니라, 헌병과 경찰도 포함하여 복합적으로 편성하였다. 물론 수색과 토벌을 용이하게 위하여 조선인 순검을 포함시켜 안내 및 통역으로 활용하였고, 어떤 경우에는 이들로 구성된 '變裝隊'를 조직하여 의병 수색에 활용하였다. 단, 1907년 8월 이전에는 일본 수비대의 지휘 하에 한국군과 한국 순검이 주로 의병 진압에 나섰다. 1913년 조선주차군사령부가 발간한 『조선폭도토벌지』에는 그 사실을 다음과 같이 기록하고 있다.

"(명치 40년 7월) 한국 장교 지휘하에 한국 순검 약 50인의 일대를 조직하여 우리 수비대장의 감시 하에 토벌 특히 폭도 수괴 체포에 종사시키고, 또 銃砲火 藥取締法을 제정 공포하였다."[29]

일제는 '토벌부대'를 중대 또는 소대 단위로 편성할 경우 대체로 기관총 2~4정을 갖추게 하여 의병부대의 진압과 의병 학살에 사용하도록 하였다. 일본 육군은 明治維新 이후 육군 병기의 중심인 소총 개발에 주력하여, 1880 년에 무라타총을 개발 제조하였다. 이 무라타총은 구경 11밀리로 프랑스의 구라총을 본뜬 것이다. 1885년 이를 개량한 무라타총을 채택하여 청일전쟁

---

28) 『조선폭도토벌지』, 683쪽.
29) 『조선폭도토벌지』, 672쪽. 이 사실과 관련하여 김정명 편, 『조선주차군역사』, 53쪽 에는 "(1907년 말 …)그리고 한국정부의 요청에 의해 경찰권 시행에 관해서 원조 해 줄 것을 승인함으로써 우리 헌병은 일한양국의 경찰권에 干與管掌할 권능을 가 지고 한국에 있어서 경찰력의 一要部가 되기에 이르렀다."라고 하였다.

에서 중요한 몫을 하였다. 청일전쟁 후 1897년 무라타총을 개량한 30년식 소총이 만들어졌는데, 이 소총은 구경 6.5밀리, 5연발이었다. 러일전쟁 직전 일본군 보병과 공병은 30년식 보병총을, 기병과 치중병은 30년식 기병총으로 통일하여 장비하였고, 전시동원될 후비병에는 무라타식 연발총을 장비하였다. 또 포병은 駐退砲架의 속사포인 31년식 야포 및 산포로 통일되었다.[30] 산포는 실제로 의병 토벌작전에 투입되었다.

러일전쟁은 육상전투에서 화기위력이 종전의 보불전쟁이나 크리미아 전쟁에 비해 크게 증대되어 피해가 많이 발생한 전쟁으로 평가된다.[31] 이러한 화기의 발전은 일본군의 의병학살에도 큰 영향을 미쳤다고 생각된다. 일본군 보병화기의 주력은 여전히 연발총이었지만, 발사속도, 명중도, 유효사정거리 등이 모두가 향상되어 살상능력이 대단히 커졌다. 특히 1884년 M.S. 맥심에 의해 기관총이 출현한 이래 보아전쟁에서 그 위력이 입증된 새로운 보병화기인 기관총은 러일전쟁 이후 일본군 토벌대가 의병들을 대량 학살할 때 주 병기로 사용되었다. 일본군의 의병 진압을 사실상의 대량학살이라고 볼 수 밖에 없는 것은 화기 보유에 있어서 양측 간에 바로 이러한 현격한 차이가 있었기 때문이다.

2) 토벌부대의 활동과 의병학살의 실상

(1) 수비대 중심의 '대토벌'과 대량학살을 통한 초토화 작전의 전개

1907년 8월 대한제국 군대해산 이후 일본군은 해산군인과 의병들의 저항을 진압하기 위해서 비교적 대규모 병력으로 편성된 부대를 출동시켰다. 이

30) 이상 일본군 보유의 화기에 관한 설명은 藤原彰, 『日本軍事史』, 130쪽 참조.
31) 위와 같음. 소총뿐만 아니라, 野山砲도 발사속도, 명중도, 사거리 모두 비약적으로 향상하여 그 위력이 증강하였다. 이 때문에 밀집부대의 돌격은 화력에 가로막혀 이미 불가능한 단계에 들어갔다. 또 발사속도의 향상은 사용 탄약량을 비약적으로 증대시켰고, 이 때문에 탄약보급의 능력이 큰 문제로 되었다고 한다.

는 군대해산 직후 의병들이 대규모 '義陣'을 구성하여 집단적으로 행동한 때문이기도 하였다. 그러나 무엇보다도 의병 진압 초기 일본군측은 전국적으로 일어나는 의병들의 봉기를 감당하기에 병력이 부족했을 뿐만 아니라, 의병활동에 대한 정보도 부족하여 적재적소에 주둔군을 편성하기 어려웠던 것도 한 요인이었다. 이러한 이유로 일본군측은 의병부대의 출현 정보를 접할 때마다, 수시로 토벌부대를 편성하여 의병을 진압하는 방식으로 대응하였다. 그러나 그 때마다 한국적 지형과 지리에 익숙하지 않았던 일본군대는 부대 이동에 많은 곤란을 겪었다. 그 뒤 일본군 병력이 점차 증가되면서, 일본군은 수비 병력의 주둔지를 증가시켜 경계망을 두껍게 하였다. 즉, 일본은 鎭定擔當區域을 정하여 그것을 수비대에 배분시킴으로써 의병 활동에 대한 감시와 의병 진압에 있어서 큰 성과를 얻었다.[32]

1907년 9월 일본군은 일반 국민에 대한 告示를 발하여 일반 村邑民에 대해서까지 의병의 색출과 신고에 대한 책임을 부과하여 무차별적인 의병 진압작전을 감행하였다. 그 결과 일본군 '의병토벌'에 있어서 기대 내지 필요 이상의 성과를 거두었다. 다음의 인용문은 이러한 사실을 매우 구체적으로 보여주고 있다.

> "주둔군 사령관은 명치 40년 9월 한국민 일반에 대한 고시를 발하여 … 그리고 특히 사건 발생 초에 있어서는 원주민도 그들 폭도에 동정하여 그것을 비호하는 경향이 있었으므로, 토벌대는 이상 고시에 의하여 그 책임을 현행범 촌읍으로 돌려 誅戮을 가하고, 또는 전촌을 소각하는 등 처치를 단행하여 충청북도 제천 지방 같은 곳은 거의 초토화되고 말았다. 이것은 원래 그들 폭도와 그 폭도를 비호한 원주민의 죄라고는 하지만 무고한 양민에 대하여서는 크게 동정해 마지않는 점이 있었다. 즉, 그 가재를 불태우고 혹은 부형을 살해당한 자는 원한을 품게 되고, 또 폭도에 가담해서 활로를 얻으려는 자가 생기게 되어, 폭도의 강압에 못 이겨 투신한 자와 상응해서 폭도의 기세는 더욱 더 증식하게 되었다."[33]

---

32) 『조선폭도토벌지』, 671쪽.
33) 『조선폭도토벌지』, 671~672쪽. 여기에 실린 1907년 가을 제천 지방 일본군의 의

1904년 경부선의 완공 이후 일본군의 의병 진압에 근대적 교통수단인 철도가 크게 기여하였다. 러일전쟁에서 이미 군사적 목적으로 크게 활용되었던 철도는 군대의 신속한 이동을 요구하는, 지방에서 산발적으로 일어나는 의병 진압에 효과적이었던 것이다. 이를테면, 1907년 8월 원주와 충주 부근에서 의병세력이 결집하고 그 여파가 각지로 전파되자, 일본군측은 우선 '시모바야시[下林] 支隊'를 파견하여 의병을 진압하고자 하였다. 그러나 시모바야시[下林] 단독의 토벌부대가 거의 전과를 이루지 못하자, 일본군사령관은 '응징적 토벌'을 실시할 계획을 수립하였다. 그리하여 보병 제51연대 쓰키아시[附足] 중좌에게 동 연대 제2대대(2중대 결), 보병 제52연대 제2중대, 기관총 4, 기병 제17연대 제3중대의 1소대, 공병 1소대를 주어 지대를 편성하여 18일 경성을 출발하여 조치원까지 철도로 수송하고, 그 후 충주를 거쳐 청풍, 제천, 영월, 평창 부근의 의병 소탕을 명하였다. 그리고 그 지대장은 충주 도착 후는 충주수비대와 시모바야시[下林] 支隊를 지휘하고, 또 필요에 따라서 강릉 파견대까지도 지휘시켰다.[34]

러일전쟁에의 참전 및 한반도 주둔 경험, 강력한 근대적 살상 병기, 그리고 철도를 이용한 신속한 군사작전의 전개 등으로 의병에 대한 살상 능력이 제고된 일본군 토벌대는 대한제국 군대해산 이후 의병을 진압하는 과정에서 그 위력을 유감없이 발휘하였다. 그 위력만큼 일본군의 의병 진압 방식 또한 매우 잔혹하였다. 그들은 의병들을 발견하면 닥치는 대로 무자비하게 살해하였으며, 의병들의 거점이나 거점이 될 만한 장소는 그곳이 일반 촌락이냐 사찰이냐를 가리지 않고 방화하고, 의병이나 의병활동을 방조한 것으로 의심되는 지역주민까지 재판에 회부하지도 않은 채 무차별적으로 학살하였다. 이른바 '三光作戰'의 전례가 되었던 일본군의 이러한 만행은 1904 러일전쟁 이후 후기의병운동 기간 중 전국 도처에서 일어났다. 그 가운데 대표

병 학살 전과 기록은 맥켄지가 『대한제국의 비극』에서 서술한 내용과 상당한 부분 일치한다.
34) 『조선폭도토벌지』, 689쪽.

적인 사례 몇 가지를 나열하면 아래와 같다.

- 1907년 8월 23일 : 아다치[足達] 支隊는 제천에 도착 폭도 30명을 죽이고, 촌락 대부분 소각하였다(『조선폭도토벌지』, 691쪽).

- 1907년 8월 24일 : 원주에 있던 시모바야시[下林] 支隊長은 畓谷 대위가 인술하는 중대를 파견하여 폭도 펀드는 부락을 소각하였다(『조선폭도토벌지』, 691쪽).

- 1907년 8월 24일 : 아카시[明石] 中隊는 陽根 동북 약 20리 폭도의 소굴인 長壽洞 蓮安幕을 습격, 궤란하는 폭도를 추격하여, 龍門寺 근거지를 무찌르고 이를 소각하였다. 폭도는 사상 50명이었다(『조선폭도토벌지』, 692쪽).

- 1907년 8월 24일 : 재경성 보병 제50연대 제7중대는 24일 철원을 향하여 전진 중 石橋 서방에서 폭도 약 1백명과 조우, 그 14명을 사살하고, 또 석교 촌민이 전부 폭도의 편임을 알고 그 촌락을 소각하여 버렸다(『조선폭도토벌지』, 702쪽).

- 1907년 9월 4일 : 니시오카[西岡] 中隊는 안동 부근 鳳棲樓에서 약간의 폭도와 충돌, 그를 격퇴하고, 그 근거지를 소각하였다(『조선폭도토벌지』, 694쪽).

- 1907년 9월 8일 : 하림지대장은 8일 다카시[多崎] 小隊를 파견하여 원주 동방 약 20리 葛谷 고지 위의 폭도를 구축하고 건물을 소각하였다(『조선폭도토벌지』, 694쪽).

- 1907년 9월 14일 : 9월 상순 鹿島에 폭도가 봉기하였다는 정보를 듣고 군산 수비대에서 파견한 척후 3명은 순사 1, 일본인 수명과 함께 폭도 약 2백 명에게 포위되어 참살 당하였다. 이에 군산 수비대장은 하사 이하 18명을 인술하고 경찰관 일행과 함께 13일 군산을 떠나 14일 鹿島에 도착하였으나, 폭도는 이미 도주한 후였으므로 폭도의 부락 및 어선을 소각하고, 피해자의 유해를 거두어 귀환하였다(『조선폭도토벌지』, 703쪽).

- 1907년 9월 17일 : 충주 수비대는 니노미야[二宮] 小隊를 老陰面 및 음성 방면으로 파견, 도중 佐樂里(노음면 남방 약 10리) 및 院垈에서 각 약 30명의 폭도를 기습, 그를 궤주시키고 원대의 소굴을 소각하였다(『조선폭도토벌지』, 695쪽).

- 1907년 9월 23일 : 시모바야시[下林] 支隊長은 사토[佐藤] 대위에게 보병 2 소대와 기관총 2를 주어 의병 토벌을 맡겼다. 사토[佐藤] 대위는 횡성군 甲川面 甲川里 鳳腹寺에 있는 폭도 약 350명을 습격, 그 중 50명을 사살하고, 鳳腹寺를 불태워 버렸다(『조선폭도토벌지』, 696쪽).

□ 1907년 10월 17일 : 가네시로[金城] 수비대장 이하 부하 42명, 철원 부근의
深源寺를 불의에 습격, 약 300명의 폭도와 접전 격투하여 그 40명을 사살하고
궤주시켰다. 심원사는 장래의 화근을 끊기 위하여 소각하여 버렸다(『조선폭도
토벌지』, 710~711쪽).

□ 1907년 10월 27일 : 오카자키[岡崎] 제13사단장은 23일 경성 보병 제51연대
제11중대에 기병 약간을 붙여 한강 연안 토벌을 맡겼다. 27일 楊根 북방 舍那
寺에서 약 150명의 폭도를 습격 궤란시키고, 사나사를 소각해 버렸다(『조선폭
도토벌지』, 708~709쪽).

□ 1907년 10월 27일 : 토벌대(보병 제50연대 제8중대와 기병 장교 이하 10기)는
25일 경성을 떠나 고양을 경유 26일 파주로 들어가 27일 3종대로 편성, 積城
을 향하여 전진하였다. 그 右縱隊인 소대는 葛洞 梅谷 莘岩洞에서 약간의 폭
도를 구축하고 그 소굴을 불태우고, 28일 마전 및 古文里 부근을 수색하면서
漣川으로 들어가 폭도 2백명과 만나 그 60명을 사살하고 궤주시켰다(『조선폭
도토벌지』, 711쪽).

□ 1907년 10월 17일 : 진주 파견대장 오야마[小山] 대위는 하동 방면을 정찰한
결과 폭도 약 3백명이 七佛寺, 蓮谷寺, 文殊洞에 있음을 알고, 16일 花開場에
이르러 광주 수비대 木野 대위가 인솔하는 1소대와 연락하고 17일 새벽 鷰谷
寺를 포위 공격하여 수괴 高光詢 이하 22명을 사살하고, 수십 명을 부상시키
고, 연곡사는 소각하였다(『조선폭도토벌지』, 712쪽).

(2) 수비대의 분산 배치와 밀집 수색을 통한 의병 학살

1908년 의병 진압의 일반적 상황에 대하여 일본군측은 다음과 같이 기록
하고 있다.

"본 연도에 있어서의 토벌 행동은 병력 증가 기타 관계로 인하여 전년과 같
이 비교적 큰 집단을 장시일에 걸쳐 소탕하는 방법을 취하지 않고, 수비대를 분
산 배치, 區域制를 취하여 봉기하면 토벌해 버릴 수 있는 태세를 갖췄으므로 토
벌의 효과도 양호하여 비도의 기세는 크게 떨치지를 못하였다."[35]

---

35) 『조선폭도토벌지』, 727쪽.

1907년 8월 군대해산 이후 일본군이 의병에 대하여 집중적이면서 잔혹한 '토벌'을 벌인 결과 의병들은 전력상 큰 타격을 입었다. 의병은 수적으로도 감소했지만, 적에 대한 저항 능력 또한 상당히 약화되었다. 예컨대, 1908년 1월 양구 수비대장 후지에[藤江] 소위는 의병 1천 2백~1천 3백명이 林塘里 부근에 집합한 정보를 입수하고서 자신을 포함하여 불과 13명의 병력으로 '토벌'에 나서 의병 70명을 사살하고 2백여 명을 부상시키고 나머지를 궤주 시켰다고 기록하고 있다.[36]

그러나 1908년 이후 일부 예외적인 경우를 제외하고는 의병들이 수백명 이상 규모의 대집단을 이루어 활동하거나 이동하는 경우는 찾아보기 힘들 다. 일본군의 무자비한 학살과 타격으로 의병도 크게 줄어들었고, 대규모의 집단적 활동은 적에게 쉽게 노출될 우려가 있었다. 게다가 의병들은 대규모 병력을 유지하는 데 필요한 물자보급도 충분하지 않았다. 그러한 조건에서 의병들은 기껏해야 수십 명 정도의 소규모 부대를 중심으로 한 게릴라식 투 쟁을 전개할 수 밖에 없었다. 1908년 4월 이후 1910년 말까지의『조선폭도 토벌지』의 일본군의 의병 토벌 개황에 관한 통계표를 분석하면, 양자 충돌 시 의병 사망자 수는 전라남북도에서 일어난 일부 사례를 제외하면 전국적 으로 10명을 넘는 경우가 극히 드물다.

1909년 경무국에서 발행한『폭도사편집자료』에는 이 사실을 다음과 같 이 기록하고 있다.

> "융희 원년 8월경부터 2년 2,3월경에 걸쳐 黃在浩 黃順一 李殷贊 尹仁淳 기 타 대소의 수괴는 부하 수백의 집단을 인솔하고 양주군을 중심으로 抱川 積城 加平 永平 坡州의 각 군을 출몰 횡횡하며, 慘害를 극하고 때때로 대집단의 부대 로 군대 경찰관에게 반항하여 적세가 창궐을 극하였으나, 군대 경찰관의 정찰 토벌 및 헌병 수비대의 배치가 주도면밀하고, 또 폭행 구역이 축소되어 종래와 같이 맹렬히 발포할 수 없게 되었을 뿐 아니라, 융희 2년 7월 군대 및 경찰관의

---

36)『조선폭도토벌지』, 733쪽.

대토벌로 수괴를 도륙하거나 체포하는 등 착착 효과를 올림으로써 부하는 풍비 박산의 궁상에 빠져 귀순을 신청하는 자 적지 않았다."37)

더욱이 바다에 군함과 수뢰정을 출동시켜 해로로 탈출하려 하거나 인근 섬에 거점을 확보하려는 의병들까지 철저히 공격하여 큰 인명 피해를 입혔다.38)

1907년 8월 군대해산 이후 일본군은 경찰병력을 앞세워 의병 활동에 대한 정찰 업무를 맡기고, 이들 경찰의 정보를 바탕으로 의병을 수색하거나 추격하는 방식으로 토벌대를 운영하였다.39) 그러나 1908년 이후 호남지역에서 의병들의 반일운동이 크게 일어나자 일본군은 전라남북 양도를 작전지역으로 설정하고 크고 작은 규모의 토벌을 여러 차례 감행하였다. 그 중 한 예가 1908년 2월 호남의 김유성 부대에 대한 토벌작전이었다. 이 때 일본군은 대구로부터 出馬한 기쿠치[菊池主殿] 연대장 지휘 하에 15개 종대를 편성하여 전라남북 양도에 걸쳐 각 방면으로 일제히 '대토벌'을 벌이고 나주 수비기병중대가 이에 호응하도록 하여 모두 5개 分進隊를 의병 진압에 투입하였다. 이 연합토벌대는 그 첫 착수로서 의병장 金有聲이 거느린 150명의 집단을 장성군 塔亭里에 습격하여, '적장 이하 72명을 죽여' 의병부대

---

37) 『폭도사편집자료』, 516쪽.
38) "隆熙 2년 8월 14일 : 인천 경찰서 순사 3명도 참가시킨 군함 千早 및 수뢰정 3척의 출동은 간접적으로 적에게 큰 타격을 준 것으로서, 특히 그 달 23일에는 인천 근해를 경비하던 중 수뢰정 鷸는 注文島 앞바다에 假泊 감시를 계속하던 중 적선을 발견, 그 중 1척을 격침하고 다른 2척을 추격하였으나, 물이 얕아 수뢰정의 조종이 부자유하여 마침내 賊徒 약 40명은 육지로 도주해 버렸다. 이 공격에서 적의 손해는 배 3척, 총기 5정, 탄약 450발, 기타 의류 수십 점에 이르렀으며, 이 때문에 적도는 한때 그 방면에 출현할 수 없게 되었다."(『폭도사편집자료』, 527쪽)
39) 일례로 다음의 일본군측 교전일지를 인용해 보자.
"隆熙 2년 9월 14일 오전 7시 : 보좌관보 酒本勇四郎 이하 순사 8명은 정찰을 강행하던 중 죽산군 白岩市場에 모인 약 250명의 賊徒를 발견하고 돌격하자 死體 3구를 유기하고 퇴각하였다. 우리 편의 손해는 없다."(『폭도사편집자료』, 518쪽)

를 전멸케 하고 기타 의병 세력을 크게 압박하였다.[40] 이후 일본군은 수사
정찰을 계속 행하여 정보의 수집에 힘썼다. 이에 따라 수비대 헌병 경찰 및
특설순사대가 '토벌'을 행한 횟수 150여 회, 적의 사망자 756명, 부상 수백
명, 포로 7백 명이라는 전과를 기록하였다.[41]

또 1909년 7월 9일 夜半 해남 수비대장 요시하라[吉原] 대위는 해남 남
방 약 30일 지점에 있는 大芚寺에 '폭도' 약 150명이 숙영하고 있음을 알고
즉시 하사 이하 30명, 헌병 순사 7명을 인솔하고 출발하여 오전 4시 대둔사
에 도착, 사원을 포위 공격한 결과, '24명을 사살하고 10명을 생포하고 나머
지는 도망하였다'라고 하는 기록을 남겼다.[42]

1908년 가을 이후 의병봉기가 점증하고 있던 호남지역에서는 소규모 부
대의 밀집 수색에 의한 '토벌' 방식만으로 의병투쟁을 진압하기 어려웠다.
그리하여 1909년 가을에 실시된 일본군의 '남한 대토벌'에서는 종전의 방식
을 고쳐 攪拌的 방법을 사용하였다. 즉 토벌 병력을 세분하여 한정된 한 구
획 안에서 수색을 실행하여 전후좌우로 왕복을 계속하고, 또 奇兵的 수단을
써서 의병으로 하여금 자신들의 행동을 엿볼 틈을 주지 않는 동시에, 해상
에서도 수뢰정, 경비선 및 소수 부대를 배치하여 연안 도서 등으로 도피하
는 것에 대비하였다. 이처럼 포위망을 농밀하게 하여 결국은 의병들이 진퇴
양난에 빠지도록 하여 섬멸하는 것이 이른바 '교반적' 방법이었다.[43] 이러
한 일본군의 의병학살을 직접 목격한 황현은 『梅泉野錄』에서 그 상황을 "사
방을 그물치듯 해놓고 순사를 파견하여 촌락을 수색하고 집집마다 뒤져서
조금이라도 혐의가 있으면 죽였다. 그래서 행인의 발길이 끊기고 이웃과의

---

40) 『폭도사편집자료』, 563쪽. 이 때 적장인 의병장 金有聲은 실제로는 죽지 않았다.
　　일본군측에서 착오를 일으킨 것으로 보인다. 金有聲의 원명은 金容球이다. 그의 의
　　병활동을 기록한 『後隱金先生薪膽錄』에 의하면, 그는 이 전투에서 부상을 입고 이
　　후 白岩山에 은신하였다고 한다(홍순권, 앞의 책, 106~107쪽 참조).
41) 『폭도사편집자료』, 560~561쪽.
42) 『조선폭도토벌지』, 803쪽.
43) 『조선폭도토벌지』, 792~793쪽 참조.

연락이 두절되었다. 의병들은 삼삼오오 도망하여 흩어졌으나 몸을 감출 데가
없어 강자는 돌출하여 싸워 죽었고 약자는 기어 도망하다가 칼을 맞았다."[44]
라고 하였다.

3) 의병학살과 관련된 일본측의 공식 통계기록에 대한 검토

1907년 이후 일본군이 저지른 의병학살에 관하여 일본측의 공식적인 통
계 기록은 『朝鮮暴徒討伐誌』에 수록되어 있다. 『조선폭도토벌지』는 국내에
서 의병들의 저항이 사실상 진압되었다고 판단되었을 무렵인 1913년 3월
조선주차군사령부에서 발간하였다. 이 책은 총 6편으로 구성하여, 제1편에
는 그들이 '폭도'라고 일컫던 의병 봉기의 기인과 그 경과 개요를 적고, 나
머지 5편에 각 연도별로 편을 나누어 각 지역에서 전개된 의병 활동과 그
진압 과정을 날짜순으로 상세히 기록하였다. 물론 의병과의 전투 또는 의
병 학살 상황을 일일이 모두 기록한 것은 아니나, 주요 전투와 '전공'에 관
한 기록은 거의 다 정리된 것으로 보아도 될 것이다. 또 이 책의 말미에는
<1907년~1911년 暴徒討伐彼我損傷表>라는 제목의 통계 자료가 첨부되
어 있다. 이 통계 자료는 지금까지 각종 개설서와 연구서에서 1907~1911년
까지의 의병 사망자수를 추정하는 근거 자료로 활용되어 왔다. 그럼에도 불
구하고 이 통계자료의 세부적 내용에 대한 구체적인 분석은 아직까지 시도
된 적이 없었다.

<1907년~1911년 暴徒討伐彼我損傷表>는 그 제목에서 짐작할 수 있듯
이 1907년부터 1911년까지 일본군과 의병의 사망자수와 부상자수를 각 월
별로 기록하고, 특히 의병의 손상에 대해서는 부상, 포로, 노획품(銃, 刀, 槍)
등으로 구분하여 그 수를 기록한 것이다. 또 이 자료는 의병학살의 주체인
일본군을 수비대, 헌병, 경찰로 세분하여 각각 기록하였기 때문에, 이를 통

---

44) 『梅泉野錄』(國史編纂委員會刊, 1972) 권6, 隆熙 3년 8월.

해서 의병전쟁 기간 중 살해당하거나 상해를 입은 의병수를 월별로 파악할 수 있다. 이 통계 자료에 의거해서 1906년 5월부터 1911년 6월까지 의병의 피해상황을 별도로 정리하여 그래프로 표시한 것이 <표 1>이다.

〈표 1〉 1906~1911년 의병 피해상황

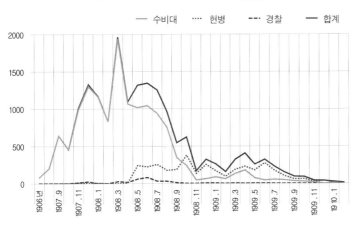

* 자료 : 『조선폭도토벌지』, 823~829쪽.

『조선폭도토벌지』의 통계에 포함된 의병 희생자수는 일본군 토벌부대가 군 명령계통을 통하여 보고한 공식 기록이기는 하지만, 일본군이 전공을 의식하여 희생자를 다소 과장하여 보고했거나 또는 일반인 희생자를 누락했을 가능성도 없지 않아 이를 절대적으로 신뢰하기는 어렵다. 그러나 의병학살에 참여한 당사자가 직접 확인한 내용을 바탕으로 작성된 통계라는 점에서 의의가 있고, 또 현존하는 자료 가운데 의병전쟁 기간 중 사망한 의병의 전체 규모를 월별로 작성한 유일한 통계기록이라는 점에서 이 자료에 대한 분석은 나름대로 의미를 지닌다고 볼 수 있다.

먼저 『조선폭도토벌지』에 수록된 의병 희생자 수(살륙된 인원)를 연도별로 보면, 1906년 82명, 1907년 3,627명, 1908년 11,562명, 1909년 2,374명, 1910년 125명, 1911년 9명이며, 1906년 5월부터 1911년 6월까지의 총 의병 희생자 수는 17,779명이다. 즉 연도별 보면, 의병 희생자 수가 가장 많았던 해는 1908년으로 한 해 동안 총 11,562명의 의병이 일본군에 의해 살육되었다. 의병전쟁 기간 중 총 의병 희생자의 65%가 이 해에 사망한 것이다. 이는 1909년 통감부 경무국의 조사 통계를 통해 알 수 있듯이 연도별 의병의 전투회수와 전투 의병 수에 있어서 1908년이 최고조에 달한 사실과 거의 부합한다.[45] 그러나 『조선폭도토벌지』의 통계 기록을 <부표 2>에서처럼 월별로 나누어 분석해 보면, 다음과 같은 몇 가지 사실을 확인할 수 있다.

① 일본군의 '토벌'에 따른 월별 의병 희생자가 가장 집중적으로 발생한 시기는 1907년 11월부터 1908년 7월까지의 기간이다. 이 기간 중 월별 1천명 이상의 의병들이 일본군에 의해 살육되었다. 이때 의병 학살의 주력군은 일본군 수비대였다. 이는 일본군이 겨울의 혹한기를 이용하여 의병들을 집중적으로 공격 살육하였으며, 그 성과를 바탕으로 의병에 대한 강력한 군사적 공세를 이듬해 여름까지 이어갔음을 보여준다. 일본군은 겨울의 혹한기에서 춘궁기로 이어지는 의병들이 가장 견디기 어려운 시기를 선택하여 집중적인 '토벌작전'을 감행하였던 것이다.

② 1907년 10월까지 의병에 대한 공격과 학살은 전적으로 일본군 수비대에 의해 수행되었으며, 이후 1년간 일본군 수비대 주도의 의병학살이 지속되었다.

③ 1907년 11월 이후 일본군 헌병과 경찰이 '의병토벌'에 가담하기 시작하였다.

④ 헌병이 이른바 '의병토벌'에 본격적으로 가담한 시기는 1908년 5월부터이며, 1908년 10월부터는 헌병이 의병에 대한 수색과 공격을 주도하기 시작하였으며, 수비대는 오히려 보조적인 위치를 지니게 되었다.

⑤ 경찰은 1908년 3월~1908년 9월 기간 동안 일시적으로 '의병토벌'에 참여하여 일정한 역할을 하였으나, 이후 경찰이 직접 의병을 공격하여 살해한 숫자는 1909년 20명, 1910년 2명 등 저조한 것으로 나타난다.

⑥ 1910년 5월 이후 의병 희생자 수는 월 10명 미만으로 사실상 의병이 거의 진압되었음을 보여준다.

그런데 『조선폭도토벌지』에 월별로 통계처리된 의병 사망자 수는 본문에

---

45) 박성수, 『독립운동사』, 창작과비평사, 1980, 168~169쪽 참조.

기술된 내용이나 기타 경찰기관의 통계와 차이를 보이고 있다. 그 구체적인
예를 들어 보면 다음과 같다.

> 예 1) 『조선폭도토벌지』의 본문에는, 1909년 6월 19일 영광수비대 村瀨 중위는
> 하사 이하 22명을 인솔하고 全海山 의병부대를 배후에서 공격하여 의병측
> 이 '유기한 시체가 73구나 되었다'라고 기록하고 있다.[46] 그러나 『조선폭
> 도토벌지』의 부록으로 첨부된 의병 희생자 수 월별 통계에 의하면, 1909
> 년 6월 수비대에 의한 의병 사망자는 전국 합계 44명에 불과하다.
>
> 예 2) 1909년 9월과 10월에 걸쳐 2개월 동안 행해진 '남한대토벌작전'에 의한
> 사망자 수에 대해서도 기록자에 따라 차이가 있다. 전남경찰서는 사망자
> 420명으로 보고하고 있는데 반하여, 『조선폭도토벌지』의 전국 합계 수비
> 대에 의한 사망자 62명, 헌병에 의한 사망자 123명만 기록하고 있고, 경찰
> 에 의한 사망자는 없는 것으로 표시하고 있다. 이로써 보면, 『조선폭도토
> 벌지』의 통계표는 경찰에 의한 사망자 수를 정확히 기록하지 않았거나 일
> 부 누락했을 가능성도 없지 않다.

이러한 사실들은 <부표 1>과 <부표 2>에 나타난 의병 피해자의 통계
수치가 사실보다 과소평가되었을 가능성도 보여준다. 즉, 의병이 아닌 민간
인을 포함하면 실제 일본군에 의해 학살된 희생자 수는 『조선폭도토벌지』
의 통계표에서 밝혀진 것보다 훨씬 많았을 것으로 잠정 추정해 볼 수 있다.
그리고 비록 조선주차군사령부가 집계한 의병 희생자 수가 실제 희생자 수
와 거의 일치하는 것으로 인정하더라도, 1907년 대한제국의 군대해산 직후
일본군에 의한 의병 살육은 결코 작은 규모가 아니다. 불과 17개월 정도의
기간에 대한제국의 국권을 유린한 상태에서 1만 5천명 이상의, 실제로 비무
장 민간인이나 다름없는 의병을 살육한 것은 사실상 제노사이드적 성격을
지닌 집단학살이라고 보아도 무리가 없을 것이다.

---

46) 『조선폭도토벌지』, 801쪽.

4. 맺음말 : 한말 일본군에 의한 의병학살의 성격

明治期의 일본은 헌병의 강화를 통해서 군대가 그 목적으로 한 대외전쟁과 혁명진압을 분업화하고, 국내에 대비하는 임무는 일단 헌병, 경찰에 맡겨 군대는 불시에 대비하는데 한정시켰다. 이러한 시도는 제국주의 일본의 계급적 본질을 은폐시키려는 것으로 해석되어 왔다.[47] 일본 제국주의 군대의 분업화는 러일전쟁 이후 사실상 식민지로 전락한 조선에도 적용되었다. 조선에서 일본군 수비대 재편성, 헌병의 강화는 이러한 일본군대의 분업화 원칙을 조선 민중과 의병들의 저항 강도와 상황적 변화에 맞춰 탄력적으로 운용하기 위한 것이었다. 이러한 점을 고려한다면, 러일전쟁 이후 일본군의 학살은 크게 3단계로 나누어 살펴보는 것이 가능하다.

그 첫 번째 단계는 러일전쟁 이후 1908년 상반기까지의 시기이다. 이 시기에는 러일전쟁 중의 전시체제를 그대로 유지하면서 대규모 군 병력을 동원한 의병의 완전 섬멸을 목표로 대량학살을 수행하였다. 의병학살 초기 단계에서 이루어진 일본군의 의병에 대한 집중 공격과 근거지 소각작전은 바로 그러한 군사적 목표를 실현하기 위한 것이었다. 이는 <부표 2>의 통계를 통해서도 다시 확인할 수 있다. 1906년 5월부터 의병학살이 시작되어 그 정점에 이른 1908년 6월까지 약 2년간의 의병 사망자 수는 11,419명으로 통계상 의병학살이 이루어진 1906년 5월~1911년 6월 약 5년 기간의 17,779명 중에서 약 64.2%를 차지할 만큼 압도적으로 많다. 또 연도별로 본다면, 1907년과 1908년의 사망자가 15,271명으로 약 85.9%이다. 월별로는 1907년 8월부터 1908년 12월 사이에 사망자가 집중적으로 발생하였다. 이 17개월 동안 일본군에 의해 학살당한 의병 수는 15,189명으로 1906년 5월 ~1911년 6월 사이에 발생한 의병 사망자 총수의 약 85.4%에 해당한다. 이처럼,

---

47) 藤原彰, 앞 책, 88쪽.

한말 의병의 대량학살은 대한제국 군대의 해산과 밀접한 관련이 있는 것으로 해산군인과 의병의 말살을 통한 대한제국의 완전한 무장해제를 겨냥한 것이라도 할 수 있다. 그러한 점에서 러일전쟁 이후 일본군의 한국 주둔은 대한제국 군대의 해산과 그로 인한 해산군의 저항을 예상하고 치밀하게 사전계획된 것으로 파악할 수 있다. 실제로 일본의 한국주둔군의 증강은 본격적인 학살이 시작되기 직전인 1907년 7월에 군대해산을 눈앞에 두고 이루어졌던 것이다.

두 번째 단계는 1908년 하반기 이후로 전시체제에서 평시의 군사적 억압체제로 전환해가는 과도기라고 정의할 수 있다. 이 시기에는 대규모 군사작전의 전개보다는 헌병과 경찰을 중심으로 한 의병과 민중에 대한 감시에 중점을 두고, 각지로 흩어진 의병의 색출과 소규모의 정밀 학살에 주력하였다. 이를 위해 일본은 이미 1907년부터 점진적으로 한국주둔 헌병대 병력과 경찰 병력을 늘리고 1908년 6월에 헌병보조원제도를 창설하였다. 특히 1908년 하반기 이후 헌병대를 중심으로 한 의병에 대한 수색과 '토벌'은 <표 1>과 <부표 1>·<부표 2>를 통해서도 확인할 있다. 그렇다고 해서 수비대의 '토벌'이 중지된 것은 아니었다. 감시체제의 공고화를 위해서 수비대의 조밀한 분산 배치가 이루어졌고, 수비대와 헌병대, 경찰로 구성된 토벌대의 활동은 계속되었다. 일본군대의 대량학살로 의병세력이 심각한 타격을 입은 이후 호남지역 중심으로 의병들이 다시 세력을 결집하기 시작하자, 일본군측은 첫 번째 시기에서와 같은 대규모의 군사적 토벌작전을 계획하기에 이르렀다. 그것이 1909년 9월부터 2개월간 실시된 이른바 '남한대토벌작전'이었다.[48] 이때의 작전은 '교반적' 수색을 통해 의병을 색출하여 제거하는 방식으로 진행되었다. 남한대토벌작전으로 인한 성공적인 의병진압 이후 국내 의병세력은 현저히 약화되었고, 이에 따라 일본의 전시적 군사억압체제도 점차 평시의 일상적 군사억압체제로 전환하여 갔다.

---

48) 이에 대해서는 홍순권, 앞의 책에서 상세히 논급된 바 있다.

1910년 '병합' 이후 일본군의 수비대는 종전의 분대 중심 배치에서 소대 중심 또는 중대 중심 배치로 전화해 갔다. 헌병과 경찰의 운용방식도 '토벌' 보다는 일상적 감시체제의 확립에 중점을 두는 방향으로 바뀌어 갔다. 그것 이 '헌병경찰제도'를 지렛대로 하는 이른바 식민지 무단통치체제였다. 즉, 1910년대 무단통치의 기본 방향은 통감부시기에 이미 일본군대의 의병 학 살과정에서 마련되었던 것이다.

한편, 의병의 게릴라전에 대항하기 위해 일본군은 병력을 분산배치하고, 의병의 근거지가 되는 산간 소부락을 불태워 일본군 지배하에 있는 평지의 '부락'으로 집단 이주시켰다. 이것은 1930년대 만주의 집단부락과 베트남전 쟁에서 미군이 취한 전략촌의 원형이 되는 전술로 평가되고 있다.[49]

이러한 일본군이 저지른 학살의 잔인성은 <부표 1>에서 의병과 토벌대 간의 현격한 피해 차이로도 설명할 수 있다. 그 하나는 일본군과 조선군의 전사 비율인데, 양자간의 131대 1이라는 비율은 무저항 상태에 대한 일방적 공격이 아니고는 나올 수가 없는 숫자이다. 두 번째 부상자의 4.8배나 되는 의병측 전사자의 수효이다. 이 또한 일본군의 피해 상황과 현격한 차이를 보이고 있다.[50] 이 사실은 일본군이 전투과정에서의 부상자를 의도적으로 학살했을 가능성과 의병이 아닌 일반 민간인에 대해서도 무차별적으로 학살 을 감행했을 가능성을 강하게 시사해 준다.

의병을 비롯한 조선 민중에 대한 일본 군대의 잔혹 학살은 당시 일반화 되어 있던 일본인의 조선인에 대한 멸시와 그들이 지닌 인종차별 의식과도 무관하지 않을 것이다.[51] 당시 일본 지배층은 러일전쟁을 구문명에 대한 신

---

49) 藤原彰, 앞 책, 138쪽.
50) 임종국, 앞 책, 210쪽. 『조선폭도토벌지』에 의하면, 1906년 3월 이후 1911년 6월에 이르는 동안 토벌대(수비대 헌병 및 경관)는 전사 136명, 부상 277명이며, 같은 기 간 의병의 손상은 사자 17,779명, 부상 3,706명, 포로 2,139명이다.
51) "··· 이러한 멸시와 편견에 대해서, ≪朝日新聞≫의 경성특파원 이었던 中野正剛 은 "내지인의 조선인에 대한 언어 같은 것은 도저히 사리에 안 맞는 것으로, 그들 은 여하한 조선인에 대해서도, 일률적으로 '요보'라 불러버림을 보통으로 한다. '요

문명의 승리로 인식할 만큼 우월감에 사로잡혀 있었으며, 조선을 혼돈과 야만으로 인식하는 것이 지배적인 경향이었다.[52] 이러한 조선에 대한 식민지 지배를 정당화하는 제국주의 문명사관이 일본군의 의병학살 정당화 논리를 뒷받침하고 있었다.

〈부표 1〉 일본군과 의병간 피해 상황 비교 (단위 : 명)

연도별	일본군 측		의병 측	
	사망자	부상자	사망자	부상자
1906년	3	2	82	-
1907년	29	63	3,627	1,492
1908년	75	170	11,562	1,719
1909년	25	30	2,374	435
1910년	4	6	125	54
1911년	-	6	9	6
합계	136	277	17,779	3,706

* 자료 : 『조선폭도토벌지』, 823~829쪽.

보'란 말은 원래 부르는 말로 결코 모멸의 말이 아니지만도, 내지인이 조선인에 대할 때는 반드시 그 聲調에 일종의 모멸적 협박적 의미를 포함하게 된다. 그리고 관계가 점차 곤란해져, 언어의 소통이 어렵게 되면, 내지인은 반드시 '요보' 다음에 '빠가야로(마록)', '야로(野郎)' '이누마(조선어로 고노(이) 야로)' 등의 말로써 한다."(高崎宗司, 『식민지조선의 일본인』, 岩波書店, 2002, 25쪽)

52) 『조선폭도토벌지』에 묘사된 조선에 대한 일본군의 인식을 예로써 들면 다음과 같다. "그러므로 (조선의 ; 필자) 일반 蒼生은 끊임없이 동서남북에서 압박을 받아 오늘의 부자가 반드시 내일의 유복을 기할 수가 없었다. 그리고 흉악이 처벌되지 않고 충절이 칭찬받지를 못하였다. 이렇게 해서 드디어는 독립 진취의 기상은 멸각되고 상하 똑같이 소위 취생몽사의 기풍에 젖어, 그것이 적년의 폐정 습관이 되어 식산 흥업의 길이 여기서 두절되고, 문물이 날이 지남에 따라 퇴폐되어 더욱 더 쇠망의 근원을 깊게 했다 …"(위 책, 660쪽)

〈부표 2〉 연월별 의병 피해(사망자) 상황 (단위 : 명)

연월별 / 가해자	수비대	헌 병	경 찰	합 계
1906년 5월	82			82
1907년 8월	198			198
9월	639			639
10월	454			454
11월	990	7	12	1,009
12월	1,299	4	24	1,327
1908년 1월	1,155	7		1,162
2월	828			828
3월	1,937		27	1,964
4월	1,065	10	17	1,092
5월	1,017	241	60	1,318
6월	1,042	223	81	1,346
7월	938	255	32	1,255
8월	756	176	31	963
9월	348	187	12	547
10월	240	381	2	623
11월	45	134	1	170
12월	64	254	6	324
1909년 1월	87	168	5	260
2월	62	95		157
3월	132	188	5	325
4월	178	228	1	407
5월	74	179	4	257
6월	44	276	4	324
7월	54	173	1	228
8월	48	103		151
9월	34	60		94
10월	28	63		91
11월	19	22		41
12월		39		39
1910년 1월	10	15		25
2월		14		14
3월	1	35	1	37
1910년 4~12월	11	37	1	49
1911년(全月)		7	2	9
합 계	13,879	3,571	329	17,779

* 자료 : 『조선폭도토벌지』, 823~829쪽.

3·1운동과 일본군의 한인 학살

김 승 태*

1. 머리말

1919년 3·1운동이 일어난 지 90주년이 지났지만, 3·1운동의 희생자들에 대한 믿을만한 통계 자료가 아직 없다. 특히 일본군에 의한 민간인 학살 만행은 그 일부만 밝혀져 있을 뿐, 그 규모가 어느 정도였는지 지금까지도 합의에 이르지 못하고 있다.[1] 전시 중이라고 하여도 군인에 의한 민간인 학살

---

* 민족문제연구소 연구위원

1) 3·1운동에 관한 사상자 통계로는 朴殷植의 『韓國獨立運動之血史』(上海: 維新社, 1920), 42쪽에 나오는 1919년 3월 1일부터 5월 말까지 서북간도 화태도까지 포함한 통계인 사망인수 7,509명, 피상자수 15,961명과, 정한경(Henry Chung)의 『조선사정』(*The Case of Korea*, Fleming H. Revell Company, 1921), p.346에 나오는, 1919년 3월 1일부터 1920년 3월 1일까지의 통계인 사망자(Killed) 7,645명, 부상자(Injured) 45,562명이 있고, 일제측의 통계로는 조선헌병대와 총독부 경무국의 1919년 3월 1일부터 4월 30일까지의 통계인 사망자 553명, 부상자 1,409명과(「소요 개소

은 범죄로 인식되고 있다. 더욱이 3·1운동은 그 시작부터 폭력적 수단을 배제한 평화적 독립선언과 만세시위운동이었다. 그럼에도 불구하고 일제는 처음부터 군대를 동원하여 총칼로 탄압하였고, 일본 본토로부터 대규모의 병력을 증원·배치하여 무력으로 '진압'하였다. 그 과정에서 수많은 민간인 사상자들이 발생하였고, 일제 헌병경찰과 일본군에 의한 가혹한 민간인 학살 만행의 실상이 일부 세상에 알려져 국제적인 여론의 비판을 받았다.[2]

일제도 일본군에 의한 민간인 학살 만행을 부인할 수 없었다.[3] 당시에 한국에 선교사를 파송하여 선교활동을 하고 있던 캐나다장로교회 한국선교회

및 사상자 수의 건」, 騷密 제4403호, 1919. 6. 20,『現代史資料』25 朝鮮 1, みすず書房, 1967, 473~474쪽), 조선군사령부의 1919년 3월 1일부터 6월 1일까지의 통계인 사망자 405명, 부상자 903명(「조선소요사건에서 사상 수의 건 보고」, 1919. 9. 29,『現代史資料』26 朝鮮 2, みすず書房, 1967, 321~327쪽), 그리고 총독부가 1920년 1월에 내놓은 1919년 10월까지의 통계인 한국인 사망자 631명, 경찰이나 정부 기관에서 치료받은 한국인 부상자 1,409명이 있지만(The Korean Situation-Number 2, The Commission on Relations with the Orient of the Federal Council of the Churches of Christ in America, 1920, p.4) 그 대상 시기와 사상자 수에는 현격한 차이가 있다. 추측성 기술이기는 하지만, 일본인 연구자 야마베겐타로[山邊健太郞]는 그의 연구저서에서 "여기서도 시위운동에 대해서는 거의 예외없이 발포하였기 때문에 총탄에 살해된 조선인은 아마도 10만명이 넘을 것이다. 조선인 학살의 대상이 된 것은 시위운동이나 폭동에 참가한 사람들만이 아니었다. 아무런 관계가 없는 조선인 노파나 소년 소녀들조차도 일본군은 사살했다."고 주장하고 있다(山邊健太郞,『日本統治下の朝鮮』, 東京: 岩波書店, 1971, 96쪽).

2) The Korean Situation-Authentic Accounts of Recent Events by Eye Witness, The Commission on Relations with the Orient of the Federal Council of the Churches of Christ in America, 1919 참조.

3) 1919년 7월 18일 영국 외무장관 커즌 경(Lord Curzon)이 일본대사를 찾아가 "일본군대가 이 잔악무도한 행위를 자행했으며, 사람들을 공포에 떨게 한 이런 행위는 벨기에서 독일인들의 행위와만 비견할 수 있는 극악한 것이었다. 이를 알린다면 문명세계인의 감정을 불러일으켜 일본정부의 불명예가 될 것이다."라고 말했을 때, 그 대사는 그의 주장을 인정했을 뿐 아무런 반박도 하지 않았고, 그도 그의 정부가 불행한 그 사건들과 그에 대한 책임을 잘 알고 있다고 말했다(Memorandum respecting Japanese Atrocities in Korea and Elsewhere, 1920.12.8, F. Ashton－Gwatkin, 영국외무성문서 F 3199/56/23).

는 1919년 7월 10일 원산에서 열린 연례 모임에서 "보편적인 인도주의적 감정의 명령에 따라 한국에서 벌어지고 있는 현재의 정치적 소요를 억압하기 위하여 일본 행정부가 사용해 온 부당하고 비인간적인 방법에 대한 우리의 강력한 항의를 기록할 수 밖에 없었기에, 이에 각하께 동일한 기록을 정중하게 제출하는 바입니다."라는 3·1운동 탄압과 구체적인 일본군의 만행을 열거한 항의서를 결의하여 하세가와[長谷川好道] 조선총독에게 제출하기도 하였다.[4] 그 이듬해이기는 하지만, 당시 중국에 주재하던 영국 외교관은 「한국과 다른 지역에서 일본인의 잔악한 행위에 관한 비망록」이라는 장문의 비밀보고서를 영국 외무성에 보내면서, 영국이 이런 야만적인 일본과의 동맹 관계를 계속 유지해야 할지 심각한 의문을 제기하고 있다.[5]

이 글은 이상과 같이 자타가 공인하는 3·1운동 기간 중 일본군에 의한 한인 학살의 성격을 규명하기 위한 것이다. 이를 위해서 우선 선행연구와 자료를 토대로 1910년대 일본군의 조선 주둔과 증원 배치에 대해서 정리하고, 이어서 일본군의 3·1운동 탄압과 한인 학살을 정리하되, 일제측이 인정하는 그들의 보고서와 통계를 분석하여, 그 성격과 한계를 밝힘으로써 전반적인 3·1운동 기간 중 일본군에 의한 한인 학살의 성격을 규명하고자 한다. 아직은 시론적인 작업이므로 이 논문을 좀 더 발전시킬 수 있도록 건설적인 비판과 지적을 기대한다.

---

4) William Scott, *Canadians in Korea, Brief Historical Sketch of Cadadian Mission Work in Korea*, 1975, p.85 ; Memorandum respecting Japanese Atrocities in Korea and Elsewhere (1920. 12. 8, F. Ashton‒Gwatkin, 영국외무성문서 F 3199/56/23) ; 이 자료는 당시 캐나다가 영연방이었기 때문에 영국 외무성에도 알려졌다(이 문서의 전문 번역은 김승태 번역·해설, 「영국외무성의 일본 만행에 대한 보고서」, 『일제침략사 65장면』, 가람기획, 1996, 352~353쪽 참조).

5) Memorandum respecting Japanese Atrocities in Korea and Elsewhere(1920. 12. 8, F. Ashton‒Gwatkin, 영국외무성문서 F 3199/56/23).

2. 1910년대 일본군의 조선 주둔과 증원 배치

일제의 한국 병탄과 식민지배는 외적으로는 정치외교적 술수와 내적으로
는 군사무력적 정복으로 이루어졌다. 1904년 2월 러일전쟁을 도발하여 제3
국인 한국에 보병 1개 사단과 1개 여단, 도합 1만명이 넘는 대규모 군대를
파병 주둔시킨 일제는 그해 4월 3일 한성에 한국주차군사령부를 설치하고
그 군사력을 배경으로 한국에 대한 무력적 정복에 착수하였다. 한국주차군
은 한국주차군사령부를 최고 지휘부로 하고, 한국주차군수비대와 한국주차
헌병대가 주력이었는데, 러일전쟁이 끝난 후에도 1개 사단 정도의 병력이
남아 2년 주기로 부대를 교체해가며 일제의 국권 침탈에 저항하여 일어난
의병을 탄압하면서 식민지배의 기반을 구축하였다. 1907년 고종 강제 퇴위
와 군대해산 등 국권 침탈에 분노한 한국인들의 의병 항쟁이 거세지자 일제
는 1909년 5월에 2개 연대규모의 임시한국파견대를 증파하여, 기존의 한국
주차군은 1개 사단은 북부수비관구를 맡게 하고, 임시한국파견대는 남부수
비관구를 맡게 하였다.

결국 이러한 군사력을 바탕으로 1910년 8월 한국을 강제 병탄한 일제는
조선총독부를 설치하여 헌병경찰제에 의한 무단통치를 실시하였다. 총독은
육군대장으로서 군사통수권을 갖고, 도지사에 해당하는 각도 장관들도 해당
지방 군사령관에게 출병을 요구할 수 있게 하였다. 한국주차군의 명칭도 조
선주차군으로, 임시한국파견대의 명칭도 임시조선파견대로 한국주차헌병대
의 명칭도 조선주차헌병대로 바뀌었다. 1910년대 초 한국주둔 일본군 병력
의 주력은 조선주차군 1개 사단, 임시한국파견대 2개 연대(1개 여단), 조선
주차헌병대였다. 조선주차군과 임시조선파견대는 주둔 지역 경비와 의병 탄
압을 맡았고, 한국주차헌병대는 헌병경찰제 하에서 헌병 본래의 업무인 군
사경찰 업무와 함께 민간 치안경찰 업무까지 겸하였다.[6] 1910년 9월 10일

에 칙령으로 발포된 조선주차헌병조례에 의하면, 조선주차헌병은 (일본) 육
군대신의 관할에 속하며, 그 직무의 집행에 대해서는 조선총독의 지휘 감독
을 받고, 군사경찰에 대해서는 육군대신 및 해군대신의 지휘를 받도록 규정
하고 있다.[7]

  조선주차군은 전국 요지에 주력부대를 주둔시키고, 각 부대를 중대, 소대,
분대 단위로 분산 배치하여 전국을 병영화하였다. 1910년 12월 현재 조선주
차 수비대의 주력 주둔지와 부대 배치는 다음과 같다.[8]

조선주차군 수비대 배치(1910. 12)

관구	주력 주둔지	부대 배치	소 부대(중대, 소대, 분대) 배치
북부수비관구	나남	보병 제25여단 사령부, 보병 제4연대 본부 제4연대 제2대대(제6중대 제외), 제3대대	중대: 무산, 성진 소대: 청진, 길주, 부령
		기병 제2연대 제3중대 야포병 제2연대(제6중대 제외)	
	회령	보병 제4연대 제1대대 및 제6중대, 공병 제2대대(제1중대 제외)	중대: 경흥, 경원, 종성 소대: 고읍, 산아산, 신건원, 훈융, 은성 분대: 덩명, 행영, 북창평
	함흥	보병 제32연대 본부 및 제6·제7·제12중대	소대: 장진
	원산	제32연대 제1대대	중대: 양덕, 인제 소대: 영흥, 호도, 마전동, 간성, 강릉
	강계	제32연대 제2대대(제6·제7중대 제외)	중대: 중강진 소대: 만포진, 자성, 후창
	북청	제32연대 제3대대(제12중대 제외)	중대: 갑산, 혜산진 소대: 신갈파진, 완덕장, 신포
	평양	보병 제3여단 사령부, 보병 제29연대 본부	중대: 성천, 덕천 소대: 별창, 영원, 맹산
		보병 제29연대 제2대대 및 제10중대	분대: 진남포

6) 한국에서 헌병경찰제 설립 경위에 대해서는 신주백, 「1910년대 일제의 조선통치와
   조선주둔 일본군 - '조선군'과 헌병경찰제도를 중심으로 - 」, ≪한국사연구≫ 109,
   한국사연구회, 2000 참조.
7) 『조선총독부관보』 1910년 9월 16일자.
8) 조선군사령부, 『조선군역사』 제2권, 41~44쪽 ; 朴慶植, 『日本帝國主義の朝鮮支配』
   上, 東京: 靑木書店, 1973, 43~45쪽.

	의주	제29연대 제1대대	중대: 초산, 안주 소대: 선천, 창성, 벽동, 신의주, 영원, 희천
	황주	제29연대 제3대대(제10중대 제외)	중대: 곡산, 해주 소대: 선암, 신계, 신막, 재령, 송화 분대: 기린장
	용산	제2사단 사령부, 보병 제65연대 본부 제65연대 제1·제2대대 및 제12중대 기병 제2연대(제3중대 제외), 야포병 제2연대 제6중대, 공병 제2대대 제1중대	중대: 포천, 춘천 소대: 후평리, 홍천 분대: 적성
	개성	보병 제65연대 제3대대(제11중대 제외)	중대: 금화, 이천 소대: 금성, 가려주, 삭령, 연안 분대: 철원, 장단, 배천
남부수비관구	대전	임시조선파견 보병 제1연대 본부 및 제1대대	중대: 수원, 공주 소대: 성환, 공주, 문의, 강경 분대: 은산장, 보은, 영동, 조치원
	충주	제1연대 제2대대	중대: 평창, 원주, 음성 소대: 제천, 이천 분대: 괴산, 단양, 양아치
	안동	제1연대 제3대대	중대: 영천, 상주, 봉화 소대: 예안, 예천, 문경, 삼척, 춘양면 분대: 옹천, 소천, 용궁, 내성
	대구	임시조선파견대 사령부, 동 제2연대 본부, 동 제3대대	중대: 거창, 부산 소대: 고령, 경주, 지례, 무주, 영산 분대: 영천
	순천	제2연대 제1대대	중대: 전주, 남원, 진주 소대: 진안, 순창, 함양, 여수, 홍양, 의령, 하동 분대: 임실, 구례, 벌교
	광주	제2연대 제2대대	중대: 무장, 해남, 보성 소대: 홍덕, 영광, 장흥, 영암, 복내성, 능주, 월평, 나주 분대: 나산

그러나 1910년대 중반에 의병 항쟁이 진정되고, 헌병경찰만으로도 치안유지가 가능하게 되었음에도 불구하고, 세계 제1차대전 참전을 비롯한 대륙진출을 강화하던 일제는 병력증강을 꾀하여, 1915년 일본제국의회에서 조선 내 2개 사단상설안을 가결하였다. 1915년도 『조선총독부시정년보』는 「사단상설」이라는 항목에서 그 계획을 다음과 같이 서술하고 있다.

"조선에는 수비를 위하여 종래 1개 사단 반의 병력을 내지(일본 본토)에서 파견하여 교대로 주차시켜 왔는데, 이 제도는 신영토의 치안유지상 적당치 않음은 물론, 군대의 建制를 깨뜨리고, 교육 및 경리에 장애가 될 뿐만 아니라, 전시 동원상 지장이 많기 때문에 이 부대를 野戰에 사용하기가 극히 곤란하여 국방계획에 큰 차질을 가져올 우리가 있고, 국방상 상비군 병력 증가의 필요가 있으므로, 정부는 2개 사단을 증설하고, 이를 조선에 常置하는 동시에 교대 파견제를 폐지할 계획을 수립하여 금년도에 임시제국의회의 협찬을 거쳐서 이를 실시할 단서를 열게 되었다.

증설 사단은 제19 및 제20 두 사단으로 하고, 다이쇼 10(1921)년도까지 그 편성을 완성할 계획으로 다이쇼 5(1916)년도에 우선 병력은 종래의 주차군대와 동일한 제19사단 및 제40여단을 편성하고 이를 조선주차군 사령관에게 속하게 하고, 이후 점차로 2개 사단의 편성을 완비하기로 한다.

상설 사단의 편제는 대체로 내지 사단과 동일한 보병 2개 여단, 기병·야포병 각 1개 연대, 공병 1개 대대로 이루어지지만, 치중병 대대는 이를 설치하지 않고, 또한 제20사단에 대하여는 별도로 진해만 중포병 1개 대대를 예속시킨다."[9]

이러한 계획에 따라 각 수비대는 그 때까지 소대 단위로 분산 배치되었던 병력을 그해부터 중대단위로 모으고, 남부수비관구를 맡고 있던 조선임시파견대를 보병 제40여단과 교대시켜 상주케 하였다.[10] 1916년 4월에는 상주 사단인 제19사단 주력을 편성하고, 1919년 2월까지는 제19사단 편성을 완료하였다. 이 무렵 제20사단의 주력이 되는 보병 제40여단(제79연대, 제80연대)의 편성 배치도 완료되었다.[11]

1918년 5월 조선주차군사령부가 조선군사령부로 개편됨에 따라 조선주차군의 명칭도 조선군으로 바뀌고, 조선주차헌병대도 조선헌병대로 바뀌었다. 3·1운동이 일어나기 2달 전인 1918년 12월 조선군 수비대의 배치는 다음과 같다.[12]

---

9) 『朝鮮總督府施政年報』(1915년도), 87~88쪽.
10) 위 책, 86쪽.
11) 제20사단 사령부는 3·1운동이 일어난 후인 1919년 4월 1일부터 업무를 개시하였다.
12) 조선군사령부, 『조선군역사』 제2권 ; 朴慶植, 『日本帝國主義の朝鮮支配』 上, 東京: 靑木書店, 1973, 172~173쪽.

조선군 수비대 배치(1918. 12)

관구	주력 주둔지	부 대
북부 수비 관구	나남	보병 제37여단 사령부, 보병 제73연대 본부
		보병 제73연대 제1, 제2대대
		기병 제27연대 제3중대(1중대와 2소대 제외) 야포병 제25연대(1중대 제외)
	회령	보병 제73연대 제3대대, 공병 제19대대(1중대 제외)
	함흥	보병 제74연대(제3대대 제외)
	강계	보병 제77연대 제3대대 본부 및 제2중대
	평양	보병 제39여단 사령부, 보병 제77연대(제3대대 본부와 제2중대 제외)
	용산	보병 제19사단 사령부, 보병 제78연대, 기병 제27연대 제3중대, 야포 병 제25연대 제6중대
남부 수비 관구	용산	보병 제40연단 사령부, 보병 제79연대
	대전	보병 제80연대 제3대대
	대구	보병 제80연대(제3대대 제외)

그리하여 1919년 3·1운동이 일어나기 직전까지 상주군 2개 사단의 편성
이 90%정도 완성되어 있었다.[13] 조선 주둔 일본군은 1910년대 초 의병탄압
을 위한 분산배치에서, 교육과 훈련을 위한 집중배치로, 교대 파견되던 조선
주차군에서 상설 조선군으로 변동되었던 것이다. 그러나 3·1운동이 일어나
자 즉각 군대를 파견하게 되었고, 조선총독의 명령을 받은 조선군사령관은
3월 12일 시위를 '미연에 방지할 목적으로' 다음과 같이 주요 거점 지역에
다시 부대의 '일시 분산배치'하도록 명령하였다.[14]

성진 : 보병 제73연대에서 1개 중대

북청·원산 : 보병 제74연대에서 각 1개 중대

춘천 : 보병 제79연대에서 1개 중대

공주·안동 : 보병 제80연대에서 각 1개 중대

충주·이리·송정리·진주 : 보병 제80연대에서 각 1개 중대

평안남북도·황해도 : 제19사단장이 보병 제39여단(제78연대본부와 2개

---

13) 임종국, 『日本軍의 朝鮮侵略史 I 』, 일월서각, 1989, 248쪽.
14) 「朝特 제29호」(1919. 3. 12, 조선군사령관이 일본 육군대신 앞으로 보낸 전
   보) ; 『韓國民族運動史料』(三·一運動篇 其一), 국회도서관, 1977, 24쪽.

대대 缺)을 사용하여 현황에 응하여 임의로 배치를 결정케 한다.

그럼에도 불구하고, 만세시위가 전국으로 더욱 확산되자 조선총독과 조선 군사령관의 군대 증파 요청에 따라 1919년 4월 4일 일본 내각회의에서 보병 6개 대대, 보조 헌병 300~400명을 증파하기로 결정하였다.[15] 그리하여 며칠만에 파견부대를 급편성하여 7~10일 사이에 일본을 출발하여 10~13일에 조선에 도착하여 배치되었다. 이들 증파된 부대가 도착·배치된 지역은 다음과 같다.[16]

증파부대 및 배속 지역

부 대	상륙일	상륙지	부 대	도착지	적 요
제5사단 파견대대	4월 10일	부산	본부 및 2중대	조치원	
			2중대	수원	
제10사단 파견대대			전부	평양	
제9사단 파견대대	4월 11일	부산	전부	사리원	기관총대는 각 대대본부 소재지에 둔다
			1중대	이리	
제13사단 파견대대			본부 및 2중대	송정리	
			1중대	나주	
제2사단 파견대대	4월 13일	원산	전부	평강	
제8사단 파견대대					

한편, 앞에서 서술한 대로 조선주차헌병대는 헌병경찰제 하에서 헌병 본래의 업무인 군사경찰 업무와 함께 민간 치안경찰 업무까지 겸하고 있었기 때문에 조선군 수비대보다 훨씬 주밀하게 전국 각지에 배치되었다.[17] 1910년대 각 연도별 헌병대 기관과 배속 인원수는 다음과 같다.

---

15) 原敬의 1919년 4월 4일자 일기(『原敬日記』 8, 乾元社, 1950, 190~191쪽).
16) 「朝參密 제477호, 증가 파견 부대의 행동 및 이의 배치에 관한 건 보고」(1919. 4. 12, 조선군사령관이 일본 육군대신 앞으로 보낸 보고), 『韓國民族運動史料』(三·一運動篇 其一), 국회도서관, 1977, 295~298쪽.
17) 『조선총독부관보』 호외, 1910년 12월 10일자, 「조선총독부령 제56호, 헌병대 관구 및 배치표」에 의하면, 경성에 헌병대 사령부를 두고, 각도에 헌병대 본부를 두며, 군 단위에 헌병분대, 그 이하 면 단위 요소 요소에 분건소·파견소·출장소를 두고 있다.

헌병대 기관과 인원수(1910~1918)

연도	1910	1911	1912	1913	1914	1915	1916	1917	1918
사령부	1	1	1	1	1	1	1	1	1
본부	13	13	13	13	13	13	13	13	13
분대	77	78	78	78	78	78	77	78	78
분견소	502	54	57	107	99	99	96	98	98
파견소	61	410	394	327	317	316	318	288	877
출장소	-	379	413	443	501	528	551	592	43
합계	(654)	935	956	969	1,009	1,035	1,056	1,070	1,110
헌병수	1,007	3,296	3,296	3,355	3,345	3,302	3,384	3,395	3,377
보조원	1,012	4,453	4,473	4,603	4,626	4,627	4,657	4,737	4,601
합계	2,019	7,749	7,769	7,958	7,971	7,929	8,041	8,132	7,978

* 출전 : 『朝鮮總督府統計年報』(1918년도), 476~477쪽

이 표에서 보듯이 기관의 최하급 단위인 헌병 비상주의 출장소가 헌병 상주의 파견소로 바뀌는 것을 제외하면, 기관의 총수는 큰 변화가 없는 데 비해서, 1911년에 1910년도보다 배속 인원은 헌병이 3배 이상, 헌병 보조원이 4배이상으로 증가하여 총 인원 7~8천명의 선을 유지하는 것을 볼 수 있다. 헌병경찰제 하에서는 헌병대 사령관은 조선총독부 경무총장을 겸했고, 각부대의 헌병대장은 각도의 경무부장을 겸했다. 1910년대 중엽인 1915년도 말 각도별 헌병 부대와 계급별 배속 인원은 다음 두 표와 같다. 이 기관과 인원수는 1919년 3·1운동이 일어날 때까지도 큰 변동은 없었다.

조선주차헌병대 일람표(1915년 12월 31일)

도별	사령부	본부	분대	분견소	파견소	출장소	합계
경기	1						1
경기		1	6	10	33	53	103
충북		1	4	5	10	22	42
충남		1	4	3	12	34	54
전북		1	4	6	9	35	55
전남		1	5	6	25	25	62
경북		1	6	5	24	38	74
경남		1	4	8	7	29	49

황해		1	7	10	34	49	101
평남		1	5	8	14	58	86
평북		1	8	6	38	43	96
강원		1	10	10	37	51	109
함남		1	8	11	36	55	111
함북		1	7	11	37	39	95
계	1	13	78	99	316	531	1,038

조선주차헌병대 직원 현재표(1915년 12월 31일)

부대(도)	장관	좌관	위관	준사관	하사	상등병	보조원	합계
헌병대사령부	1	2	5		5		57	70
경성헌병대(경기)	1	7	4	75	279	480	846
청주헌병대(충북)	1	5	1	33	84	178	302
공주헌병대(충남)	1	5	1	35	101	197	340
전주헌병대(전북)	1	5	1	35	106	196	344
광주헌병대(전남)	1	6	1	51	150	303	512
대구헌병대(경북)	1	7	1	57	169	341	576
진주헌병대(경남)	1	5	2	35	117	203	363
해주헌병대(황해)	1	8	2	70	226	472	779
평양헌병대(평남)	1	6	1	46	159	272	485
의주헌병대(평북)	1	9	2	67	238	440	757
춘천헌병대(강원)	1	11	2	93	270	584	961
함흥헌병대(함남)	1	9	1	75	273	501	860
함경헌병대(함북)	1	8	1	75	245	460	790
계	1	15	96	20	752	2,417	4,684	7,985

*출전 : 朝鮮憲兵隊司令部 編, 『朝鮮憲兵隊歷史』제5권, 東京:不二出版, 2000, 135쪽.

참고로 1910년대 조선 주둔 일본군 지휘관을 도표화하면 다음과 같다.

1910년대 조선 주둔 일본군 지휘관(1910~1919)

주둔군 명칭	사령관			참모장			헌병대 사령관		
	계급	이름	임명일	계급	이름	임명일	계급	이름	임명일
한국 주차군 (~1910.8.24)	대장	大久保春野	1908.12.21	소장	明石元二郎	1908.12.21	소장	明石元二郎	1910.6.15

	대장/중장			소장			소장/중장		
조선 주차군 (~191 8.5.28)	대장	大久保春野	1910.8.24	소장	榊原昇造	1910.6.15	소장	明石元二郎	1910.8
	중장	上田有澤	1911.8.18	소장	柴勝三郎	1910.11.30			
	중장	安東貞美	1912.2.14	소장	立花小一郎	1912.9.28			
	중장	井口省吾	1915.1.25	소장	古海嚴潮	1914.4.17	중장	立花小一郎	1914.4
	중장	秋山好古	1916.8	소장	白水淡	1916.4.1	소장	古海嚴潮	1916.4
	중장	松川敏胤	1917.8	소장	市川堅太郎	1917.10			
조선군 (1918. 5.29~)	중장	松川敏胤	1918.5	소장	市川堅太郎	1918.5	중장	兒島惣次郎	1918.7~ 1920.8
	장	宇都宮太郎	1918.7~ 1920.8	소장	大野豊四	1918.7~ 1921.6			

결국 다음 장에서 살펴볼 3·1운동 탄압과 한인 학살은 우쓰노미야[宇都宮 太郎] 조선군사령관이 지휘하는 조선군 2개 사단 병력 약 16,000여명과 고 지마[兒島惣次郎] 조선헌병대사령관이 지휘하는 조선헌병대 병력 약 8,400 명이 합동으로 저지른 일본군의 민간인 학살 만행이라고 할 수 있다.

3. 일본군의 3·1운동 탄압과 한인 학살

1919년 3월 1일 서울, 평양을 비롯한 전국 주요 도시에서 3·1독립만세운 동이 일어나자, 일제 헌병경찰들과 함께 일본군은 즉각 이 운동의 탄압에 뛰어들었다. 당시 조선군사령관 우쓰노미야[宇都宮太郎]는 일본육군대신 다 나카[田中義一]에게 당일 전보로 그 사실을 다음과 같이 보고하고 있다.

"京城의 학생 2, 3천명이 오늘 1일 오후 3시경 대한문 앞에 집합하여 독립을 선언하고 창덕궁으로 향하였으며, 일부는 궁안에 침입하려 했으나, 이를 제지하 였다. 위와 같이 형세가 다소 불온하므로 경무총장의 청구에 의하여 보병 3개중 대, 기병 1개 소대를 파견하여 원조하였다. 또 宣川에서도 독립운동이 있어 그

지역 철도원호대는 경찰관을 원조하여 이를 해산시켰다고 하는데 아직 상세한
보고는 접하지 못했다.”[18]

당시 경무총장은 조선주차헌병대 사령관이 겸하고 있었으므로, 그의 요청
에 의해 군대를 파견하였다고 보고하고 있다. 헌병경찰제 하에서 경찰간부
는 조선주차헌병이 겸하고 있었으므로 경찰과 헌병이 출동하는 것은 당연하
였지만, 3·1운동 초기 조선군의 출동은 총독이나, 경무총장, 주둔 지역 도장
관, 헌병부대장의 요청에 의해 이루어졌던 것이다. 이에 대한 좀더 상세한
보고는 같은 날 조선헌병대사령관 고지마[兒島惣次郎]가 일본 육군대신 다
나카에게 보낸 다음과 같은 전보이다.

“앞서 전보한 경성에서 군중의 운동은 오후 7시경 일단 진정되고 충돌은 없
었다. 또한 시위의 목적으로 보병 3중대, 기병 1소대를 출동시켜 엄중 경계중이
다. 이곳 외에 평북 선천, 원산, 평양, 진남포에서 군중이 같은 종류의 운동을 하
고, 평양에서는 일단 해산되었지만, 밤에 들어 폭동이 일어날 우려가 있으므로
군대 110명을 출동시켰다. 또 선천에서는 철도경계중인 군대가 응원하여 오후
5시에 진정되었는데, 군중 가운데 다소 부상자가 있다.”[19]

첫날만 하더라도 일제가 전혀 예상치 못한 만세시위여서 당황했고, 정해
진 대책이나 방침이 없었으며, 만세시위도 평화적 시위였기 때문에 일부 부
상자는 나왔지만, 가혹한 탄압이나 살상은 없었던 것 같다. 그러나 그 이튿날
부터 시위가 전국적으로 확산되고, 그 열기가 더해가면서, 헌병경찰들과 파견
일본군의 시위대에 대한 가혹행위와 시위 지도자들의 체포 구금이 이루어지
자, 시위대와 충돌이 발생하였고, 그 과정에서 사상자들이 속출하였다.
3·1운동이 일어난 이래 일본군이 시위대에 총을 발사하여 사상자를 냈다

---

18) 「京城 宣川지역의 시위운동 및 파병 상황」(密受 제102호, 제74호, 朝督 제1호,
　　1919. 3. 1).
19) 「宣川 元山 平壤 鎭南浦의 萬歲示威 및 派兵 상황」(密 제102호 其4, 제8호, 1919. 3. 1).

는 최초의 보고는 3월 3일에 일어난 황해도 수안 사건이다. 조선헌병대 사령관이 1919년 3월 4일 일본 육군대신에게 보낸 전보에서 "3일 평안남도 황해도에 같은 식의 운동이 계속하여 수안에서는 군중이 전후 3회에 걸쳐서 헌병분견대를 습격하였으므로 헌병은 부득이 병기를 사용하여 제2회에서 '暴民' 사망자 6명, 부상자 9명, 제3회에서 사망자 3명, 부상자 9명을 내었다. 그대도 내습할 징후가 있기 때문에 평양으로부터 보병 40명을 응원차 수배중이다."라고 보고하고 있다.[20] 이 보고서는 시위대가 헌병분견대를 습격하여 부득이 자위권을 발동하여 병기를 사용한 것처럼 보고하고 있다. 그러나 실상은 전혀 달랐다. 이 사건은 미국인 선교사에 의해 비밀리에 선교부에 보고되어 일제의 만행에 대한 증거자료로 The Korean Situation에 실렸는데, 그 내용은 다음과 같다.

"3월 들어 처음 며칠 동안 시위가 일고 있을 때 2~3백명이 황해도 수안읍에 있는 헌병분견대를 찾아가 한국이 독립을 선언했으니 떠나가라고 말했다. 헌병들은 한국이 독립을 성취했다면 물론 떠나갈 것이라고 대답하고, 그러나 떠나기 전에 서울로부터 떠나라는 명령을 받아야 한다고 말했다. 군중은 이 말을 듣고 만족하여 가버렸다. 두 시간 뒤에 또 군중이 몰려와 같은 요구를 했다. 이번에는 헌병들이 그들에게 발포하여 5명을 사살했다. 그 외 많은 사람들이 부상하고 투옥되었다. 그 후 한 노인이 헌병대로 찾아가 한국인에게 자행한 처사에 항의했다. 헌병들은 이 노인도 쏘아 죽였다. 노인의 부인이 찾아와서 남편의 시체를 보자 그 옆에 주저앉아 한국의 관습에 따라 울부짖었다. 이 여인은 조용히 하라는 말을 듣지 않고 통곡을 하다가 역시 죽음을 당했다. 그 날인지 다음날 아침인지 이 부부의 딸도 헌병대에 찾아갔으나 칼에 맞아 죽었다."[21]

시위대에 대한 것은 그렇다고 하더라도 힘없는 노인과 그 부인, 그의 딸

---

20) 「제3보」(密受 제102호 其 12, 3월 4일 제11호), 『韓國民族運動史料』(三・一運動篇 其一), 국회도서관, 1977, 5~6쪽.
21) The Korean Situation, 1919, pp. 32~33.

까지 학살한 것을 어떻게 자위권 발동이라고 변명할 수 있겠는가?

헌병경찰에 의한 시위대 발포와 학살은 3월 4일 평안북도 成川에서도 일어났다. 그 지역 천도교인이 주축을 이룬 수천명의 시위대가 성천읍 천도교 구당 앞에서 오전 11시경에 독립선언식을 갖고 만세시위에 들어가 성천헌병분대 앞에 이르자 정문을 막고 일렬로 경계를 하던 헌병경찰들이 분대장의 지휘하에 일제히 시위대에게 실탄 사격을 하여 그 자리에서 20여명이 사망하고, 70여명이 부상을 입었다. 이 과정에서 이를 지휘하던 헌병분대장이 자신들의 병기에 우측 어깨 밑에 중상을 입어 얼마 후 사망하였다. 그러자 평양에 주둔하면서 이 지역 방위를 맡고 있던 보병 제77연대는 장교이하 20명의 병사를 자동차와 자전거로 급파하고,[22] 평안북도 장관의 요청에 의해 12명을 더 파견하여 총 32명의 일본군을 시위 탄압에 가담케 하였다.[23] 이 시위에서 시위대들이 "곤봉과 도끼 등 흉기를 가지고 … 헌병대를 습격해 부득이 발포"했다고 보고하고 있지만, 이것은 그들의 학살을 합리화하기 위한 허위보고에 불과했다. 이 성천 시위는 그날이 첫날이었고, 3·1운동은 그 선언서에서부터 비폭력 저항을 지향하고, 폭력을 극히 경계하였기 때문에 첫날부터 흉기를 들고 헌병대를 습격하지는 않았을 것이기 때문이다.

3월 10일 평안남도 맹산에서 일어난 사건은 그들의 보고를 그대로 믿는다고 하더라도 일본군에 의한 명백한 한인 학살로 밖에 설명할 수 없는 사건이다. 이 사건은 3·1운동 기간 중 국내에서 일어난 가장 많은 희생자를 낸 사건이다. 나중에 조선군사령부에서 보고한 보고서에서 이 사건의 개요를 다음과 같이 보고하고 있다.

22) 「조특 제13호」(密受 제102호 其 19, 3월 5일 제82호), 『現代史資料』 朝鮮 25, みすず書房, 1967, 93쪽.
23) 「조특 제17보」(密受 제102호 其 28, 3월 7일 제23호), 『韓國民族運動史料』(三·一運動篇 其一), 국회도서관, 1977, 12쪽.

"3월 6일경부터 평안남도 맹산군 맹산에서 소요가 일어났으므로 보병 제77 연대장은 이노우에[井上] 중위 이하 10명을 맹산으로 파견하다. 이 부대는 3월 10일 오전 9시 20분 맹산에 도착했다. 그런데 맹산에서는 그날 약 100명의 '폭민'이 집합하여 오후 3시를 기하여 운동을 개시할 계획이므로 행동 개시에 앞서 헌병분견소장은 시장에 집합을 하면 부민 중에 그들에게 유인되는 것을 우려하여 주모자를 검거하려고 하여 오후 2시 이지리[井尻] 헌병오장 이하로 천도교 도 약 100명을 맹산공립보통학교 교문 앞에 모이게 하여 해산을 명하고 주모자 4명을 헌병분견소로 끌고 가려고 하였더니, 그들 일동은 끝까지 완강히 저항하고 헌병오장 이하 5명을 둘러싸고 주먹으로 구타 혹은 돌을 던지는 등 폭행을 하면서 분견소에 밀어 닥쳐 유리창을 깨뜨리고 돌을 던지며 유치하려는 주모자 4명을 빼앗으려고 '폭도' 일동이 분견소 사무실 안으로 들어왔다. 헌병 일동은 이를 제지하려 하였으나 다시 폭행을 감행하였으므로 이노우에 중위는 시기를 미루어서는 안될 것을 알고 하사 이하와 헌병을 지휘하여 뒤뜰에서 사무실에 있는 '폭도'에 대하여 사격을 명하였다. 그런데 헌병 상등병 1명과 보조원 감독 1 명이 없다는 것을 알고 일시 사격을 중지하였더니 사토[佐藤] 헌병상등병이 전사하고 보조원 감독이 부상해 있으므로 이를 뒤뜰로 끌어냈다. 그러나 '폭도'는 그래도 폭행을 하므로 다시 사격을 하여 이를 해산시켰다. 그리하여 사격 시간은 3분이었으며, 사격 정지 후에 보병은 분견소 내외 경비를 하고, 헌병은 사체 검사를 하였다."[24]

이 사건으로 시위 주동자로 지목되었던 4명을 비롯한 51명의 한인이 현 장에서 총을 맞아 죽었고, 3명은 부상을 입고 도망가다가 죽어 모두 54명이 죽고, 13명이 부상하였는데 부상자는 모두 도망하였다고 한다. 그러나 일본 군의 피해는 자기들이 쏜 총에 의해 1명이 죽고 한명이 부상한 이외에는 없 었다고 보고하고 있다. 이 부분에서 이 보고서는 앞뒤가 맞지 않는다. 어떻 게 그 많은 시위대들이 폭행을 했다면, 이들에 의한 일본군의 피해자가 한 사람도 없었겠는가? 또한 이 보고서는 이 때 소모한 실탄을 "38식 보병총 실탄 38발(보병), 10발(헌병), 26식 권총 실탄 28발(헌병)"이라고 보고하고

24) 「3월 10일 평안남도 맹산에서 소요 진압 정황」, 『現代史資料』 朝鮮 26, みすず書 房, 327~328쪽.

있는데, 만약에 이것이 사실이라면, 이것은 한 사람 한 사람에게 대해서 조준 사격을 했다고 밖에 달리 설명할 길이 없는 것이다. 또한 파견병을 이끌고 간 이노우에 중위를 비롯한 보병들이 분견대 사무실 뒤뜰에 모여 있었고, 헌병들도 그곳으로 빠져 나온 것을 보면, 시위대를 그곳에 유인해서 학살한 것으로도 볼 수 있다. 그럼에도 불구하고 이 사건은 전혀 문제가 되지 않았다. 오히려 그 다음날인 3월 11일자로 일본 총리 하라 다카시[原敬]가 조선총독 하세가와 요시미치[長谷川好道]에게 전보로 보낸 다음과 같은 비밀 지령은 이러한 일본군의 만행을 추인하고 지지하는 것이라고 할 수 있다. 다만 외국인의 주목과 비판을 피하도록 주의시키고 있다.

"지급 친전
이번 소요사건은 안팎으로 표면상 극히 경미한 문제로 간주되도록 주의할 필요가 있다. 그러나 실제적으로는 엄중한 조치를 취하여 장래 또 다시 발생하지 못하도록 할 것이며, 다만 조치를 취하는 것에 대해서는 외국인이 가장 주목하는 문제이므로, 잔혹한 탄압이라는 비판을 받지 않도록 충분히 주의하기 바란다."[25]

이 지령으로 그 때까지 하세가와 총독의 3·1운동에 대한 일본군경을 동원한 강경 탄압책이 일본 정부로부터 추인을 받은 것이다. 그 다음 날로 조선군사령관은 총독의 명에[26] 따라 시위 방지를 목적으로 하는 조선군의 일

25) 「하라 내각총리대신이 하세가와 총독에게 보낸 지급친전 전보」(1919. 3. 11), 『現代史資料』 25 朝鮮 1, みすず書房, 105쪽 ; 原敬의 1919년 3월 11일자 일기(1950, 『原敬日記』 8, 乾元社, 174~175쪽).

26) 이 명령은 3월 11일자 "所要의 병력을 사용하여 鎭壓을 도모하라"는 명령을 가리킨다. 조선총독은 이 명령에 대해서 일본 군부대신에게 다음과 같이 전보로 통보하고 있다. 전보 제8호(1919년 3월 11일) "본월 1일부터 소요사건(암호)에 관하여 군대의 사용은 조선 장래의 통치상에 악영향을 미치지 않도록 되도록 소요구역에 그치나, 모든 수단을 다하여 이를 예방함에도 불구하고 점차 北韓 및 南鮮지방에 만연할 징조가 있어 이제야 군대의 사용을 적극적으로 소요구역 외에도 미치도록 하여 이를 미연에 방지함이 필요한 정황에 이르렀음을 인정하여 오늘 (조선)군사령관에게 이에 관한 필요한 지시를 하였다."(『現代史資料』 25 朝鮮 1, みすず書房, 105~

시 (전국) 분산배치를 명령하고, 예하 부대에 이른바 군사령관의 '훈시'와 '군사령관의 희망'이라는 것을 내려 보냈다.

> "조참밀 제260호
> 소요사건 관련 군배치에 관한 건 명령
>
> 1. 조선내 각지에서 조선민의 폭동은 더욱 만연할 조짐이 있다.
> 2. 폭동을 미연에 방지 탄압할 목적으로 일시 별지 부도와 같이 부하 군대를 배치할 것이다. 단 평안남북도와 황해도에서의 배치는 현황에 응해서 제19사단장이 이를 규정한다. 이를 위해 보병 제39여단(보병 제78연대본부와 2개 대대 결)을 사용할 수 있다.
> 3. 각 부대장으로 하여금 위 배치에 따라 수비근무규정 제3조에 의해 수비관구를 구분하고 지방경무기관 및 지방관헌과 긴밀한 연계를 갖고 준비상 유감이 없기를 바란다.
> 4. 종래 배치해 있는 철도엄호대는 그대로 그 임무를 계속케 하고 또 할 수 있는 한 소재지 관할 수비대장 또는 경무기관과 협력하여 소요 진무에 임하게 하라.
> 5. 이 명령에 의한 배치는 되도록 속히 완료하여 각 수비지명, 부대명, 인원(隊長 씨명도)을 보고하라.
>
> 1919년 3월 12일 조선군사령관"[27]

우쓰노미야는 일본군의 무기 사용에 관해서 그의 '훈시'에서 "소요를 진압할 때 되도록 온화한 수단을 쓰고, 무기의 사용은 절대로 제한하여 참으로 부득이한 경우에 한정하지 않으면 안된다."고 대외적인 원칙론만을 언급하고 있다. '군사령관의 희망'에서도 "2. 무기 사용은 만부득이한 최후의 시기까지 정지할 것, 3. 만부득이하여 사용해도 그 사용은 필요의 최소한도로

106쪽) 그리고 이런 보고에 대해서 육군대신은 다음과 같이 동의 격려하고 있다. "귀하의 전보 제8호는 받아보았다. 군대 사용에 관한 귀하의 의견에는 지극히 동감한다. 이 때에 유감없는 수단을 강구하여 충분히 진압하기를 바라마지 않는다(陸 122, 3월 14일)"(『現代史資料』 25 朝鮮 1, みすず書房, 105쪽)
27) 「소요사건으로 군대 분산배치에 관한 보고」(밀수 제102호, 기 64, 조참밀 제265호, 1919. 3. 12), 『韓國民族運動史料』(三·一運動篇 其一), 국회도서관, 1977, 37~39쪽.

제하는 데 힘쓸 것, 4. 그 필요가 사라지면 곧 중지할 것"을 그야말로 '희망'하고 있다. 그러나 이러한 '훈시'와 '희망'이 오히려 일본군의 무기 사용을 합리화시켜주어 시위대 사상자 수가 전국적으로 늘어나게 하였음을 다음 표가 입증해 준다.

시위 지역·횟수 및 사상자 일람표(1919. 3. 1 ~ 4. 30)

도	지역	횟수	일제 군경		일반인		시위자		관공서 기타 피해
			사망	부상	사망	부상	사망	부상	
경기	143	225	2	22		3	72	240	55
충북	31	37		20			28	50	18
충남	56	65		8		4	39	121	11
전북	11	12					10	17	3
전남	10	14						4	
경북	27	30		13		3	25	69	12
경남	68	101		18	1	3	50	136	12
황해	81	104		30		3	36	79	17
평남	36	40	6	8		2	124	166	8
평북	59	94		18		2	107	349	10
강원	32	41		7		4	23	43	9
함남	43	60		9		4	27	94	4
함북	21	24		5			12	41	
계	618	847	8	158	1	28	553	1,409	159

* 자료 : 「소요 개소 및 사상자 수의 건」(騷密 제4403호, 1919. 6. 20)[28]

위 표는 조선총독부 경무국에서 1919년 6월 20일자로 보고한 보고서에 첨부된 표이다. 이 보고서의 본문은 "금년 3월 1일 이래 4월 30일까지 소요 사건에 관한 소요 개소, 횟수 및 피아 사상자 수 등은 이미 보도한 바 있지만, 이는 소요 당시에 조사에 의하여 오류 혹은 이후 발견 등이 적지 않아 이 번에 다시 재조사한 결과 별표와 같으므로 이에 정정한다."고 되어 있다. 따라서 이 표는 경무국에서 시위 당시의 보고서와 그 후 조사된 바를 반영하여 최종적으로 정리한 것이라고 할 수 있다. 이 표에 의하면 3~4월 2달

28) 강덕상, 『現代史資料』 25 朝鮮 1, みすず書房, 1967, 473~474쪽.

사이에 시위자 가운데 사망자가 553명, 부상자가 1,409명인 것으로 조사되고 있으며, 전라남도를 제외한 전국 각도에서 10명~124명까지의 사망자가 나왔고, 사망자를 기준으로 희생자가 많은 도를 순서별로 살펴보면, 평안남도(124명), 평안북도(107명), 경기도(72명), 경상남도(50명)로 나타난다.

많은 한계가 있기는 하지만, 일본군 출동과 희생자에 관한 가장 종합적인 보고서는 1919년 9월 29일자로 조선군사령관 우쓰노미야가 일본 육군대신 다나카에게 보고한 「조선소요사건에서 사상 수의 건 보고」라고 할 수 있다. 이 보고서의 도표는 단순한 인용차원에서 몇몇 논문에서 이미 게재 소개된 적이 있으나,[29] 이를 좀 더 면밀히 분석 검토하여 이 도표의 의미와 한계를 밝힐 필요가 있다. 우선 기존의 도표에 개략적인 시위대 규모만 필자가 보완하여 도표를 다시 정리하면 다음과 같다.

번호	월일	6도	지역	부대	인솔자	파견인원	유형(군경)	시위대규모	한인사망	한인부상	일군사망	일군부상	비 고
1	3월1일	평남	평양	보77	장교	140	협력	2000				1	시위대의 돌에 맞은 병사
2	3월1일	평북	선천	보77	장교	25	협력	1000		12			
3	3월2일	평남	상원	보77	장교	11	협력	다수		3			
4	3월3일	평남	상원	보77	장교	18	협력	120		43			
5	3월4일	평남	성천	보77	장교	24	협력	2000	25	23	1		"군대 도착 전 헌병 분대장 중상 후 사망, 한인 가운데 2명은 집에 돌아간 후 사망"
6	3월4일	평북	선천	보77	장교	44	협력	6000		3			
7	3월4일	평북	차련관	보77	하사	8	협력	500		2			
8	3월4일	평북	동림	보77	하사	6	협력	600		3			
9	3월5일	평남	성천	보77	장교	32	협력	2000	1	1			
10	3월6일	평남	일병리	보77	장교	6	협력		2	1			1명은 중상 후 사망
11	3월6일	평남	온정리	보77	장교	11	협력	300	2	9			

29) 백종기, 「3·1운동에 대한 일제의 무력탄압과 세계중요제국의 여론」, ≪대동문화연구≫ 제19집, 성균관대학교, 1985, 126~129쪽 ; 채영국, 「3·1운동 전후 '조선군'(주한일본군)의 동향」, ≪한국독립운동사연구≫ 제6집, 독립운동사연구소, 1992, 23~27쪽.

12	3월7일	평북	철산	보77	하사	8	협력	5000	6	57			"중상 7명은 위독, 여 1"
13	3월7일	평북	선천	보77	장교	30	협력	200		14			
14	3월9일	평남	영원	보77	장교	10	협력	100	15	38		1	헌병 군조 부상
15	3월10일	평남	맹산	보77	장교	10	협력	100	54	13	1	1	"헌병 상등병 사망, 보조원 부상"
16	3월15·16일	함북	화태동	기27	하사	13	협력	5000	3	11			"사망 3, 부상 9에는 헌병측의 화기에 사상한 자 포함"
17	3월17일	함남	신창	보74	장교	16	독립	수십명		4			설득할 때 구타 사상인원은 추정
18	3월17일	평북	대관	보77	장교	16	협력			3			체포 때 저항하다
19	3월17일	경북	예안	보80	하사	10	협력	1500		5			
20	3월18일	함남	거산	보74	하사	16	독립	70		4			설득할 때 구타 사상인원은 추정
21	3월18일	경북	안동	보80	장교	20	협력	100		11			
22	3월19일	경북	영덕	보80	상등병	3	협력	100	4	18			
23	3월19일	경남	군북	진해만중포병대대	특무조장	16	협력	3500	21	18	12		유탄에 의한 사상자 포함
24	3월20일	충남	강경	보80	상등병	8	협력			2			외국인 1명 경상
25	3월21일	경북	신덕	보80	졸	2	협력	100	2	4			
26	3월21일	경북	천지	보80	상등병	4	협력	200		1			
27	3월21일	경남	초계	보80	상등병	5	협력	3000	1	10			
28	3월21일	경남	단성	보80	상등병	3	협력	800	8	10			
29	3월22일	경남	용산	보80	상등병	2	협력	2000	3	8			
30	3월22일	경남	삼가	보80	상등병	5	협력	3000	5	20			(3월 23일)
31	3월23일	경북	안동	보80	장교	28	협력	2000	15	7			
32	3월27일	평북	의주	보77	장교	10	협력	3000					한인 사상자 3명 추정
33	3월27일	충북	이원	보80	하사	5	협력	700	1	1			
34	3월29일	평북	의주	보77	하사	5	협력			6			
35	3월31일	평북	정주	보77	장교	48	협력	3600	28	99			경상자 58명 포함
36	3월31일	평북	신시	보77	장교	15	협력	1000		3			
37	3월31일	평북	삭주	보77	하사	3	협력	1000	7	40		6	헌병의 부상
38	3월31일	평북	구성	보77	장교	13	협력	200	2	2			
39	3월31일	평북	남시	보77	하사	6	협력	5000	6	12			
40	3월31일	경기	군포장	보79	장교	5	독립	2000		2			
41	3월31일	평북	벽동	보77	장교	7	협력	200		3			

42	4월1일	평북	남시	보77	하사	6	협력	1500		1		
43	4월1일	평북	신시	보77	장교	15	협력	1500	5	3	4	"병졸 2명, 헌병 2명 부상은 시위대의 투석에 의한 것"
44	4월1일	평북	의주	보77	장교	20	협력	1200	1	4		
45	4월1일	평북	구룡포	보77	하사	9	협력	400	1			
46	4월1일	평북	구성	보77	장교	15	협력	900	2	6		중상후 사망
47	4월1일	평북	삭주	보77	장교	11	협력	다수	6	12		수천명 시위
48	4월1일	평북	벽동	보77	장교	26	협력	800	11	30		
49	4월1일	평북	창성	보77	장교	28	협력	1000	7	24	2	헌병보조원 부상
50	4월1일	평북	태천	보77	장교	15	협력	1000		6		(4월 2일)
51	4월1일	충남	병천	보79	장교	6	협력	3000	18	43		
52	4월1일	경기	병내면	보79	장교	12	협력		2	4		
53	4월1일	강원	횡성	보79	하사	10	협력	1000	3	3		
54	4월1일	충남	대전	보80	장교	22	협력	400	4	5		
55	4월1일	충남	광정리	보80	장교	16	협력	600		14		
56	4월2일	평북	대유동	보77	장교	13	협력	500		14		
57	4월2일	평북	초산	보77	장교	48	협력	3600	1		1	헌병 부상
58	4월2일	경기	죽산리	보79	상등병	4	협력	2000		1		
59	4월2일	강원	홍천	보79	상등병	3	협력	400	1	1	1	부상자 1명도 사망했을 것
60	4월2일	충남	광정리	보80	장교	16	협력	600	3	1		
61	4월2일	경남	함양	보80	특무조장	30	협력	2000	1	5		
62	4월2일	경남	언양	보80	상등병	11	협력	700		5		
63	4월3일	충북	광혜원리	보79	상등병	5	협력	1000	4	7		"해진 후이므로 확실치 않음, 사후 면사무소에서 조사한 것"
64	4월3일	경기	죽산리	보79	상등병	4	협력	2000	5	7		
65	4월3일	경기	양성면	보79	장교	25	협력		1	3		
66	4월3일	충북	서산	보80	하사	5	협력	300		5		
67	4월3일	충북	청산	보80	하사	6	협력	1000	2	5		
68	4월3일	충남	대천리	보80	하사	7	협력	1000	1	2		
69	4월4일	평북	삭주	보77	장교	11	협력		4	2		
70	4월4일	평북	신의주	보77	장교	166	협력		4	5		
71	4월4일	평북	광성면	보77	하사	10	협력	600	4			
72	4월4일	충북	영동	보80	하사	16	협력	2000	7	12		
73	4월4일	충남	강경	보80	상등병	7	협력	500	3	1		
74	4월4일	충남	선당리	보80	상등병	7	협력	200	1	7		
75	4월4일	전북	이리	보80	하사	6	협력	300	5	12		
76	4월4일	전북	남원	보80	하사	8	협력	1000	5	5		
77	4월5일	평북	북진	보77	장교	22	협력	300		8		
78	4월5일	평북	학송동	보77	하사	9	협력	300	6	25		

번호	날짜	도	지역	부대	계급	병력	구분						비고
79	4월5일	평북	청룡동	보77	하사	9	협력		7	5			
80	4월5일	경남	울산군 병영	보80	상등병	5	협력	800	2	5			
81	4월5일	경남	고현면	보80	상등병	3	협력		1				
82	4월5일	충남	홍동면	보80	상등병	5	협력		2	2			
83	4월6일	평북	대관	보77	하사	4	협력	8000	6	23			"군대도착 전 한인 사망자 약 30명, 부상자 약 60명이었던 같다"
84	4월6일	경남	선교	보80	장교	15	협력		1	2	2		
85	4월6일	경북	가천면	보80	상등병	3	협력		1				
86	4월6일	충남	안심리	보80	상등병	6	협력	1000	2	7			
87	4월7일	강원	고저	보79	하사	6	협력	200		7			
88	4월8일	평북	강계	보77	장교	46	협력	800	4			1	"한인 부상자 불명, 병졸 1명 경상"
89	4월8일	충남	산양리	보80	상등병	5	협력			2			
90	4월8일	충남	조금리	보80	상등병	5	협력	70	2	7			
91	4월8일	충남	부장리	보80	상등병	6	협력	50	1	2			
92	4월9일	강원	기사문리	보79	상등병	5	협력	600	9				기타 부상자 약간명 추정
93	4월10일	충북	광덕리	보79	하사	2	독립	300	1				
94	4월10일	경기	서탄면	보79	장교	10	협력	40	1	12			(진위군 금암리)
95	4월13일	전남	낙안	보80	상등병	10	협력	50		4			
96	4월15일	경기	제암리	보79	장교	11	협력	400	29				부상자 불명 (시위는 발안)
97	4월16일	경기	서신면	보79	상등병	7	협력	400	1				(수원군)
98	4월16일	경남	이동리	보80	하사	4	독립	50		1			
99	4월17일	충북	제천	파71	장교	23	협력	1000	4				
100	4월18일	경남	진주	보80	하사	7	독립	2000	1	1			
101	4월19일	경기	양성	보79	하사	30	협력			6			
102	5월4일	경기	용두	보79	하사	4	독립		1				
103	5월7일	경북	청도	보80	장교	8	협력		1	2			
104	6월1일	경기	양성	보79	하사	36	협력					1	시위자 검거를 돕다가 넘어져 견갑골 탈구
합계						1584		107,350	405	903	2	33	

* 자료 : 1. 「조선소요사건에서 사상 수의 건 보고」(1919. 9. 29), 『現代史資料』 26 朝鮮 2, みすず書房, 1967, 321~327쪽

2. 「소요사건 경과 개람표」, 『韓國民族運動史料』(三·一運動篇 其三), 국회도서관, 1977, 394~424쪽

이 도표의 한계는 이 도표를 작성한 조선군측에서도 분명히 인정하고 있
다. 즉 이 도표의 첫머리 도표 명칭 밑에 "주의 : 이 표의 인원은 현상의 관
찰에 의해 조사하고, 그 후 재삼 조사하였으나, 수비대의 교대 이동 등으로
정확한 조사를 할 수 없는 곳이 있다. 이에 반해 조선헌병사령부는 사상인
명부를 징수하여 조사하였으므로 그 보고의 인원과 이 표와 다른 곳은 헌병
대사령부의 조사인원이 정확하다고 믿는다."고 주기하고 있다. 이 도표는
3~6월까지 정리한 것임에도 불구하고, 앞에서 언급한 3~4월까지 정리한
경무국 보고보다 시위자의 사망자, 부상자 수가 훨씬 적다. 물론 이것은 이
도표가 군대의 출동만을 정리한 것이라고 변명할 수 있다. 그러나 그런 것
같지도 않다. 이 표에는 군대가 출동하여 사상자가 발생한 곳도 많이 누락
되어 있기 때문이다. 이 도표의 '주의'에서도 인정하고 있는 바와 같이 헌병
대사령부의 조사가 더 정확한 것이다. 그렇다면 이 도표의 성격은 분명하다.
이 도표의 통계는 일본군이 대외적으로 명백하게 인정할 수 밖에 없는 최소
한의 통계라는 것이다. 이 점은 동원 파견된 군대의 수만 보아도 명백하다.
이 도표에서 이러한 한계를 인정하더라도 3·1운동 기간 중 일본군에 의한
한인 학살을 입증하고 설명하는 데는 매우 유용한 자료라고 할 수 있다. 이
것은 일본군측에서도 인정하고 있는 통계 자료이기 때문이다. 우선 일본군
의 3·1운동 탄압과 한인 학살의 개략적인 동향을 파악하기 위해서 위의 표
를 자료로 다시 지역별, 파견 부대별로 정리하면 다음과 같다.

도별 한인 살상 인원 및 일본군 사상자(1919. 3. 1 ~ 6. 30)

도	부대	파병연인원	한인 사망	한인 부상	일본군 사망	일본군 부상
강원	보 79	24	13	11		1
경기	보 79	148	40	35		1
경남	보 80, 진해만중포대대	106	43	86		14
경북	보 80	78	23	48		
전남	보 80	10		4		
전북	보 80	14	10	17		
충남	보 80, 보 79	116	37	95		

충북	보 79, 보 80, 파보 71	62	19	30		
평남	보 77	254	99	131	2	3
평북	보 77	727	118	427		14
함남	보 74	32		8		
함북	기 27	13	3	11		
합계		1584	405	903	2	33

부대별 한인 살상 인원 및 일본군 사상자(1919. 3. 1 ~ 6. 30)

부대명	파병연인원	한인사망	한인부상	일본군사망	일본군부상	관할 지역(도)
보병 74	32		8			함남
보병 77	981	217	558	2	17	평남 평북
보병 79	185	76	96		2	강원 경기 충남 충북
보병 80	334	84	212		2	경남 경북 전남 전북 충남 충북
파견 보병 71	23	4				충북
기병 27	13	3	11			함북
진해만 중포병 대대	16	21	18		12	경남
합계	1,584	405	903	2	33	

위의 표에서 일본군에 의한 학살이 많이 자행된 지역은 평안북도(118명), 평안남도(99명), 경상남도(43명), 경기도(40명) 순으로 나타난다. 그리고 학살을 많이 자행한 부대는 보병 77연대(217명), 보병 80연대(84명), 보병 79연대(76명) 순이다.

3·1운동 기간 중 일본군에 의한 한인 학살 사건 가운데 대외적으로 가장 잘 알려진 사건은 1919년 4월 15일에 일어난 제암리교회 학살·방화 사건이다.[30] 이 사건은 잘 알려진 대로 사건 바로 다음 날인 16일 이 지역에 출장을

---

30) 이 사건에 대한 가장 종합적인 정리와 평가는 필자도 발표자로 참여한 바 있는 '문화유산의 해 학술회의(주제: 3·1운동과 제암리교회 사건, 1997년 4월 14일)'에서 이루어졌고, 여기서 발표된 논문들은 ≪한국기독교와 역사≫ 제7호, 1997에 수록되었다. 이 논문들은 일본어로도 번역되어 『三·一獨立運動と堤岩里敎會事件』, 神戶學生靑年センタ-出版部, 1998로 출판되었다.

갔던 영국영사 커티스(Raymond S. Curtice)와 그를 수행하였던 AP통신 서울 특파원 테일러(A. W. Taylor), 통역 미국선교사 언더우드(H. H. Underwood)에 의해서 우연히 목격되어 세상에 알려진 사건이다. 발안지역 시위를 탄압하기 위해 파병된 보병 79연대 소속 아리타[有田俊夫] 중위가 지휘하는 11명의 일본군 병사가 마을 남자들을 제암리교회에 모아 놓고, 문을 폐쇄하고 집중 사격을 하고 방화하여 예배당 안에서 21명, 예배당 밖에서 희생자의 부인 2명, 이웃 마을 고주리에서 6명, 총 29명을 학살하고 온 마을을 불태운 이 사건의 내막과 세상에 알려지게 된 경위는 이미 잘 밝혀져 있으므로 여기서 다시 재론할 필요는 없다.[31] 다만 여기서는 이 사건을 일본군측에서는 어떻게 처리하였는지 그 처리 과정을 살펴봄으로써 이 학살 사건에 대한 일본군측의 태도에 주목하고자 한다. 이 사건을 일본군측이 어떻게 처리했는지는 1919년 9월 일본육군성에서 인쇄·배포한 『朝鮮騷擾經過槪要』에 잘 요약되어 있다. 여기에는 제암리 사건에 대한 재팬애드버타이저지의 1919년 6월 4일자 보도 기사를 번역하여 게재하고, '설명'이라 하여 이에 대한 일본군측의 변명을 다음과 같이 덧붙이고 있다.

"이는 전술한 수원 안성지방 특별 검거반의 행동과 더불어 비난되는 바인데, 전술한 수원과 안성지방 소요의 餘禍를 받고 아직 민심의 안정을 보지 못한 때에 즈음하여 有田 중위는 수원군 발안장의 수비 명령을 받고 同地에 도착하여 해지방 暴民 특종의 暴虐을 듣고 혈기의 청년장교의 심성을 著大히 刺戟하자 그는 차제에 차라리 나아가 주모자인 야소교도와 천도교도를 剿滅하고 또 그 근거 소굴로 인정되는 것을 뒤엎어 화근을 끊는 것이 극히 필요하다는 판단에 따라 4월 15일 오후 출동 발안리 以西의 咽喉部인 제암리와 고주리의 폭도 중 가장 악성인 자로 인정한 야소교와 천도교도 20여명을 동지 야소교회당과 그 부근에 모으고 부하에 명하여 射殺 또는 刺殺케 하고 또 스스로 그 중의 1명과 부근에

31) 이 사건의 상세한 내막에 대해서는 이덕주, 「3·1운동과 제암리 사건」, ≪한국기독교와 역사≫ 제7호, 1997, 39~70쪽에 피해자들의 이름까지 잘 정리되어 있고, 이 사건이 세상에 알려지게 된 경위에 대해서는 김승태, 「제암리교회 사건과 서구인들의 반응」, ≪한국기독교와 역사≫ 제7호, 1997, 99~140쪽에 필자가 정리하였다.

있어 반항의 뜻을 보인 教徒의 妻女 1명을 斬殺하고 부하로 하여금 전기 교회당과 천도교회당으로 인정되는 민가와 교도의 1가옥에 방화케 하였는데 연소한 결과 촌락의 대부분을 소실하게 되었다.

중위는 진압의 수단에 부당한 것이 있으므로 우선 행정처분(重謹慎 30일)에 처하고 또 이를 군법회의에 붙였으나 심리한 결과 중위의 행위는 자기의 임무수행상 필요한 수단이며 당연히 해야할 것이라는 확신에서 나온 것으로 죄를 범하려는 뜻이 없는 행위라 하여 무죄가 되다.”

이러한 변명에서 제암리 사건을 대략적으로 인정하면서도 이 학살 사건을 지휘·명령하고, 그 스스로도 직접 부녀자 1명을 포함하여 2명이나 칼로 베어 죽인 아리타 중위에게 군법회의에서 “자기의 임무수행상 필요한 수단이며 당연히 해야 할 것이라는 확신에서 나온 것으로 죄를 범하려는 뜻이 없는 행위라 하여 무죄가 되었다”는 것이다.

이 사건이 세간에 알려져 일본군의 만행에 대한 비난의 화살이 쏟아지자, 일본군측은 일단 아리타 중위의 행위가 ‘상사의 훈시의 범위를 벗어난 것’이라 하여 중근신 30일의 행정처분을 하였다. 그러나 비난의 여론이 잦아들지 않자, 조선군참모부는 뒤늦게 군검찰의 기소를 결정을 하고 7월 17일 군법회의 회부하여 심리하게 하였다.[32] 결국 조선군 용산 육군군법회의에서는 8월 21일 아리타 중위에 대해서 무죄 판결을 내렸다. 조선군사령관 우쓰노미야가 판결이 나온 당일로 일본 육군대신 다나카에게 보고한 보고서에 첨부된 이 판결문은 이 사건에 대한 일본군의 시각과 논리를 잘 보여준다. 좀 길기는 하지만, 이 판결문 가운데 일본군측의 시각과 논리를 알 수 있는 부분을 발췌해서 인용하면 다음과 같다.[33]

---

32) 「朝特 제201호」(1919. 7. 17, 조선군참모장이 군무국장에게 보낸 전보) ; 「陸密 제224호, 有田중위 군법회의 심리의 건」(1919. 7. 19, 육군대신이 총리대신에게 보낸 보고).

33) 조선군사령관 宇都宮太都가 일본육군대신 田中義一에게 보낸 「아리타(有田) 중위에 관한 재판 선고의 건 보고」(1919. 8. 21) ; http://www.jacar.go.jp/ 아시아역사자료센터 소장 자료.

"판결서

廣島縣 豊田郡 吉名村 325번지 屋敷忠次郎 孫
보병 제79연대 소속
육군보병 중위 종7위 有田俊夫
　　　　　　　明治 24년 12월 1일생

위 자에 대한 살인 및 방화 피고 사건 심리를 마치고 판결함이 다음과 같다

주문

피고 俊夫를 無罪로 한다.

이유

피고는 대정 8년 4월 12일 경기도 수원군 발안리 부근에서 일어난 폭동진압
의 명을 받고 이튿날인 13일 하사 이하 11명을 인솔하여 그곳에 갔던 자인데,
…(중략)… 피고는 동년 3월 31일부터 4월 12일에 걸쳐서 마침 충청남도 천안군
良岱 지방의 수비에 복무하고 개인적으로 이르기를 '이번 폭동은 일조일석에 발
생한 것이 아니라 저들 조선인 가운데 제국의 치하에 있는 것을 기꺼워하지 않
고, 다년 우리 관헌에 대하여 반감을 품고 있는 불령의 무리가 우연히 민족자결
론과 이에 관한 사례에 자극과 격려를 받아 반항의 뜻을 결심한 것이기 때문에
이 결의는 본래 보통 수단으로는 제거할 수 있는 것이 아니다. 요컨대 이들 주모
자를 찾아 박멸하고 그 소굴을 뒤엎음으로써 그 잘못된 희망을 근절시키지 않고
서는 도저히 진정의 공을 이룰 수 없다.'고 했다. 때마침 신문지는 각 지역 폭동
의 상황이 더욱 악화되고 있고, 머지 않아 토벌을 명령해야 한다는 취지를 보도
하고, 이어서 폭동진압에 관한 조선군 사령관의 훈시 및 보병 제40여단장의 명
령이 있었다. 그리고 이 훈시 및 명령은 본래 피고가 이해하고 있던 것과 같은
취지는 아니지만, 피고는 자기 소신에 기초하여 이를 토비토벌과 같은 종류라고
하는 취지로 오해했다. 이에 피고는 점점 사태가 용이하지 않은 것을 살피고 있
을 때 마침 전게 발안리에 출동명령을 받게 되었던 것이다. …(중략)… 그런데
피고가 발안리에 와서 현재 내지인의 밤낮 경계 때문에 피로 곤비하고 안색이
초췌한 상황에 있음을 목격하자 더욱 사태의 중대함을 살피고, 이러한 추이가
극에 달하면 화근이 점점 더 깊어지고, 점차 폭발하기에 이르러서 이를 진압하
려 하더라도 헛되이 그들의 술수 가운데 빠질 것이고, 차라리 나아가서 주모자
인 예수교도 및 천도교도를 소멸하고 또 그 근거 소굴로 인정되는 곳을 뒤엎어

화근을 끊는 것이 자기의 임무 수행상 당연한 최선의 처치로서 또 받은 훈시명령의 본뜻에 맞는 것이라고 확신하여 이를 같은 곳 경찰관에게 고함으로써 그 의견을 구하고 이 역시 같은 의견이라는 뜻으로 대답함으로 피고는 점차 그 소신을 굳게 하고, 따라서 피고는 발안리 서쪽의 인후부인 제암리 및 고주리의 폭도 가운데 가장 악질인 자로 인정되는 예수교 천도교 두 교도를 소탕 토벌하고 또 그 근거를 전복시키기로 결심하고 같은 달 15일 오후 3시경 부하인 하사 병졸 11명을 이끌고 제암리 및 고주리에 도착하여 그곳의 예수교회당 및 부근 빈터에 제암리에 사는 교도 16세 이상 58세 이하의 남자 21명, 고주리의 교도인 18세 이상 50세 이하의 남자 6명을 불러 모아 부하에게 명하여 이를 사살 또는 찔러 죽이게 하고, 그 가운데 1명은 피고 자신이 이를 목을 베고, 또 우연히 부근에 있던 교도의 처 여자 한 명이 피고 등의 행동을 보고 두려워하지 않고 도리어 욕설을 퍼부어 반항의 뜻을 보이므로 이를 너그러이 놓아주기에는 화근을 끊는 임무를 다하는 것이 아니라고 확신하고 이 역시 피고 자신이 이를 목베어 죽이고, 또 부하에게 명하여 교도들이 설립한 앞에 든 예수교회당 및 천도교회당이라고 인정되는 민가 및 교도의 한 가옥에 방화하게 하여 교도 이외의 자의 가옥에도 이어 불타게 하여 마침내 27호를 불태우기에 이르렀다. 또 한 명의 부녀가 유탄에 맞아, 이튿날인 16일에 숨이 끊어졌다.

법을 살펴보건대 무릇 범죄로서 형을 부과하려면, 범인에게 죄를 범할 의도가 있을 것을 요하고, 예외로서 범의가 없는 행위를 처벌하려면 특별한 규정이 있는 경우가 아니면 안된다는 것은 형법 제38조 제1항에 명시한 바가 있다. 그런데 피고의 행위는 훈시 명령의 오해에서 나온 정당히 폭동진압의 임무에 복무한 것이라고 말할 수 없기 때문에 유죄라는 것을 면할 수 없을 것 같지만, 피고는 임무 수행상 필요한 수단으로서 당연히 해야한다고 확신함으로써 이에 이르렀기 때문에 피고의 행위는 요컨대 이를 범의가 없는 것이라고 하지 않을 수 없다. 또 이로써 과실로 인한 범죄를 구성하는 것으로 인정할 수 없을 뿐만 아니라 달리 이러한 행위를 처벌할 특별 규정이 없으므로 결국 피고에 대하여는 무죄의 언도를 하지 않을 수 없는 것으로 이에 주문과 같이 판결한다.

大正 8년(1919) 8월 21일
조선군 용산 육군군법회의
판사장 이하 官氏名 생략"

이 판결문에서 유의할 점은 아리타 중위가 이 사건을 일으키기 전에 이미 "주모자를 찾아 박멸하고 그 소굴을 뒤엎음으로써 그 잘못된 희망을 근절시키지 않고서는 도저히 진정의 공을 이룰 수 없다"고 생각하고 있었고, 더욱 이 "폭동진압에 관한 조선군 사령관의 훈시 및 보병 제40여단장의 명령"을 듣고, 이 훈시와 명령을 "자기 소신에 기초하여 이를 토비토벌과 같은 종류라고 하는 취지로 오해했다"는 것이다. 여기서 '오해'라는 표현이 적절하지는 않지만, 아무튼 이 사건을 일으키기 전에 아리타 중위가 이런 만행을 저지를 의도를 가지고 있었음을 이 판결문에서도 인정하고 있다. 그렇지만 법적용에서는 "피고의 행위는 훈시 명령의 오해에서 나온 정당히 폭동진압의 임무에 복무한 것이라고 말할 수 없기 때문에 유죄라는 것을 면할 수 없을 것 같지만, 피고는 임무 수행상 필요한 수단으로서 당연히 해야한다고 확신함으로써 이에 이르렀기 때문에 피고의 행위는 요컨대 이를 범의가 없는 것이라고 하지 않을 수 없다."고 하여 오해로 인한 확신범으로 몰아가 "이러한 행위를 처벌할 특별 규정이 없으므로 결국 피고에 대하여는 무죄의 언도"를 한다는 것이다. 이는 누가 보더라도 아리타 중위의 무죄 선고를 합리화하기 위한 억지 논리라고밖에 볼 수 없다. 다만 이 판결문이 의미가 있는 것은 아리타 중위를 비롯한 일본군의 학살·방화 만행을 일본군측도 인정하고 있다는 점이다.

이 사건이 무죄로 마무리 되자, 조선군사령관 우쓰노미야는 아리타 중위의 직속 상관들에게 받아두었던 사직서를 모두 반려하고, 9월 3일자로 이 사실을 일본 육군대신에게 전보로 보고하고 있다.[34] 그는 그 때까지 여론의 추이에 따라 이를 처리하려고 보류하고 있었던 것이다.

---

34) 「朝 48」(1919. 9. 3, 조선군사령관이 육군대신에게 보낸 전보), 이 때 조선군사령관이 사직서를 반려해 준 아리타 중위의 직속 상관들은 다음과 같다. 제20사단장 淨法寺五郎, 제40여단장 內野辰次郎, 군참모장 大野豊四, 제79연대장 富塚.

4. 맺음말

이상에서 자타가 공인하는 3·1운동 기간 중 일본군에 의한 한인 학살의 성격을 규명하기 위하여, 1910년대 일본군의 조선 주둔과 증원·배치에 대해서 정리하고, 이어서 일본군의 3·1운동 탄압과 한인 학살과 관련된 일제 측이 인정하는 그들의 보고서와 통계를 분석하였다. 이제 이런 작업을 통해서 알 수 있었던 3·1운동 기간 중 일본군에 의한 한인 학살의 성격을 요약·정리하면 다음과 같다.

첫째, 일제 헌병경찰은 물론 일본군(조선군)은 3·1운동 초기부터 평화적 만세시위를 하는 맨손의 한국인을 무력으로 탄압하였다.

둘째, 일본군에 의한 무력 탄압은 조선총독과 헌병대사령관, 조선군사령관의 명령과 지시에 의한 것이었으며, 1919년 3월 11일 일본 내각과 총리대신의 사후 인가와 지시에 따른 것이었다.

셋째, 일본군에 의한 한인 학살 만행은 한국인이 먼저 폭력시위를 하였기 때문이라고 주장하나, 이는 전혀 근거가 없는 것으로, 오히려 일제측의 가혹한 탄압과 만행 때문에 폭력시위가 된 경우가 가끔 있었다.

넷째, 일제측(헌병대와 조선군)의 사상자 통계와 보고는 그들이 대외적으로 인정할 수밖에 없는 최소한의 것이며, 그들의 보고서만 대조해 보더라도 누락되고, 통계가 일치하지 않는 곳이 많다.

다섯째, 군대에 의한 민간인 학살 만행은 비인도적인 범죄임에도 불구하고, 일본군은 이러한 일을 전혀 문제삼지 않았으며, 유일하게 국제적인 여론의 압력에 밀려 문제 삼았던 제암리교회 학살·방화 사건에 대해서도 그 직접적인 책임자인 아리타 도시오[有田俊夫] 중위에게 군법회의에서 무죄를 선고하였다.[35]

---

35) 이 사건의 처리 과정에 대해서는, 김승태, 「일제의 제암리교회 학살·방화 사건 처리에 관한 소고」, ≪한국독립운동사연구≫ 제30집, 독립기념관 한국독립운동사연구소, 2008, 417~448쪽 참조.

러시아 연해주지역의 4월참변과 한인학살

반 병 률*

1. 머리말

4월참변이란 1920년 4월 4일 밤부터 5일 새벽 그리고 늦게는 4월 8일까지 일본군이 러시아 연해주 일대의 러시아혁명세력과 한인들을 공격한 만행적 사건을 말한다. 일본군은 볼세비키와 사회혁명당이 연합한 러시아혁명정부의 공공기관에 대한 공격과 함께 블라디보스토크, 니콜스크-우수리스크, 스파스크, 하바로브스크, 포시예트, 수찬(수청) 등지의 한인들을 공격하고 대량체포, 방화, 파괴, 학살 등의 만행을 자행하였다.

일본군은 블라디보스토크의 신한촌을 습격하여 한민학교에 주둔하던 러시아군 50명에 대한 무장해제를 단행하고 한인단체사무소와 가택을 수색하고 60여명을 검거하였다. 이 과정에서 일본군은 한민학교와 한인신보사 건

---

* 한국외국어대학교 사학과 교수

물을 방화하였으며, 헌병분견대를 주둔시키고 자위대라는 헌병보조기구를 창설했다. 니콜스크-우수리스크(현재의 우수리스크)에서 일본군은 한인 76명을 검거하고 4월 7일에는 이들 가운데 저명한 한인지도자인 최재형, 김이직, 엄주필, 황경섭 등 4명을 총살하였다.

4월참변은 1919년 3·1운동 이후 만주와 러시아연해주에서 독립군 부대들이 우후죽순처럼 대거 등장하고 독립군 참여청년들과 무기수집 등 일본을 상대로 한 무장투쟁운동이 강화되어가고 있던 상황에 대하여 일본측이 행한 반동적인 역공세였다. 1919년 여름 이후에는 독립군 부대들이 압록강과 두만강을 건너 일본수비대를 공격하는 일이 잦아져 식민지조선 방위에 위기를 느꼈던 것이다. 다른 한편으로 1919년말 이후 1920년 초에 걸쳐 러시아지역에서 볼쉐비키당을 주축으로 한 러시아혁명세력이 일본과 서구열강의 지원을 받는 시베리아와 원동러시아 지역의 백위파정권들이 붕괴되는 상황에서 일본제국주의자들이 러시아혁명세력과 한인독립운동세력의 연대를 두려워하여 일으킨 국제적 고립상태에서의 몸부림이었다.

4월참변에 관하여는 일본인 역사학자 하라 테라유키[原輝之] 등에 의한 훌륭한 연구성과들이 있다. 이 글에서는 하라 테라유키의 연구를 비롯한 기존의 연구성과들을 참조하였다. 이 글에서는 특히 니콜스크-우수리스크에서 일본헌병대에 학살된 최재형 등 4명의 애국지사들에 관한 새로운 자료들을 활용하였다.

2. 4월참변 직전의 정세변화

1) 러시아극동지역에서의 혁명세력 확대

1919년 말이래 시베리아와 극동러시아지역의 백위파정권들이 혁명세력에 의하여 차례 차례 붕괴되고 있었다. 옴스크의 백위파정권을 번복시킨 러시아혁명세력은 1920년 1월초 마침내 이르쿠츠크까지 점령하여 도피해온 백위파정권 지도자들을 대거 체포하였다. 옴스크 정부의 최고집정관으로서 모스크바의 볼쉐비키정부와 맞서 1년여 동안 시베리아를 통치해온 콜챠크(Aleksandr Vasilevich Kolchak)가 볼쉐비키에게 체포되어 1920년 2월 7일 이르쿠츠크에서 처형됨으로써 시베리아의 백위파세력은 급격한 쇠퇴의 길을 걷기 시작하였다. 연해주지역에서는 1월 26일에 안드레예프가 이끄는 1,500명의 러시아혁명군이 니콜스크-우수리리스크를 점령하였다. 블라디보스토크에서는 옴스크정권의 몰락이 시작될 무렵인 1919년 11월 중순 옴스크정권을 옹호하던 체코군의 가이다(Rudolf Gaida) 장군이 콜챠크에게 반기를 들어 지지를 철회하고 중간파의 사회혁명당(에스엘)으로 하여금 볼쉐비키세력과 연합하여 새로운 정부를 조직할 것으로 선언하였지만 실패하였다(가이다 선언). 1918년 8월 콜챠크에 의하여 극동최고대표 호르바뜨의 후임으로 연해주지방장관에 임명되었던 로자노프(Sergei Rozanov)의 정권이 1920년 1월 31일 타도되고 사회혁명계열의 메드베데프(Aleksandr Semyonovich Medvedev)를 명목상 수반으로 하는 연해주임시정부가 수립되었다.[1] 1월 31일 새로이 들어선 연해주 임시정부는 일본과의 관계를 원만히 할 목적으로 한인들의 무장을 금지할 것을 성명하였다.[2] 러시아혁명세력은 군사적 우위에 있는 일본군을 도발하지 않기 위해 세심한 주의를 기울였던 것이다.

블라디보스토크의 정변은 니콜스크-우수리리스크를 혁명군이 점령하고 있었던 정세에 크게 영향을 받아 성공할 수 있었다. 로자노프는 사관학교생도들은 물론 카쟈크 대다수의 지지를 상실했다. 지지 상실의 가장 큰 원인은 시베리아 침략 일본군의 증강과 일본의 배상요구였다. 러시아 국민들의

---

1) 반병률, 「대한국민의회와 상해임시정부의 통합정부 수립운동」, ≪한국민족운동사연구≫ 2, 한국민족운동사연구회, 1988, 120~211쪽. 연해주임시정부는 사실상 볼쉐비키들이 다수파를 형성하여 실권을 장악하고 있었다.
2) 「浦參第의三〇六號 續行하여」(1920.3.29), 『不逞團關係雜件 朝鮮人의 部 在西比利亞』(日本外務省史料館 所藏) 9권(국사편찬위원회 소장본).

여론은 이제는 러시아인들이 일치단결하여 외적으로부터 영토를 보존해야 한다는데 일치하고 있었다.[3]

2월 15일에는 하바로스크가 혁명군에 의하여 점령되면서 연해주 전체가 콜챠크 잔당의 손아귀에서 벗어났다. 임시정부는 블라디보스토크에 위치했지만 러시아혁명군 본부는 니콜스크-우수리리스크에 근거를 두었다. 임시정부의 수반은 메드베데프였고, 블라디보스토크, 스파스크, 하바로브스크, 그로데고보 등지의 연합본부를 휘하에 두었던 혁명본부의 부장은 안드레예프였다.[4] 블라디보스토크 정변에 앞서 니콜스크-우수리스크시를 러시아혁명군이 점령하였을 때, 한인들은 부대를 조직하여 러시아혁명군과 행동을 같이하였다.[5]

러시아원동지역에서의 급격한 정세변화에 따라 연해주지역의 분위기가 점차 혁명적으로 바뀌어갔다. 3월 12일 러시아혁명기념일에는 대중집회와 시위가 블라디보스토크 시내에서 진행되었는데, 노동자를 비롯하여 관리, 군인, 상인, 학생 등 각계각층의 사람들이 대거 참가하였던 것이다. 신한촌 부근의 페르바야 레츠카(Pervaia Rechka)에 집결한 군중들은 소학교 생도들을 선두로 하여 약100명의 한인 소년단이 가담하여 키타이스카야 거리(현재의 오케얀스키이 프로스펙트, 대양통로)로 진출하였다.[6]

3월 17일에는 니콜스크-우수리스크에서 원동공산당 대회가 개최되었다. 블라디보스토크에서는 공산당이 파리코뮨 기념일에 민중교화회 주최로 국민회관에서 공산당 대연설회를 개최하였고, 공산당기관지『크라스나야 즈나메냐』[赤旗]는 일본상품 불매운동을 선동하였으며 소비에트정부 환영과 일본군의 배척을 극력 선전하였다.[7]

---

3) 山內封介, 『シベリイヤ秘史』, 東京: 日本評論社出版部, 1923, 230쪽.
4) 山內封介, 『シベリイヤ秘史』, 238~239쪽.
5) 「鮮人의 行動에 關한 件」(1920.2.14), 『不逞團關係雜件 朝鮮人의 部 在西比利亞』 (日本外務省史料館 所藏) 9권 (국사편찬위원회 소장본).
6) 山內封介, 『シベリイヤ秘史』, 247~248쪽.
7) 山內封介, 『シベリイヤ秘史』, 262쪽.

이처럼 러시아연해주지역에서 혁명세력이 득세해 가는 상황에서 한인들은 대거 러시아 빨찌산 부대에 가담하거나 독자적으로 빨찌산부대 조직에 나섰다. 1920년초 이래 일본군의 지원을 받고 있던 백위파정권이 붕괴되고 연해주에서 러시아혁명세력이 득세하게 되면서 한인들의 무장투쟁 역시 활발해져 갔던 것이다. 연해주 각지에서 한인들은 러시아 빨찌산부대들을 후원하였고, 아울러 의연금 모금, 무기 구입, 의용병 모집 등 본격적인 항일무장투쟁 준비를 시작하였던 것이다.[8] 중국 만주지역의 한인독립운동단체들로부터 무기수집대가 파견되어 연해주 마을을 순회하며 무기를 수집하기도 했다.[9] 한인들은 러시아볼쉐비키세력 또는 사회혁명당으로부터 조선독립운동에 대한 후원을 기대하였고 신정권의 보호를 받아 일본군대의 압박과 취제를 모면하려고 했던 것이다.

러시아에 출병한 일본군의 첩보자료들에 나타난 바, 일제당국은 러시아혁명세력과 한인들간의 협력과 결합이 강화되어가고 있었던 상황을 매우 심각하게 파악하고 관찰하고 대응책을 마련해가고 있었다.

우선 블라디보스토크에 혁명정부가 수립된 1920년 1월 31일 전후 시기에 한인집단거주지인 신한촌의 상황을 보자. 1920년 1월 31일에는 간도 15만원사건의 주역 3명(윤준희, 임국정, 한상호)을 포함하여 한인애국청년 5명이 블라디보스토크 신한촌에서 일본헌병대에 의해서 체포되었다. 바로 이날 블라디보스토크에서 볼쉐비키와 사회혁명당세력이 연합한 혁명세력이 정권을 장악하였다. 혁명정권 수립 직후 장도정, 김진, 김미하일, 이재익 등은 러시아혁명사령부를 방문하여 일본헌병대가 체포해간 15만원사건의 주역들에 대한 석방을 요구하였다. 또는 이들은 향후 일본헌병대의 불법적인 신한촌 수색에 대비하기 위하여 한인혁명가들에게 무기공급을 요구하였지만 거부되었다. 이에 이들은 대안으로 러시아군대의 파견을 요청하였다. 그리하여

---

8) 姜德相, 『現代史資料』 27, 245·247쪽.
9) ≪독립신문≫ 1920년 4월 15일자, 3면.

러시아혁명당국은 7·8기 또는 10기의 러시아기병으로 하여금 신한촌을 순시케 하였다.[10)

이후 러시아혁명세력은 한인들의 요청을 적극 수용하여 3월 7일 이후 45명의 러시아군인들을 신한촌에 파견하여 국민의회 사무소, 한민학교, 한인사회당 사무소 등 한인들의 주요 기관에 주둔케 하고 신한촌을 경비토록 하였다. 3월 14·15·16일 3일간에 걸쳐 시행된 블라디보스토크 노병회대표자선거에서 블라디보스토크 공산당 즉 '과격파' 후보자 16인 가운데 김만겸과 박모이세이가 선출되어 시내의 광고판에 공고되었다. 아울러 대한국민의회와 한인사회당이 러시아임시정부의 승인을 얻어 혁명군 1대대를 편성하기 위하여 군인들을 모집중이라는 소문이 돌았다. 미국적십자사의 한인구조 활동도 역시 일본당국의 주목을 받았다. 즉, 미국적십자사가 3월 13일 아침 신한촌 소학교 생도와 간호부, 빈민들에 대하여 의복 등 7백점을 기증였던 것이다. 이에 앞서 3월 12일에는 오후 6시 30분 시내 보다니치예스카야 거리 63번지『크라스노예 스나미야』신문사내에서 블라디보스토크 극동공산당 볼쉐비키 위원 임시회의를 개최하고 排日團 조직 등의 반일적인 결의를 했다.[11)

반일적인 한인들이 평소에 주목했던 친일분자, 일본밀정 등을 처단하는 일이 빈번하게 발생했다. 즉, 3월 11일 최모, 3월 14일에 이름 모를 한인이 살해되었고, 3월 7일과 19일에 朴炳一이, 그리고 3월 16일에 金永喆이 자객에게 피습되었고, 기타 일본군과 관계있는 자로서 행방불명된 자들이 여러 명 발생했다.[12) 국민의회가 암살해야할 친일분자 26명을 선정하였다는 풍설이 돌기도 했다.[13) 일본당국이 1920년 2월 20일 이후 4월 1일까지 조사

10)「鮮人의 行動에 關한 件」(1920.2.14),『不逞團關係雜件 朝鮮人의 部 在西比利亞』(日本外務省史料館 所藏) 9권(국사편찬위원회 소장본).
11)「鮮人의 行動에 關한 件」(1920.3.20),『不逞團關係雜件 朝鮮人의 部 在西比利亞』(日本外務省史料館 所藏) 9권(국사편찬위원회 소장본).
12)「露國側鮮에 對니한 抗議事項 其七」(1920.3.27),『不逞團關係雜件 朝鮮人의 部 在西比利亞』(日本外務省史料館 所藏) 9권(국사편찬위원회 소장본).
13)「國外情報: 不逞鮮人의 兇暴行爲에 關한 件」(1920.4.1),『不逞團關係雜件 朝鮮人

한 바, 밀정 형사 친일자 등으로 반일적 한인들에 의하여 박해를 받은 자들 가운데 러시아 블라디보스토크에서 日探의 혐의를 받아 피해를 당한 자는 다음과 같다. 姜文伯(노인동맹단원, 3월 11일 총살, 신한촌), 金河球(한인신보 주필, 3월 11일 폭행, 신한촌), 최모(살해, 3월 14일, 신한촌), 박병일(홍신조합장, 3월 14일, 자객습격, 신한촌), 金龍植(3월 15일, 살해, 블라디보스토크), 김영철(3월 15일, 자객습격, 신한촌), 육군병원 근무 한인 2명(3월 15일, 살해, 블라디보스토크).14) 일본상품 불매운동도 전개되었는데, 이 운동에서 러시아인, 중국인, 한인들이 공조하였다.15)

애국적 한인들에 의하여 일본당국과 협력하던 친일파들(스파이)들을 처형되고 있던 상황에서 일본정부는 협력적인 한인들의 일본정부에 대한 신뢰가 약화되는 것을 우려했다. 또한 일본정부는 러시아혁명세력과 반일적인 한인들간의 연대와 협력에 커다란 위기의식을 느끼게 되었다.

2) 尼港(니콜라예프스크-나-아무레) 사건

러시아원동지방에서 일본군이 후원하던 백위파정권들이 붕괴하고 혁명정권들이 들어서는 과정에서 러시아 침략 일본군에게 국내외의 反戰과 철병 여론을 반전시킬 수 있는 절호의 명분을 준 사건이 니항사건이다. 니콜라예프스크-나-아무레에서 러시아빨찌산부대와 일본군민간의 무력충돌에서 일본인들이 대거 몰살된 사건이 일본에 무력도발을 위한 커다란 빌미를 주었던 것이다.

1919년 11월 1~2일 하바로브스크 근교의 농촌마을 아나스타시예프스크(Anastas'evsk)에서의 빨찌산부대 대표자회의를 계기로 조직된 러시아빨찌산

의 部 在西比利亞』(日本外務省史料館 所藏) 9권(국사편찬위원회 소장본).
14) 위와 같음.
15) 「鮮人의 行動에 關한 件」(1920.3·12), 『不逞團關係雜件 朝鮮人의 部 在西比利亞』 (日本外務省史料館 所藏) 9권(국사편찬위원회 소장본).

부대는 이후 아무르강 하류로 이동하면서 병력이 급속도로 늘어나 니콜라예프스크-나-아무레 항에 근접하였을 때에는 총 5개 부대 병력 4천명에 달했는데, 아나키스트인 뜨랴삐쩐(Ia. I. Triapitsyn)이 그 지도자였다. 당시 니콜라예프스크-나-아무레에는 러시아인 8,800명, 중국인 1,400명, 한인 900명, 일본인 730명이 거주하고 있었다.[16] 일본주둔군 이시카와[石川] 소좌는 러시아백위파부대장의 만류에도 불구하고 러시아빨찌산부대측과 1920년 2월 29일 협정을 맺었는데, 일본군의 무장을 보장하는 대신에 전투없이 빨찌산부대가 시내로 입성한다는 것이었다. 그리하여 뜨랴삐쩐의 빨찌산부대가 노동자, 시민들의 열렬한 환영 속에 니콜라예프스크항에 무혈 입성하였고 곧바로 소비에트권력을 부활시켰다.[17] 이후 혁명정권은 백위파군 장교와 자본가들을 체포, 처형하였는데, 처음 며칠 동안에 체포된 자가 400명 이상이었다. 빨찌산부대에는 중국인, 조선인, 하층노동자들이 대거 참여하고 있었다. 3월 12일경 빨찌산부대에는 600명, 300명으로 구성된 두 개의 중국인 부대와 500명으로 편성된 한인부대가 활동했다. 니콜라예프스크항에서 완전 고립상태에 빠진 일본군 지휘관 이시가와와 총영사 이시다[石田]는 마침내 3월 12일 오전 1시 30분 행동을 개시하여 연회가 끝난 빨찌산 부대본부를 포위하고 전투를 시작하였다. 빨찌산부대 참모장인 볼쉐비키 나우모프(Naumov)가 사망하였고, 사령관 뜨랴삐쩐은 수류탄에 맞아 다리에 부상을 입었으나 사태를 수습하고 반격에 나섰다.[18]

당시 니콜라예프스크-나-아무레 항구에는 일본군 이시카와[石川] 소좌가 이끄는 제11·12의 2개 중대 296명과 3,40명의 해군통신대가 주둔하고 있었는데, 450명의 거류민들과 함께 최후를 맞이했다.[19] 3월 12일의 전투에서

---

16) John J. Stephan, *The Russian Far East: A History*(Stanford: Stanford University Press, 1994), p.144.
17) Mukhachev B.I. Istoriia Dal'nego Vostoka Rossii, kniga 1, (Vladivostok: Dal'nauka, 2003), p.348 ; 原暉之, 1989, 『シベリヤ出兵-革命と干渉 1917-1922』, 521쪽.
18) 原暉之, 『シベリヤ出兵-革命と干渉 1917-1922』, 1989, 522~523쪽.

일본인들은 러시아빨찌산들에게 무방비상태에서 피살된 것이 아니라 전투에 참여하였다가 대부분이 전사한 것이었다.[20] 이 전투에서 살아남은 일본인 136명은 여자, 아이들과 부상자들이었고 이들은 감옥에 감금되었다.[21]

캄챠카반도의 페트로 파블로브스크(Petro-Pavlovsk) 일본영사관은 3월 18일 니콜라예프스크 항으로부터 온 전보를 다음날인 3월 19일 본국의 외무성 본부에 타전하였다. "3월 18일 전보에 의하면 동시에서 일본군과 과격파 간에 2주야에 걸친 격전이 있었고 그 결과 당지 주둔군대 및 재류민 약 700명이 살해되고 남은 약 100명이 부상하여 사령부 영사관 기타 邦人 가옥은 전부 불타버렸다"는 내용이었다. 3월 29일 외무성이 접수한 이 전보의 내용이 일본국내의 각 신문에 보도되면서 '尼港의 참극'에 관한 비보가 알려지면서 일본대중들의 분노가 극에 달하였고 1~2월에 분분했던 철병론이 가라앉았으며, '과격파의 폭학'에 분개하는 여론이 팽배하게 되었다.[22] 이에 일본정부는 "일본인민의 생명을 보호한다"는 구실하에서 원동 무장간섭을 더욱 강화하였다. 아무르강의 통행을 가로막고 있던 얼음이 풀리기 시작하는 1920년 5월말 일본원정군의 입성에 임박하여 러시아빨찌산부대는 니콜라예프스크항을 철수하면서 136명의 일본인 죄수들과 약 4천명의 러시아인(어른, 아이들)을 학살하였고, 도시를 완전히 불태웠다. 니콜라예프스크항에 입성한 후 일본은 7월 3일 북위 51도 이북 사할린을 점령하고 '니항사건'이 해결될 때까지 철수하지 않겠다고 선언하였다. 소비에트 중앙정부는 빨찌산부대 내에 쿠테타를 일으켜 트랴삐찐과 그의 애인이자 참모장인 아나르코-막시말리스트 레베데바(Nina Levedeva)를 비롯한 23명의 추종 간부들을 처형하였다.[23] '니항사건'은 일본침략군에 대한 철병 여론을 되돌리고 이에 더하

19) 山內封介, 『シベリイヤ秘史』, 251·255쪽.
20) 原暉之, 『シベリイヤ出兵-革命と干涉 1917-1922』, 524쪽.
21) John J. Stephan, *The Russian Far East: A History*, p.145.
22) 原暉之, 『シベリイヤ出兵-革命と干涉 1917-1922』, 525쪽.
23) John J. Stephan, *The Russian Far East: A History*, p.146. 일본군이 사할린북부로부터 철병한 것은 소일협약이 체결된 1925년 1월의 일이다.

여 사할린북부를 점령하는 명분을 제공한 결정적 전환점이 되고 말았다.

3. 4월참변

1918년 8월 이후 '체코군 구원'이란 명분하에 러시아혁명에 무력개입하여 백위파를 지원하여 러시아혁명정권을 붕괴시켰던 일본군은 1919년말 러시아혁명세력이 득세하게 되면서 일대 위기에 직면하게 되었다. 특히 그동안 안정적인 식민지조선 통치를 추구하던 일제당국에게 매우 위협적인 존재였던 러시아의 한인독립운동세력이 러시아혁명세력과 결합하게 되면서 일본당국의 위기의식은 고조되었다.

1919년에 이미 캐나다, 프랑스, 이탈리아, 영국, 중국 군대가 일정에 따라 이미 철수한 상태였고 체코군도 1920년에 들어와 9개월에 걸쳐 철병을 추진하고 있었다. 미군은 1919년말에 자바이칼주로부터 철수한 후에 이어 1920년 1월 20일 윌슨대통령이 미국파견군이 철병할 것이라고 선언하였다. 이러한 상황에서 일본도 마지못해 3월 31일 시베리아일본군에 관하여 철병계획을 선언하였다. 마침내 1920년 4월 1일 러시아주둔 미군 사령관 그레이브스(William Graves) 사령관 이하 미국군 2,300명이 필리핀을 향해 블라디보스토크를 떠났다. 그리하여 '체코군 구원'이라는 명분을 내세우고 러시아혁명에 무력개입하였던 연합국 가운데 일본만이 홀로 남게 되는 상황이 되었다.

이러한 상황에서 일본은 블라디보스토크의 러시아임시정부에 압력을 가하여 자국군대의 안전을 확보하려 하였다. 즉, 일본군당국은 4월 3일부터 연해주자치회와 협상을 벌여 (1) 일본군 주둔에 편의를 줄 것(수송교통에 지장이 없게 할 것), (2) 종래 군사상 제조약을 존중하고 군의 보조원에 대하여 방해하지 않을 것 등을 요구하였던 것이다.

일본군사령관은 4월 2일 블라디보스토크의 러시아임시정부에 대하여 한인들에 대한 무기를 공급하는 일이 없도록 할 것을 경고하였다.[24] 이와 함께 일본정부는 블라디보스토크 정부에 항의전문을 보내 친일적 한인들이 피살, 피습, 납치되는 일이 빈번하게 발생하고 있는 사실을 제시하며 러시아경찰관헌이 이러한 '일본제국의 신민'인 한인들의 생명재산을 보호하지 못할 경우 부득이 일본군이 그 일의 책임을 담당하게 될 것이라며 경고하였다.[25] 한인들에 대한 취체를 주장하는 근거는 대한제국의 신민이었던 한인들은 러시아에의 귀화여부에 관계없이 일본제국의 신민이라는 억지주장이었다.[26]

같은 4월 2일, 일본군이 연해주정부에 "일본군의 주둔에 필요한 제반의 사항 즉, 숙영, 급양, 운수, 통신 등에 관하여 지장을 주지 말 것" 등 6개항을 요구하였고, 연해주임시정부는 일본군의 요구를 수용하기로 하고, 4월 5일 조인하게 되어 있었다. 러시아혁명군사령부는 각부대에 경계태세를 해제할 것을 지시하였고, 4월 4일은 휴일로 지휘관들 다수가 주말휴가에 들어갔다. 이날 밤 일본군 블라디보스토크 舍營사령관 무라타[村田信乃] 소장은 오이[大井] 군사령관의 지시를 받아 블라디보스토크 혁명군(연해주주 정부군)에 대한 무장해제를 전격적으로 단행하였다. 4월 5일 새벽 군사령관은 제13, 14사단장, 남부 우수리파견대장에게 각지의 혁명군를 무장해제하도록 명령하였다. 즉 우수리철도 연선을 중심으로 하여 연해주지역 내의 모든 주둔지에서 일본군이 총공격을 개시하였던 것이다. 일본군의 전투행동은 4월 4일밤에 시작되어 5일 내지 6일에 스파스크에서는 8일까지 계속되었다.[27]

일본군의 전투행동은 하바로브스크와 니콜스크-우수리스크에서 가장 대

---

24) ≪독립신문≫ 1920년 4월 15일자, 3면 ; 「浦參第의三0六號 續行하여」(1920.3.29), 『不逞團關係雜件 朝鮮人의 部 在西比利亞』(日本外務省史料館 所藏) 9권(국사편찬위원회 소장본).

25) ≪독립신문≫ 1920년 4월 15일자, 3면.

26) 「浦參第의三0六號 續行하여」(1920.3.29), 『不逞團關係雜件 朝鮮人의 部 在西比利亞』(日本外務省史料館 所藏) 9권(국사편찬위원회 소장본).

27) 原暉之, 『シベリヤ出兵－革命と干涉 1917-1922』, 529쪽.

규모로 진행되었다. 일본군은 투옥된 백위파 정치수를 석방하는 한편, 다수의 빨찌산대원들과 민간인들을 체포하였고, 체포한 혁명파 간부들 일부를 백위파에게 넘겼다. 4월 9일, 연해주임시정부 군사위원회 위원장이며 적위군원동총사령관인 라조(S.G. Lazo), 루츠키(A.N. Lutskii), 전 블라디보스토크 소비에트 서기 시비르체프(V.M. Sibirtsev), 안드레예프(A.F. Andreev) 등이 일본군에게 연행되었다. 5월말에 확인된 것처럼 일본군은 라조와 동지들을 우편행랑에 집어넣어 돈 카자크(Don Cossack) 대장 보카레프(Bocharev)의 백위파부대에 인계하였다. 이들은 무라비요프-아무르스카역(현 라조역)으로 이송되어 살아있는 채로 EL 629 기관차에 화실에 집어 넣어져 불태워졌다.[28] 러시아측 기록에 의하면 일본군과의 전투에서 약 7천명의 군인, 혁명군 전사들과 평화적인 주민들이 사망하였다.[29]

4월참변 이전에 일제가 한인들을 불법 체포한 사례는 많다. 특히 일본군이 러시아혁명에 대한 무력개입을 시작한 1918년 여름 이래 일본은 러시아의 주권을 무시하고 한인들을 체포하는 일이 빈번하였다. 일제가 러시아의 반일적 한인들을 직접 취체하기 시작한 것은 1919년 9월 2일 서울역에서 발생한 강우규의사의 제등총독 암살미수사건 이후였다.[30] 강우규의사가 블라디보스토크에 근거를 둔 노인동맹단 단원임이 밝혀지자, 일제당국은 그 배후로 이동휘와 김립을 지목하고 헌병 50여명을 동원하여 이들을 체포하려고 했다. 이들이 상해로 떠난 뒤였기 때문에 일본헌병들은 이동휘의 부친 이발, 부인 강정혜, 사위 정창빈 그리고 이강을 대신 체포하였다가 석방했던 것이다.[31] 니콜스크-우수리스크에서는 일본 헌병대와 일본군 2개 소대가 문

---

28) 原暉之, 『シベリヤ出兵－革命と干渉 1917-1922』, 530~531쪽.
29) Mukhachev B.I. Istoriia Dal'nego Vostoka Rossii, kniga 1, p.369. John Stephan에 따르면, 4월참변 당시 일본인들이 1천명, 대부분이 볼쉐비키인 러시아인들은 3천명의 사상자가 발생했다고 한다(John J. Stephan, The Russian Far East: A History, p.145).
30) 原暉之, 『シベリヤ出兵－革命と干渉 1917-1922』, 531쪽.
31) 반병률, 『성재 이동휘 일대기』, 범우사, 1998, 209쪽.

창범, 김이직, 원세훈 등 한인지도자들의 집을 수색하고 이들이 부재하자 부인들을 체포하였다가 석방하기도 했던 것이다.[32]

러시아혁명군에 대한 무장해제를 개시하면서 시작된 4월참변에서 한인들이 일본군의 주공격대상이 되었다. 블라디보스토크에서는 4월 5일 오전 4시 일본헌병대(헌병 40명, 보명 15명)가 블라디보스토크 신한촌을 습격하여 한민학교에 주둔중이던 러시아군(50명)을 무장해제하고, 한인단체 사무소와 가택을 수색하고 서류들을 압수하고 60여명의 한인들을 체포하였다. 한민학교와 한인신보를 비롯하여 개인집들이 불에 전소되었다. 일본군은 헌병대분견대를 주둔시키고 자위대라는 헌병보조기구를 창설했다.[33] 당시 체포된 주요 인물은 전일, 채성하, 박모이세이, 김신길, 이재익, 조윤관 등이었다.[34] 상해의 ≪독립신문≫은 일본군이 부녀자와 아이들까지 무자비하게 체포하는 등 블라디보스토크에서 체포된 한인이 380명에 달했다고 보도했다.[35]

일본군의 한인들에 대한 공격은 잔인하기 이를 데 없었다. 당시 목격자는 다음과 같이 회상했다. "한인촌은 블라디보스토크 변두리에 있었는데 엄청난 강도와 폭력을 체험했다. 야만적인 일본군들은 한인들을 마을에서 쫓아가면서 소총으로 구타했다. 포로들은 신음하고 비명을 지르고 반죽음의 상태였다. 블라디보스토크는 끔찍한 곳이 되고 말았다. 포로들이 피투성인 채 찢어진 한복을 정리하지 못하고 간신히 일본군을 따라갔다. 모든 지하실, 감옥들은 포로들로 꽉 찼다. 그날 살인범들이 몇 명의 한인을 죽였는지 짐작하기조차 힘들다."[36]

후일의 기록이지만, 블라디보스토크에서 간행된 한글신문 ≪선봉≫은 4

---

32)「馬賊化한 日兵」, ≪독립신문≫ 1919년 10월 28일자 3면.

33) 姜德相,『現代史資料』27, 283쪽 ; 原暉之,『シベリヤ出兵－革命と干渉 1917-1922』, 534쪽.

34) 姜德相,『現代史資料』27, 331쪽.

35) ≪독립신문≫ 1920년 4월 20일자, 2면.

36) 엔.아. 부쩨닌·엔.데. 부쩨닌,「러시아내전에서의 한인들의 참전」, ≪역사문화연구≫ 24, 한국외대 한국문화연구소, 2006년 6월, 99~100쪽.

월참변 6주년이 되는 1926년 4월 4일자에서, "1920년 4월 4일에 일본군벌은 소위 연합군이 시비리에서 철퇴함을 불구하고 오히려 강도적 행위로 해항[블라디보스토크]를 점령하였다. 그 때 광경은 일본군대가 해항, 소왕영, 이만, 수청, 하바롭쓰크, 니꼴라엡쓰크에서 일시에 총불을 걸고 로씨야 적위군과 혹은 의병대들과 싸우며 무고한 평민까지 학살, 총화, 강탈 등 잔폭한 행동들은 우리의 기억을 새롭게 한다. 더욱 고려 사람에게는 이 틈을 타서 여지없이 박멸하려는 흉악으로 해항에서 수백명을 체포하며 학교를 불 지름으로 연추, 수청, 소왕영, 하바롭쓰크에서 40여명을 모다 일본군벌의 총칼에 맞아 죽었다. 로씨야 국민의 손실은 직접 간접으로 다 기록할 수 없으나 니꼴라엡쓰크에 대참살도 그 원인이 일본군벌에게 있는 것이다."[37]

1920년 4월 4~5일밤 일본군이 연해주일대의 러시아혁명세력과 한인사회를 무력적으로 공격하여 러시아인과 한인들을 체포, 구금, 학살을 자행한 4월참변을 일으킴으로써 연해주지역의 한인독립운동의 기반이 송두리째 파괴되었다. 블라디보스토크의 주요한 한인단체인 대한국민의회, 한인사회당, 노인단, 애국부인회 등의 주요 간부들은 러시아혁명세력이 장악하고 있는 흑룡주나 만주 또는 농촌지역으로 도피하여 재기를 도모하게 되었다.

4월참변 후 김진, 최의수, 김하석 세 사람은 수찬의 청지거우마을(청지동)로 피신했고,[38] 부인독립회의 주요간부들인 이의순, 채계복, 우봉운은 이흥삼 등 한인지도자들과 중국과의 국경지대인 이만의 한인부락인 다반촌으로 도피하여, 노인단 재무인 韓承宇의 보호를 받았다. 4월참변 한참 후 이의순과 우봉순은 블라디보스토크로 귀환하였으며, 채계복은 정신여학교의 남아 있는 과정을 마치고 졸업하기 위하여 1920년 8월 10일 블라디보스토크를 출발하여 경성으로 들어갔다.[39] 우봉운은 새로이 개교한 삼일여학교의 교사

---

37) 「일본군벌이 해항을 점령하든 六년전 四월 四일을 맞으면서」, ≪선봉≫ 1926년 4월 4일자, 1면.
38) 姜德相, 『現代史資料』 27, 331쪽.
39) 「鮮人의 行動에 關한 件」(1920년 6월 5일자), 日本外務省史料館 『不逞團體雜件

로 복귀하였다. 국민의회 간부들은 블라고베시첸스크로 이동하여 재건되었다.[40]

니콜스크-우수리리스크에서는 일본 헌병대가 보병 1소대의 지원을 받아 5일과 6일에 걸쳐 배일선인의 가택수색을 실시하여 76명을 체포하였다. 이 가운데 72명은 방면하였지만, 최재형 등 4명의 애국지사들은 4월 7일 처형되고 말았다. 한인사회당의 통신원 최위진도 희생되었다.[41] 니콜스크-우수리스크에서 일어난 4월참변 당시의 희생자들을 추모하는 기념비가 현재 빨찌산 70여명이 묻혀있는 우수리스크시 꼬마로바-노보니콜스크 거리 모퉁이에 세워져있다. 당시 니콜스크-우수리스크에서는 약 250명이 일본군에 의하여 피살되었다.[42]

블라디보스토크와 니콜스크-우수리스크의 중간에 위치한 교통의 요지 라즈돌리노예에서도 일본군이 러시아혁명군을 공격하였다. 일본군 보고에 따르면, 당지 주둔의 일본군 수비대는 4월 5일 오전 4시 당지 러시아혁명군을 공격하고 중대는 러시아혁명군의 퇴로를 차단하는 임무를 담당하여 러시아혁명군 약 2백 명을 공격하여 약 50명을 희생시켰다. 중대 정면에서는 러시아혁명군 8백 명을 포로로 잡았는데, 일본군은 이 전투에서 병졸 2명, 장교 1명이 전사하였고, 3명이 부상을 당했다.[43]

4월 21일 헌병대는 신한촌에 제2차 검거에 나섰다. 총독부파견원들은 라조, 루취키 등은 백위파에게 넘겨줬지만 조선인에 대하여는 일본군이 직접 자기들이 직접 제재하였다.[44]

朝鮮人ノ部 在西比利亞』 10권(국사편찬위원회 소장본) ; 반병률, 「러시아 연해주 지역 항일여성운동, 1909-1920」, ≪역사문화연구≫ 23, 한국외대역사문화연구소, 2005, 119~120쪽.

40) 姜德相, 『現代史資料』 27, 296~297쪽.

41) 金規免, 「老兵 金規勉의 備忘錄에서」(手稿本), 16쪽.

41) 엔.아. 부쩨닌·엔.데. 부쩨닌, 「러시아내전에서의 한인들의 참전」, 99쪽.

43) 「電報譯」(1920.4.7), 『不逞團關係雜件 朝鮮人의 部 在西比利亞』(日本外務省史料館所藏) 9권(국사편찬위원회 소장본).

4. 피살된 최재형 등 4명의 애국지사들[45]

4월 4일 당일 아침 최재형은 일찍 집을 나갔고, 둘째 아들인 최파벨 페트
로비치(성학) 역시 빨찌산부대와 함께 니콜스크-우수리스크시를 떠났다. 최
재형은 저녁 늦게 귀가하였는데, 부인과 딸들은 일본군의 보복을 걱정하며
선생에게 빨찌산부대로 도피하라고 독촉했다. 그러나 최재형은 도피할 것을
거절하면서, "만약 내가 숨는다면, 일본인들이 잔인하게 너희들에게 복수할
것이다. 나는 일본사람들의 기질을 잘 안다. 내가 없으면 가족들을 잡아가서
고통을 줄 것이다. 나는 살만큼 살았다. 차라리 내가 잡혀가는 것이 낫다."
고 말하며 부인과 딸들을 설득했다. 결국 최재형은 4월 5일 아침에 들이닥
친 일본헌병대에 의하여 체포되었다.[46]

김이직의 매부(여동생 김마리야의 남편) 김달하는 김이직의 마지막을 이
렇게 회상했다. "4월 5일에 왜놈 헌병 10여 명이 덕창국에 들어와서 김이직
동지를 체포하여 손과 발에 쇠로 만든 철갑을 채워서 가지여 갔고, 자기는
결박을 당하여 헌병대로 안내되었으나 자기들이 갇히었던 감옥에는 김이직,
최재형, 엄주필 들은 없었다."[47]

엄주필의 의붓딸 부인 이문숙의 딸 이베라는 4월참변 당시 엄주필이 체
포되던 광경을 다음과 같이 회상하고 있다. "1920년 4월 5일 아침에 금방

---

44) 原暉之, 『シベリヤ出兵 - 革命と干渉 1917-1922』, 534쪽.
45) 이하의 내용은 필자가 발표한 「4월참변 당시 희생된 한인애국지사들 - 최재형, 김
    이직, 엄주필, 황경섭」, ≪역사문화연구≫ 26집(한국외대 역사문화연구소, 2007년
    2월, 271~279쪽)을 정리한 것이다.
46) 반병률, 『최재형(崔在亨), 최표트르 세묘노비치) - 러시아 고려인사회의 존경받는
    지도자 - 』, 국가보훈처, 2006, 11쪽.
47) 리인섭, 『저명한 애국자들인 최재형, 김리직, 엄주필 동지들을 추억하면서: 조선민
    족해방을 위하여 백절불굴하고 투쟁하다가 왜적들게 학살을 당한 40주년을 제하여
    (1920년 1960년)』, 22~23쪽.

날이 밝게 되자 천만 뜻밖에 원세훈이라는 사람이 와서 우리집 유리창문을 뚝뚝 두드리며 "형님, 전쟁이 났으니 속히 피신하시오" 하고서 그는 종적을 감추었다. 이어 왜놈 헌병 7·8명이 집안에 달려들었다 방금 변소에 갔다 들어오는 엄주필을 결박하고서 "독립운동을 하기 위하여 민간에서 모집한 돈을 어디에 두었으며 선포문은 어디에 두었는가"고 문초하면서 온 집안을 모조리 수색하였으나 아무런 증거물도 얻어 보지 못하였다.[48]

일본 육군성은 최재형, 김이직, 엄주필, 황경섭 4인의 피살과 관련하여 다음과 같이 발표하였는데, 이는 일본신문 5월 6일자로 보도되었다. "대부분은 즉시 방환하고 니콜스크 방면에서 계속하여 유치한 자는 76명 가운데 엄주필, 황경섭, 김이직, 최재형의 4명에 불과하다. 이 4명은 모두 배일선인단의 유력자로 4월 4~5일 사건에 際하야도 무기를 갖고 아군에 반항한 일 명료함으로 이 조사를 계속하던 중 4월 7일 아헌병분대 숙사이전과 함께 압송 도중 호송자의 허술한 틈을 노려 도주하였슴으로 체포하려 한 즉 그들의 저항이 심함으로 부득이 사격한 것이라."[49]

이에 대하여 러시아로부터 상해로 온 모씨가 《독립신문》 기자는 이러한 일본육군성의 발표는 허무한 훼조라며 분개해 하며 반박했다. "김이직씨는 시가전이 시작하기 바로 몇 분전에 피포하고 그 외 3씨는 시가전 다음날 피포하였고 피포한 다음날 적헌병대에 가서 잡힌 후의 소식을 물어 보았소. 5일 후에 10일 후에 가 물어보아도 대답을 애매히 하엿소. 황경섭씨 계씨는 해삼위로 압송하엿다는 말을 듯고 해삼위까지 가보았소. 이제 본즉 4씨는 잡힌 후 3일만에 총살을 당하엿스니 적이 대답을 불분명하게 할 때는 발서 사후이었었소 저항이오? 저항이 무엇이오, 赤手로 무슨 저항을 하겟소, 하물며 최재형씨는 60노년으로 피포할 시에 피하라고 하여도 피하지 아니하엿

48) 리인섭, 『저명한 애국자들인 최재형, 김리직, 엄주필 동지들을 추억하면서: 조선민족해방을 위하여 백절불굴하고 투쟁하다가 왜적들게 학살을 당한 40주년을 제하여 (1920년 1960년)』, 18쪽.
49) 《독립신문》 1920년 5월 15일자, 2면.

소. 도주라니요? 쇠사슬로 묶어서 자동차에 실려가는데 도주란 무슨 말이오.
적의 이전한 숙사와 구숙사와는 거리가 퍽 가까울 뿐만 아니라 대시가가 連
하였고 이 시내로 압송해가는 길에 도주하야 다시 피포하다가 부득이 총격
하였다 하면 그 많은 사람중에 어찌 해서 이 사실을 아는 사람이 하나도 없
단 말이오. 적은 악이 나서 때리며 찌르며 잡아가지고 심문도 잘 안하고 때
리며 차다가 사살한 모양이오."[50]

이들이 일본군에게 잔인하게 학살당한 이유에는 한 가지 공통점이 있다.
이 분 모두 훌륭한 애국지사였다는 점이다. 이들은 당시 동포사회에 큰 공
헌을 하였던 분들이다. 이 분들은 한국과 러시아 두 민족에게 훌륭한 애국
자였으며, 러시아를 침략한 일본에 반대했다는 사실 때문에 일본군이 아무
런 근거도 없이 불법적으로 정식 재판을 거치지 않고 잔인하게 학살하였다
는 사실이다.

이와 관련하여 황경섭과 관련하여 덧붙일 내용이 있다. 최재형, 김이직,
엄주필과 비교할 때, 황경섭은 일본헌병대가 필히 처형할 만큼의 뚜렷한 반
일활동이 없는 인물이었다. ≪독립신문≫은 이런 의문에 대하여 매우 설득
력있는 이유를 제시하고 있다. 황경섭은 볼쉐비키혁명 이후 자신의 재산이
몰수될 것을 우려하여 수천원 상당의 콩기름 짜는 기계와 건물을 사진업자
이며 당시 니콜스크-우수리스크 일본인 민회장인 지꾸바라는 사람에게 명의
를 이전하여 두었는데, 바로 이 지꾸바가 황경섭의 재산을 노리고 일본군헌
병대와 짜고 황경섭선생을 체포, 학살하였다는 설명이다.[51]

일본헌병대가 이들 4명의 애국자들을 피살하기에 이른 것은 그동안 일본
헌병대가 친일적 한인들을 동원하여 이들의 활동을 오랫동안 감시한 공작의
결과이기도 하다. 일본헌병대가 이들을 지목하여 구금하고 처형하기에 이른
것은 바로 이들이 반일무장혁명세력을 지원하였던 사정을 파악하고 있었던

---

50) ≪독립신문≫ 1920년 5월 15일자, 2면.
51) ≪독립신문≫ 1920년 5월 15일자, 2면.

결과였다.

이와 관련하여 당시 항일운동에 참여하였던 운동가의 회상기의 기록 가운데 주목할 내용이 있다. 1918년 10월말 한인사회당의 핵심간부들인 이동휘와 하바로브스크에서 칼미코프(Kalmykov)의 백위파에게 체포되었다가 풀려난 김립, 이인섭은 하바로브스크로부터 도피해 와서 우수리스크 동쪽의 한인농촌에서 회합을 가졌다. 1918년 8월 러시아극동지역에 출병한 일본군의 헌병대본대가 우수리스크에 주둔하고 있었고, 서북방의 한인마을인 뿌찔로프카(육성촌)에는 일본수비대 분대가 주둔하고 있었다. 우수리스크에는 백위파 군대와 1918년 6월의 한인대회에서 '정치적 중립'을 선언한 전로한족중앙총회가 공개적인 활동을 하고 있었다. 따라서 일본군과 백위파의 추적을 받고 있던 이들 3인은 우수리스크 동쪽에 위치한 한인마을에서 회합을 갖고 혁명방안을 논의하였던 것이다. 이들이 계획한 혁명사업 가운데서 주목할 것은 이들은 수이푼 신길동(솔밭관) 최의관 집에 머물고 있는 홍범도를 지도자로 하는 의병대(빨찌산대)를 조직하기로 한 것이다. 이 계획을 구체적으로 추진하기 위하여 이들은 당시 우수리스크 한인사회의 지도자들이었던 최재형, 김이직, 엄주필 등 한인지도자들을 비밀리에 만나 군량, 의복, 신발, 무기 등을 구입하기 위한 의연금을 지원해줄 것을 요청하였고 승낙을 받았던 것이다. 한편 이들은 공산주의 이론가이자 활동가인 이해사(유진구)를 수이푼 신길동의 최추송에게 파견하여 빨찌산을 조직하였다. 이에 따라 후일 조직된 의병대가 솔밭관 부대이다.[52] 우수리스크의 건재약국 덕창국의 주임이었던 김이직은 수이푼 솔밭관 군대에 식료, 의복, 신발 심지어는 무기까지 공급하였다.[53] 이것이 김이직이 일본헌병대에 체포되어 학살된 가장 큰 원인이었다.

김이직의 덕창국은 당연히 일본인들은 덕창국 주변에 한인 의사 현용주

---

52) 이인섭, 『기서초안 리동휘』, 4~5쪽 ; 이인섭, 『한인사회당 – 한인공산당 대표회: 중앙간부에서 토의결정한 주요한 문제들』, 7쪽.
53) 류학관, 『윤동섭의병대에 관한 회상기』, 1958년 1월 27일자.

의 병원과 일본 거류민회 회장 등이 거주하고 있었고, 특히 덕창국에는 함 동철을 동업자로 배치하여 덕창국을 드나드는 한인들을 정탐하였다. 당시 우수리스크 한인들 사이에는 함동철이 덕창국의 재정을 잠식하고자 김이직 을 일본헌병대에 무고하였다는 소문이 돌았다고 한다.

김이직의 누이동생 김마리야는 오빠가 피살된 후 시체를 찾기 위하여 일 본헌병대를 찾아갔다. 김마리야는 헌병대에게 시체를 내어달라고 강경하게 요구하였으나 거절당하였다. 김마리야는 이에 굴하지 않고 많은 한인여자들 을 동원하여 헌병대를 매일같이 찾아가 시체를 내어놓으라고 강력히 항의했 다. 일본헌병들은 시체는 이미 불태워서 재가 된 해골 밖에 없다고 둘러댔 다. 항의를 계속하였으나 일본헌병들은 끝까지 진실을 말하지 않았으며 화 장했다고 하는 곳조차 알려주지 않았다. 김마리야는 여러 날을 종일토록 항 의하였지만 일본헌병대는 끝까지 알려주지 않았다.[54] 4분의 애국지사들은 우수리스크 감옥이 있는데서 멀지 않은 왕바산재라는 산기슭에서 학살하고 땅에 묻은 후 흔적을 감추기 위하여 땅을 고르게 만들어 놓았다고 한다.[55]

김이직이 피살된 후에도 그의 매부인 김달하가 솔밭관 부대 등 한인빨찌 산부대에 식료품과 의복 등을 계속 공급하였다. 시베리아내전(원동해방전 쟁)이 종결된 후에 김달하는 중국상점 慶發福에 1,500루블의 외상을 지면서 까지 빨찌산부대에 군수품 공급을 계속하였는데 후일 혼자서 이 빚을 갚았 다고 한다.[56] 황경섭 선생 사후 그의 딸은 최재형선생의 셋째 아들인 최발

---

54) 리인섭, 『저명한 애국자들인 최재형, 김리직, 엄주필 동지들을 추억하면서: 조선민 족해방을 위하여 백절불굴하고 투쟁하다가 왜적들게 학살을 당한 40주년을 제하여 (1920년 1960년)』, 25~26쪽.

55) 리인섭, 『저명한 애국자들인 최재형, 김리직, 엄주필 동지들을 추억하면서: 조선민 족해방을 위하여 백절불굴하고 투쟁하다가 왜적들게 학살을 당한 40주년을 제하여 (1920년 1960년)』, 26쪽. 왕바산재는 당시 우수리스크 감옥 뒤편에 위치한 자그마 한 산을 말한다.

56) 류학관, 『윤동섭의병대에 관한 회상긔』, 1958년 1월 27일자, 44쪽 ; 리인섭, 『저명 한 애국자들인 최재형, 김리직, 엄주필 동지들을 추억하면서: 조선민족해방을 위하

렌쩐 페트로비치와 결혼하였다.

5. 맺음말

1920년 4월참변 당시 수많은 한인들이 우수리스크, 블라디보스토크, 하바로브스크, 스파스크, 포시에트, 이만 등 연해주의 주요도시에서 일본군에 의하여 체포되었다. 우수리스크에서 체포된 76명 가운데 최재형, 김이직, 엄주필, 황경섭 등 4명의 한인들은 우수리스크의 지도자들로서 아무런 정당한 절차를 거치지 않고 일본헌병대에 의하여 학살되었다. 이들이 어떻게 어디에서 왜 피살되었는지 어디에 묻혀있는 아직까지 알려진 바 없다. 현재 남아 있는 기록으로 당시 한인들의 회상들에 의하면 4분의 애국지사들은 당시 우수리스크 감옥이 있는 데서 멀지 않은 왕바산재라는 산기슭에서 학살되었고, 땅에 묻은 후 흔적을 감추기 위하여 땅을 고르게 만들어 놓았다고 한다. 이러한 추정은 사실에 가까울 것으로 짐작된다. 이들 네 분 가운데 최재형에 대하여는 잘 알려져 있지만, 나머지 세명에 대하여는 사진조차 남아있지 않으며 황경섭은 출생연도마저 알려져 있지 않다. 네 분 가운데 최재형과 황경섭은 어린 시절에 러시아로 이주하여 똑같이 러시아사회에 성공적으로 정착하여 청부업 등 사업을 통해 출세한 인물들이었다. 그러나 이들 두 사람은 한인사회에 대한 헌신성과 항일민족운동과의 관련성에서 커다란 차이가 있었다. 최재형은 한인사회와 역사적 조국인 한국에 대한 헌신하여 자신의 재산과 생명까지 잃었다. 황경섭의 경우 그가 항일운동에서 최재형을 비롯한 다른 세분과 달리 평소 일본인들에 의하여 반일적인 인물이 아니었다

여 백절불굴하고 투쟁하다가 왜적들게 학살을 당한 40주년을 제하여(1920년 1960년)』, 22쪽. 류학관에 의하면 솔밭관 의병대의 지도자였던 이중집은 군대해산 후에도 자신에게 자산이 남아 있었으나 김달하에게 돌려주지 않았다고 한다.

는 점에서 그의 재산을 노린 일본인 민회장과 헌병대의 음모에 의해서 피살된 것으로 추정되고 있다.

최재형의 경우 1906년 항일의병부대를 조직한 이래 지속적으로 항일애국운동에 참여해 온 러시아 한인사회의 최고지도자였으며, 김이직이나 엄주필은 각각 국내에서의 반정부, 반일적인 정치적 활동으로 활동이 불가능한 상태에서 러시아로 망명하여 니콜스크-우수리스크에 정착한 후 이 곳의 한인회의 지도자로 활동한 인물들이다. 최재형, 김이직, 엄주필은 우수리스크 한인사회를 이끌며 항일혁명운동을 지원한 애국자들이었다.

이들이 피살되던 1920년 4월참변의 시점은 1920년초 이후 러시아혁명세력이 득세하기 시작하고 한인들이 의연금 기부, 빨찌산대원으로 참가, 백위파와의 전투 참가 등의 활발해지고 있던 빨찌산운동(의병운동)을 통해 연대적인 협력활동을 강화하여 가고 있던 시기였다. 일본헌병대가 이들을 체포하여 아무런 법적 절차를 거치지 않고 서둘러 학살한 것은 러시아혁명세력과 한인애국자들이 연대하여 러시아혁명과 한국독립운동의 목표를 달성하는 것을 두려워했기 때문이다. 이러한 상황이 오는 것이야말로 일본이 가장 우려하던 최악의 상황이었던 것이다.

경신참변과 일본군의 한인 학살

김 춘 선*

1. 머리말

'경신참변'이란, 1920년 10월부터 1921년 5월까지 8개월 동안 2만여 명의 일본군이 국경을 넘어와 북간도와 서간도·장백현 일대에서 반일단체는 물론 일반 한인들까지 무자비하게 학살을 감행한 것을 말한다. 그것은 반일투쟁의 근거지이자, 최대 해외 한인사회를 이루던 간도지역에 대한 일본군의 '초토화' 계획으로 추진된 음모이자 만행이었다. 때문에 '간도참변'이라고도 하는데, 이 과정에서 한인들의 희생은 이루 말할 수 없었다.

그러나 이때 희생된 한인이 얼마나 되었는지도 정확하게 밝혀지지 않을 만큼 참변의 실상은 아직도 해명되지 않은 부분이 적지 않다. 자료상의 제약이 크겠지만, 학계의 관심과 연구도 만족할 수준에 이르지 못한 것이 사

---

* 중국 연변대 교수, 민족문제연구소장

실이다. 경신참변의 과정에서 발생한 청산리대첩에 대해서는 연구가 풍성한 반면에 경신참변을 다룬 연구는 영성한 실정이다.1) 일제는 청산리대첩에서 일본 정규군의 패배 원인으로, 반일무장세력이 북간도 한인사회와 깊게 착근되어 강력한 투쟁력을 발휘할 수 있었던 점을2) 지목하였다. 그리고 일제의 한인 학살은 그같은 배경에서 감행된 것이기도 하였다.

그렇다고 경신참변이 '훈춘사건'이나 청산리대첩의 패배로 인한 단순한 보복행위로 이루어진 것은 아니었다. 일제는 경신참변을 그들이 조작한 1920년 10월 2일의 '훈춘사건'에 의해 촉발된 것으로 꾸미려 했지만, 이미 1919년부터 획책되고 있었음이 그동안의 연구를 통해 규명된 바 있다. 그리고 그것은 일제가 시베리아와 만주·몽고를 지배하려던 '東亞大國'의 망상과도 관련 깊은 것이었다.3) 그런 점에서 일본군이 연해주에서 자행한 1920년의 '4월참변'과 경신참변은 맥락을 같이하고 있다.

본 발표에서는 이러한 점에 주목하면서, 새롭게 발굴한 자료를 덧붙여 경신참변의 배경과 실상을 재조명하고자 한다.

---

1) 조동걸, 「1920년 간도(경신)참변의 실상」, ≪역사비평≫, 역사비평사, 1998년 겨울호 ; 김철수·김중하, 「일제의 '경신년대토벌'에 대하여」, 『룡정3·13반일운동80돐기념문집』, 연변인민출판사, 1999 ; 김춘선, 「경신참변 연구 – 한인사회와 관련지어 – 」, ≪한국사연구≫ 111, 2000.12 ; 박민영, 「경신참변의 분석 연구」, ≪국사관논총≫ 103, 2003.

2) 金正柱 編, 『朝鮮統治史料』8권, 한국사료연구소, 1970, 205쪽. 1920년 일제의 「간도에 있어서 불령선인단체의 상황」 보고에서는 "間島는 在外不逞鮮人團體의 모든 세력을 집중하고 있는 곳이며, 同地에 있는 각 不逞團體의 무력은 조선독립을 표방하는 자들이 가지고 있는 위력의 거의 전부라고 말하여도 과언이 아니다. 상해임시정부도 이와 같은 간도의 무력단체를 배경으로 점차 그 존재를 인정하며, 또 조선내지에 있어서도 무식한 자들은 간도에 있는 무력단체의 세력을 과신하는 관계로 독립의 가능성을 믿는 경향이 있다. 따라서 간도에 있는 불령선인단은 조선내의 치안유지상 제일 중시하여야 할 것이다"고 파악하고 있었다.

3) 조동걸, 「1920년 간도(경신)참변의 실상」, ≪역사비평≫, 역사비평사, 1998년 겨울호. 조동걸교수는 이 글에서 "일본이 '시베리아 출병'을 강행할 때는 연해주에서 시베리아까지 일본 세력권에 편입시킨 다음에 만주와 몽고까지도 포괄한 동아대국을 건설한다는 허황하지만 그들로서는 야심찬 꿈을 가지고 있었다"고 분석하고 있다.

2. 경신참변의 배경

북간도와 서간도 등지의 반일무장투쟁은 3·1운동 이후 본격화되었다. 반일무장투쟁단체만도 수십여 개에 이르렀으며, 적게는 수십명에서 많게는 수백명에 이르는 이들 무장투쟁단체들은 1919년 8월 경부터 저마다 국내진공작전을 전개하였다.

1919년 9월 12일 조선군사령관은 재만 반일단체들을 소멸하기 위한 중국 영내 침입작전을 구상하였으니, 「對不逞鮮人作戰에 關한 訓令」(『朝參密』 第906號)[4]이 그것이다. 조선군사령관이 제19사단과 제20사단에 내린 이 훈령은 해외 반일단체들의 국내진입을 막기 위해 국경수비를 강화할 것을 주요 내용으로 하고 있으나, 반일무장단체들의 섬멸을 위해서는 두만강과 압록강을 넘어 중국 영내까지 추격한다는 것이었다. 즉 국경을 넘어 침입할 수 있다는 일본군의 방침이 세워진 것이다.

한달 뒤인 10월 13일 조선군사령부는 「在支那不逞鮮人對策에 關한 覺書」[5]를 통해 보다 구체적 대안을 세웠다. 이 각서의 요지는, 적당한 시기에 중국 측에 한인의 취체를 정식으로 요구할 것과 大狐山·城厰·柳河·樺甸에 걸치는 일대의 서간도지역은 관동군이, 북간도 일대는 조선군이 행군을 진행한다는 것이었다. 그런데 주목되는 것은 이때의 조선군과 관동군의 역할 구획이 경신참변 때의 일본군 침략과 일치하고 있다는 점이다. 그리고 이때의 '각서'가 조선군에 의해 작성되었지만, 관동군까지 포함하는 일본군 차원에서 이뤄지고 있음을 알 수 있다.

1920년에 들어오면서, 일제의 반일무장단체에 대한 탄압 계획은 더욱 강

---

4) 朝鮮軍司令部, 『間島出兵史』 上, 4~5쪽.
5) 齋藤實文書 740, 「在支那不逞鮮人對策ニ關スル覺書」(李盛煥, 1991, 『近代東アジアの政治力學』, 錦正社, 184쪽에서 재인용)

화되어 갔다. 당시 일본측 통계에 의하면 1920년 1월부터 3월까지 3개월간 반일무장단체가 수행한 국내진공작전이 총 24회에 달하였으며,[6] 상해 임정의 통계에 의하면 동년 3월부터 6월까지 국내진공작전이 32회, 일제 군경 등의 판공서를 파괴한 것이 34개소에 달할 정도였다. 이무렵 연해주에서도 1920년 3월 박이리아부대가 일본군이 주둔한 연해주 북쪽 항구(북사할린 건너편) 니코라예프스크를 공격하는 등 반일무장투쟁의 기세를 높여갔다.

1920년 4월 28일 봉천일본총영사 아카쓰카[赤塚]이 장작림에게 서·북간도지역에 중국 군대를 증파하여 반일단체들의 취체를 강력하게 요구한데[7] 이어 동년 5월부터 8월 사이 조선총독부·조선군사령부·관동군사령부·시베리아파견군·봉천총영사관 관계자들이 세차례에 걸쳐 이른바 '봉천회의'를 열면서 반일무장단체에 대한 탄압을 강화해 갔다.

5월 상순에 열린 제1회 봉천회의에서는 일단 장작림과 교섭하여 '日支協同搜査班'을 편성하여 반일운동가들을 탄압한다는 방침을 세웠다.[8] 이에 따라 서간도를 중심한 봉천지역에서는 우에다[上田]과 사카모토[坂本] 두 경찰고문을 대장으로 한 '일지협동수색대'가 편성되어, 1920년 5월 중순부터 8월에 이르는 4개월간 독립운동가와 반일단체들에 대한 대대적인 수색, 체포 작전이 행해졌다. 우에다[上田] 搜索隊는 1920년 5월 13일부터 7월 3일까지 興京, 柳河, 海龍, 通化 등지에서, 사카모토[坂本] 搜索隊는 5월 15일부터 8월 18일까지 安東, 寬甸, 桓仁, 通化, 集安, 臨江, 長白 등지에서 반일단체를 탄압하였다. 일제 기록에 의한 체포인원만도 365명에 달했다.[9]

일제는 서간도와 마찬가지로 북간도지역에도 '협동수색대'를 편성할 것

---

6) 姜德相 編,「對岸不逞鮮人ノ江岸侵入情況一覽表」,『現代史資料』27, 647~648쪽.
7)「間島に於ける不逞鮮人の妄動取締件」,『外務省警察史』(間島の部), 大正9年5月10日(『간도지역한국민족투쟁사』2권, 고려서림, 556쪽에 수록됨).
8) 姜德相 編,「間島地方不逞鮮人取締ニ關スル日支交涉ノ經過」,『現代史資料』28, 64~65쪽.
9) 국사편찬위원회 편,『한국독립운동사』3, 663~666쪽.

을 요구하였지만, 길림성장 徐鼎霖 등은 일본측의 요구를 거절하였다.[10) 중
일공동수색을 거부하였지만, 길림성 지방당국은 명목상 1920년 4월 80여
명으로 구성된 '토벌대'를 조직하고,[11) 6월 25일 이른바「韓黨取締章程12
條」를 제정하여 반일단체에 대한 단속을 표방하고 있었다. 그러나 이러한
조치는 일제 압력에 의한 표면적인 대응이었을 뿐이었다. 길림성 당국은 기
본적으로 반일세력들이 '정치범'의 성격을 띠고 있기 때문에 중국측에서 토
벌할 이유가 없다는 것이었다.[12) 그리고 지방 관리들은 반일 활동을 동정하
거나 지지하는 경우도 적지 않았다.

북간도지역에서 협동수색이 계획대로 이뤄지지 않자, 일제는 5월 29일
제2회 봉천회의를 통해 '일지협동수사'의 명의 하에 일본군이 주동적으로
반일단체에 대한 검거를 실시할 것을 결정하였다. 1920년 6월, 19사단 소속
의 일본군 월강추격대가 두만강을 넘었던 것은 이에 근거한 침입작전이었으
며, 이때 일본군이 대패하는 일이 벌어지면서, 일본군의 군사 침략과 반일단
체에 대한 '토벌' 계획은 더욱 가속화되어 갔다.

1920년 6월 봉오동전투 이후 일제의 압력에 굴복한 장작림이 북간도지역에
서도 길림독군고문 일본인 사이토[齋藤] 大佐의 감시 하에 중국군으로 토벌을
진행한다는 방침을 세웠으나,[13) 역시 서정림 등 길림 당국의 비협조로 '토벌'
은 아무런 효과를 볼 수 없었다.[14) 중국군의 토벌은 형식에 불과하였으며, 대
부분이 반일무장단체들과 협상하여 근거지를 이동시키는데 주력하였다.

7월 16일의 제3회 봉천회의에서는, 국경지역의 강안 일대에 대한 일지합
동수사의 강화뿐 아니라, 필요할 경우 중국군과의 협동 명의 아래 일본군
독자적으로 반일무장세력을 '소탕'한다는 방침을 세웠다. 이때의 계획은 일

10)「韓黨取締リ弁法」,『現代史資料』28, 66쪽.
11) 金正明,「不逞鮮人取締の爲支那官憲討伐隊を編成する」,『朝鮮獨立運動』3권, 153쪽.
12)『間島出兵史』上, 7쪽.
13) 朝鮮軍司令部,「張督軍ニ要求書事項覺書」,『間島出兵史』上, 9쪽.
14) 中華民國檔案資料,「연길 경찰제1구 순관이 한당들을 경내에서 축출한 상황보고」,
　　중화민국 9년 8월 20일.

본군 1개 연대의 병력으로 2개월 동안 주로 북간도 일대에서 반일무장세력을 '소탕'한다는 것이었다. 그리고 이를 인정해 줄 것을 중국측에 강력히 요구하였다.15)

이처럼 세차례에 걸친 봉천회의를 통하여 일제는 당초 제시한 중일 협동 수색 차원을 넘어 일본군 단독의 침략 작전으로 치달아 나갔다. 여기에서 주목할 것은 일본군의 단독 침략 작전이 북간도의 상황에 따라 구사된 것이 아니라, 이미 예정된 수순이었다는 점이다. 그리고 경신참변에서 빚어진 한인 학살 역시 그같은 침략 구도에서 자행된 것이라는 점이다. 그러한 사실은 다음의 과정을 통해서 더욱 명백하게 살필 수 있다.

봉천회의 직후인 8월 5일 일본공사 아바타[小幡]은 중국 외교당국에 정식으로 북간도 지역이 반일세력의 근거지로 '방치'되고 있는 것에 강력히 항의하는 한편 그에 대한 조치가 이뤄지지 않으면, 반일세력의 근거지를 '소탕'하는 '독자적 자위책'을 취하겠다고 협박하기까지 하였다.16) 일본공사의 공한은 일본군이 독자적으로 국경을 넘어 침략할 것을 포고한 것이나 다름없는 것이었다.

그리고 8월 15일 일제는 '경성회의'에서 '일지협동토벌'의 적극 추진을 결의하는 한편 이른바 「간도지방불령선인초토계획」17)을 수립하였다. 이어 8월 16일 육군대신 다나카 기이치[田中義一]은 1918년 시베리아에 출병하여 치타까지 침입한 경험을 가진 제3사단장 오바 지로[大庭二郎]을 조선군사령관으로 임명하였으며, 9월 초에는 북만주파견군사령관에게 "조선파견군이 9월 하순 간도방면 불령선인에 대한 토벌을 계획"하고 있다는 통보를 전달하였다.18) 즉 중일공동수색의 명목으로 반일단체에 대한 토벌을 중국측

---

15) 姜德相 編, 「間島地方不逞鮮人取締ニ關スル日支交渉ノ經過」, 『現代史資料』 28, 64~65쪽.

16) 「間島地方不逞鮮人に關する交渉」, 『外務省警察史』(間島の部), 大正9年8月5日(『간도지역한국민족투쟁사』 2권, 고려서림, 260~261쪽 참조).

17) 조선군사령부, 『間島出兵史』 下, 161~172쪽.

18) 姜德相 編, 「不逞鮮人討伐ノ爲軍隊使用ニ關スル件」, 『現代史資料』 28, 129쪽.

에 강요하는 한편 이미 대부대를 동원한 침략 작전의 군사계획을 세워놓고 있었음을 알 수 있다.[19]

'간도지방불령선인초토계획'은 앞서의 '각서'를 더욱 보강한 구체적인 군사 침략 작전이었다. '초토계획' 역시 2개월로 잡고, 앞선 1개월은 반일단체들에 대한 '토벌', 다음 1개월은 잔여 세력을 포함하여 반일단체에 동조한 한인 등 '토벌' 결과에 따라 '개정'한다는 것이었다. 이들은 토벌 구역을 훈춘·초모정자, 서대파·하마탕·배초구, 용정촌·대굴혼·국자가, 광포·두도구 등 네 지역으로 구분하면서 북간도 전역을 토벌 대상으로 삼았다. 따라서 간도참변의 대상은 반일단체 뿐 아니라, 북간도 한인을 포괄하고 있었다.

이는 일제가 "조선독립운동의 책원지는 조선내지에 있는 것이 아니라 오히려 境外인 만주, 시베리아 및 상해에 있으며, 그 근거지를 복멸하지 않으면 도저히 조선내지의 무사태평을 기할 수 없다. 그리고 간도방면은 그들 불령선인들의 책원지 중 책원지이며, 근거지 중 근거지로 이름이 있다"는 사실과 무관하지 않았다.[20] 이렇게 경신참변의 음모는 일제에 의해 계획적으로 추진되어 나갔던 것이다.

3. 경신참변의 실상과 한인 학살

일본군은 1920년 10월 2일 '훈춘사건'을 조작하면서, 사건 발생 당일에

---

19) 장작림은 이 시기 북경연합정부에서 자기의 세력을 확장하기 위하여 일본의 도움이 절실히 필요하였다. 그리하여 동년 9월 길림성장 徐鼎霖과 연길도윤 張世銓을 반일무장단체에 대한 취체가 철저하지 못하다는 이유로 전격 파직시키고 친신인 길림독군 鮑貴卿을 길림성장으로, 그리고 도빈을 연길도윤으로 임명하는 등 일련의 조치를 취함으로서 사실상 일제의 '간도출병'에 유리한 조건을 마련해 주었던 것이다.

20) 『東京日日新聞』, 大正 9年 10月 9日, 「朝鮮不逞團蕩平の好機·琿春事件の善後處置」 (李盛煥, 『近代東アジアの政治力學』, 錦正社, 1991, 192쪽 재인용)

경원수비대가 계획적 침입 작전을 개시하였다.21) 또한 동월 6일 조선총독 사이토 마코토[齋藤實]은 우치다[內田] 外相에게 정식으로 '간도출병'을 요 청하였고, 일본 각의에서는 그 이튿날 신속하게 '출병결의안'을 통과, 9일에 는 육군대신의 명의로 조선군사령관에게 출병명령을 하달하였다.22) 이어 각 종 구체적인 작전명령이 육군참모총장에서 조선군사령부로, 그리고 조선군 사령부에서 각 부대에 전달되었다.23)

일본침략군은 남으로 조선군 제19사단과 제20사단의 78연대, 동으로 浦 潮派遣軍 제14사단, 11사단, 13사단, 북으로 北滿洲派遣隊의 안사이[安西] 支隊, 서로 관동군 제19연대와 기병 제20연대 도합 2만명24)에 달하는 대병 력이 동·서·남·북 네 방향으로 포위망을 좁히면서 서북간도로 침입해 들어 왔다. 그 중 주력부대인 19사단은 다시 이소바야시[磯林] 支隊(갑 : 훈춘-나자 구-삼차구일대), 기무라[木村] 支隊(을: 서대파-십리평-대감자-배초구-하 마탕-의란구-팔도구일대), 東支隊(병: 용정-국자가-두도구-천보산-이 도구-삼도구일대), 師團直轄部隊(통신, 비행 및 병참 보급), 국경수비대(정: 두만강대안일대), 그리고 포조파견군은 제14사단(훈춘 및 용정일대), 土門子 支隊(토문자일대), 하뉴[羽入] 支隊(나자구-이도구-이십팔도구하자일대), 북

---

21) 『간도출병사』상, 17~18쪽. 일제는 10월 2일 오후 경원수비대 80명을 침입시키고, 이어 경원헌병대에서 헌병 6명과 安川少佐(봉오동전투시 '월강추격대'를 이끌고 봉오동에 침입하였던 일본군장교로 추적됨)가 이끄는 보병 1중대와 기관총 1소대, 훈융의 국경수비대 30명을 3일 밤까지 훈춘으로 침입시켰다.

22) 日本外務省 編,「十月九日田中陸軍大臣より大庭朝鮮軍司令官への指示事項」,『日 本外交文書·大正十年』第2册, 530~531쪽.

23) 朝鮮軍司令部, 『間島出兵史』下, 193~197쪽 ; 上, 28~44쪽,「參謀本部作命第57 號 訓令」1920.10.9,「參謀本部命第四九七號─指示」1920.10.10,「朝軍作命第三 號第19師團長ニ與フル軍訓令」1920.10.11,「第19師團訓令」1920.10.13,「參謀本 部第一部長ヨリ朝鮮軍參謀ニ指示事項」1920.10.14.

24) 金靜美,「朝鮮獨立運動史上における1920年10月」,『朝鮮民族運動史研究』3, 1986, 136쪽 ; 愼鏞廈,「獨立軍의 靑山里 獨立戰爭의 硏究」,『韓國民族獨立運動史硏究』, 을유문화사, 1985, 419쪽에서 일본군의 병력을 약 2만 5천명으로 파악하고 있다.

함께 수시로 국경대안에 침입하여 한인마을을 습격하였다. 그 중 회령수비
대는 10월 19일 鶴城·松堰·茂官屯을 습격하여 10명을 사살한 후 시체에 석
유를 부어 태워버렸으며,[33] 종성수비대는 19일과 21일 대안에 있는 한인마
을을 습격하여 17명을 사살하였다.[34] 일본군측은 국경수비대가 10월 17일
부터 12월 20일 사이 한인 107명을 사살하고 민가 94채, 학교 3개소를 소각
하였다고 기록하고 있다.[35]

東支隊는 10월 15일 부대를 편성한 후 17일 天寶山 방면으로 출동하려다
가 靑山里와 二道溝 일대에 반일부대가 집결하여 있다는 정보에 접하고 야
마다[山田] 討伐隊를 청산리일대로 파견하여 김좌진부대를 추격케 하고, 본
지대는 이도구로 이동하여 南·北完樓溝에 있는 홍범도연합부대를 포위, 섬
멸하려 시도하였다. 그러나 10월 21일부터 26일까지 청산리와 어랑촌일대
에서 전개된 청산리전역에서 東支隊는 오히려 반일부대의 매복전과 기습전
에 걸려 참패하고 말았다.[36]

청산리대첩에서 대패한 후 일본군의 '토벌'은 보복성 만행이 가해지면서
인류 역사상 찾아보기 힘든 잔인하고도 참혹한 죄악이 도처에서 연일 연출
되었다. 일본군은 10월 26일 간도총영사관에서 작성한 「배일부락 및 학교
조사표」[37]에 근거하여 연길현내에서는 銅佛寺·太平溝·臥龍洞·小營子·依
蘭溝를 비롯한 23개 마을과 興東學校·永新學校·明信學校 등 18개 학교, 화
룡현내에서는 上廣浦·漁郎村·柳洞·靑山里·靑坡湖·長財村·傑滿洞 등을 비
롯한 12개 마을과 明東學校·彰東學校·光東學校·正東學校 등 19개 학교,
왕청현내에는 柳樹河·大坎子·德源里·西大坡·鳳梧洞·合水坪·羅子溝 등을
비롯한 11개 마을과 明東小學校·元東小學校 등 5개 학교를 중점으로 대대

---

33) 「吉林督軍署ノ照會ニ對スル回答」, 『現代史資料』 28, 495쪽.
34) 同上, 218쪽, 「朝特105號: 第十九師團長ノ報告」.
35) 「剿討效果一覽表」, 『間島出兵史』 上, 108쪽.
36) 愼鏞廈, 「獨立軍의 靑山里 獨立戰爭의 硏究」, 『韓國民族獨立運動史硏究』, 을유문
　　화사, 1985.
37) 姜德相 編, 「排日部落及學校調查ノ件」, 『現代史資料』 28, 373~374쪽.

적인 '掃蕩'과 학살을 감행하였다.

『연변조사실록』에서는 당시 일제의 만행에 대하여 "일본침략자들은 도처에서 조선족 촌락에 대하여 위협, 공갈하여 남녀노소 할 것 없이 모조리 집안에 가둔 채 불을 질러 태워 죽였다. 그리고 무릇 불 속에서 뛰쳐나오는 자가 있으면 즉시 총칼로 찍어 죽이거나 땅굴을 파서 생매장하였다."고 서술하였으며,[38] 중국지방관원인 張巡師와, 鮑大帥 등이 1920년 11월 5일 외교총장에게 한 보고에서는 "간민들이 모여사는 부락을 한당들의 근거지라고 하면서 온 마을을 불살라 버렸으며 한민들 대부분이 살해되었다. 조금이라도 의심스러운 마을을 골라서 몇 집 또는 몇 십집씩 불살랐고 몇 명 또는 몇 십 명씩 죽여버렸는데 가는 곳마다 불타버린 집과 시체가 있었다. 이들은 태반이 밭가는 농민들이었지 결코 무기를 들고 떼를 지어 소란을 피우는 무리가 아니었다. 이렇게 마음대로 참살하는 것은 실로 인간성이라곤 털끝만치도 없는 일이다"[39]라고 일제의 만행을 규탄하였던 것이다. 이와 같이 '경신년토벌'에서 일본군은 무고한 백성들을 독립군이란 혐의를 씌워 무차별 학살하였던 것이다. 중화민국「延吉道尹公署檔案」자료에 기록된 참안사례를 바탕으로 학살의 실상을 분석하면 다음과 같다.

첫째 일본군의 '토벌'은 주로 한인들이 집거하고 있는 연길, 화룡지역을 중심으로 이루어졌으며, 둘째 피해자의 전부가 독립군이 아닌 무고한 백성들이었으며, 셋째 살인과 함께 주로 한인이주민들의 생활기반인 가옥과 양곡을 닥치는 대로 소각하였다는 점이다. 이러한 점들은 당시 일제가 이른바 '경신년대토벌'을 통하여 반일무장단체에 물심양면으로 적극적인 성원을 보내고 있는 북간도지역 한인사회를 초토화시켜 반일운동의 '근원'을 제거하려는 것이었다.

10월 21일 백운평전투에서 패배한 일본군은 "백운평 마을의 23세대의 여

---

38) 沈茹秋,「延邊調査實錄」,『延邊歷史硏究』2集, 延邊歷史硏究所, 216쪽.
39) 中華民國檔案資料, 張巡師·鮑大帥 등이 외교총장에게 올린「報告書」(1920년 11월 5일), 연변대학민족연구소 소장.

자들은 모두 밖으로 나오게 하고 남자는 젖먹이고 뭐고 몽땅 집에다 가두어 놓고 불을 질렀다. 집안에서 뛰쳐나오는 사람이 있으면 총창으로 사정없이 찌르고 기관총을 내둘렀다. 김응준이라는 어린이와 마을의 민간의사 이회보 및 그의 셋째 아들 등 셋이 겨우 살아났다."[40] 본 참안에 대하여 당시 친일 단체인 조선인거류민회는 보고서에서 "여자를 제외한 모든 남자들은 늙은 이나 어린이나 전부 살해되었다. 심지어 4~5세의 幼兒까지도 불행을 면치 못하였다"고 서술하고 있으며,[41] 화룡현공서의 「조사보고서」에서도 "青山子溝里燒毀墾民三十二戶, 人民燒死者五十二名 … 以上諸戶均將房屋粮草燒毀無存"이라고 기록하고 있다.[42]

다음으로, 용정촌 카나다장로파 장로교회의 제창병원 원장 마틴의 "견문기"에서는 10월 30일에 빚어진 장암동참안에 대하여 다음과 같이 서술하고 있다. "날이 밝자마자 무장한 일본보병 一隊는 耶穌村을 빈틈없이 포위하고 골 안에 높이 쌓인 낟가리에 불을 질렀다. 그리고는 전체 촌민더러 밖으로 나오라고 호령하였다. 촌민들이 밖으로 나오자 아버지고 아들이고 헤아리지 않고 눈에 띄면 사격하였다. 아직 숨이 채 떨어지지 않은 부상자도 관계치 않고 그저 총에 맞아 쓰러진 사람이면 마른 짚을 덮어놓고 식별할 수 없을 정도로 불태웠다. 이러는 사이 어머니와 처자들은 마을 청년남자 모두가 처형당하는 것을 강제적으로 목격하게 하였다. 가옥은 전부 불태워 마을은 연기로 뒤덮였고 그 연기는 용정촌에서도 보였다. … 마을에서 불은 36시간이 지났는데도 계속 타고 있었고 사람이 타는 냄새가 나고, 집이 무너지는 소리가 나고 있었다. … 알몸의 젖먹이를 업은 여인이 새 무덤 앞에서 구슬프

---

40) 延邊朝鮮族自治州檔案館, 『革命歷史資料』3061卷.

41) 『現代史資料』 28, 49쪽.

42) 中華民國檔案資料, 「日本侵略軍越界到我國的一些罪惡活動由」, 和龍縣公署外交類, 民國九年, 66號卷. 그러나 일제는 백운평참안에 대하여 "당시 불령선인들은 이 부락민과 함께 촌락내에 진지를 구축하고 아군에 저항하기 때문이며 … 살해된 선인은 전부 이 전투의 결과에 의한 것이다"고 변명하고 있다(「간도출병사 하」, 『朝鮮統治史料』 제2권, 275~276쪽).

게 울고 있었고, … 큰 나무 아래의 교회당은 재만 남고 두 채로 지은 학교의 大建築도 같은 운명이 되었다. 새로 만든 무덤을 세어보니 31개였다. … 다른 두 마을을 방문하였다. 우리들은 불탄 집 19채와 무덤 또는 시체 36개를 목격하였다."[43] 장암동참안은 여기에서 끝나지 않았다. 이튿날 일본군 17명은 다시 장암동에 쳐들어와 유족을 강박하여 무덤을 파헤치고 채 타지않은 시체를 모아 다시 소각하는 이중살해를 감행하였던 것이다.[44] 장암동참안에서 구경 몇 사람이 사살되었는가는 자료마다 다르다. 그러나 사건당일 현장을 검사한 연길현 警察第5分所 순관 叢振河의 보고에 의하면 '사상 한민 33명, 부상자 2명'으로 집계되고 있다.[45]

그 밖에도 참안사례는 허다하다. 연길현 第3區 襦襠溝(일명 의란구 남동, 혹은 중평촌이라 함)는 이씨성 30여 호가 사는 집성촌이었는데 11월 14일 일본군의 포위, 습격을 받아 10여 호가 소각되고, 李承浩·李汝樂·李汝益 등 21명이 무참히 총살당하였으며,[46] 화룡현의 開運屯에서는 朴春化·朴官世·金頭福 등 9명, 四對社 上下南湖에서는 10명이 한꺼번에 총살당하기도 하였다. 또한 일본군의 살인수단은 극히 잔인하였는바, 연길현 와룡동의 창동학교 교사 정기선은 얼굴 가죽을 몽땅 벗기고 두 눈을 도려낸 채 처형당하

---

43) 「獐巖洞虐殺事件」, 『現代史資料』 28, 676~677쪽.

44) 洪相杓, 『間島獨立運動小史』, 102쪽 ; 「間島出兵史」, 『朝鮮統治史料』 2권, 282~283쪽. 일본군은 장암동참안을 정당화하기 위하여 이른바 장암동이 '불령선인'의 '소굴'이라는 '죄증'을 11개 항목으로 열거하였으며, 또 저들의 죄악을 경감하기 위하여 토벌시 "길안내자들이 대체로 무지하고 私益과 私慾이 많은 下等賤民들이어서 무고한 백성들이 피해를 더 보았다"고 변명하였다(『現代史資料』 28, 487쪽). 그러나 조선군참모장의 보고에는 "토벌대가 출발할 때 我國 領事로부터 該部落(端興 및 獐巖은 모두 不逞鮮人 관계로 전부 소각할 것을 旨述받고 떠났다"고 서술하고 있다(『現代史資料』 28, 229쪽).

45) "巡官復帶警團到被害地點, 査驗共計擊斃韓民三十二名, 受傷者二名, 燒毀房十三撮"(中華民國檔案資料, 「延吉縣警察第5區調査日軍燒殺墾民事件表」, 延吉道尹公署檔案, 7-4-954券)

46) 中華民國檔案資料, 延吉縣警察所長 于捷三의 報告, 「第三分所調査襦襠溝日軍槍殺韓民焚燒房屋並華民所受損失繕單」, 中華民國9年11月14日.

기도 하였다.47) 그리고 화룡현에서 일본군은 12세의 어린이를 전선을 끊었다는 혐의로 머리를 자른 후 전선에 매달아 놓았으며,48) 연길현 춘양향(왕청현 하마탕) 일대에서는 무고한 한인 3명을 붙잡아 쇠못으로 그들의 손바닥에 구멍을 낸 후 쇠줄로 손과 코를 꿰어 10여 리를 끌고 다니다가 총살하였다.49) 뿐만 아니라 일본토벌대는 훈춘현 회룡봉 현립8소 교원 김홍석, 박현규 등 7명을 금당촌(지금의 경신향 금당촌) 숭실학교에 가두어 놓고 불태워 죽였고,50) 10월 23일에는 왕청현 托盤溝지방의 한인가옥 20채를 소각하고 10세 이상의 男丁은 전부 총살하였다.51) 이외에도 11월 12일 연길현 제3구의 남여노소는 아무런 이유도 없이 사살당하였고, 동년 10월 의란구 학교촌의 60살 좌우의 이주사 노인을 비롯한 12명의 한인들은 의란구부근 산고개에서 기무라지대의 토벌대에게 생매장 당했는데 이듬해 봄에 마을사람들이 그들의 시체를 찾아보니 온통 칼자리 뿐이었다고 한다.52) 또한 야수와 같은 일본군은 토벌중에 연길현 소영자에서 25명의 부녀를 강간하였으며, 이도구에서도 20여 명의 부녀가 강간당하였다.53) 이번 토벌에서 반일교육의 요람이었던 명동학교, 정동학교, 창동학교, 광성학교 등 수많은 학교들과 교회들도 대부분 소각되었다. 이 같은 참안에 대하여 1920년 11월 7일 ≪吉長日報≫는 「龍井村來函」이라는 주제로 다음과 같이 보도하였다.

"훈춘사건이 발생되자 일군이 들어온 수는 5,000~6,000명이나 된다. 그들은 독립군이건 아니건 묻지도 않고 韓人이라면 함부로 수색하며 살해하고 있다. 예

---

47) ≪獨立新聞≫ 제93호, 1921년 2월 5일자.
48) 『現代史資料』 28, 488쪽.
49) ≪吉長日報≫, 1920년 11월 10~11일자.
50) 1988년 11월 12일, 훈춘시 마천자향 포대촌 김하익(75세) 노인의 증언.
51) 中華民國檔案資料, 「奉報日軍入境各情形事誼由」 汪淸縣公署, 民國九年十月二十九日.
52) 1988년 10월 22일, 汪淸縣春陽鎭 全明俊(88세) 노인의 증언.
53) 리광인, 「'경신년 대토벌'과 연변 조선족 군중의 반'토벌'투쟁」, ≪한국학연구≫ 4, 인하대 한국학연구소, 1992, 127쪽.

컨대 三屯에서는 한인 3~4명이 체포되었고, 南大古比·五迹洞 마을의 가옥은 몽땅 소각되었다. 그리고 杉松背·劉鄉約溝에서는 14명이 打死되었는데 그 중에는 학생이 5~6명, 교원이 1명이 있었다. 小街에서는 12명이 打死되었고, 鏡城威子에서 打死된 남녀는 도합 200여 명에 달한다. 三道溝에서 불에 탄 華民 가옥은 2호이고 韓人 가옥은 500~600호이다. 삼도구내의 靑山里지방의 전 촌 한인가옥 1,000여 호를 전부 불살랐으며, 榛柴溝의 한인가옥 70~80호도 불태워버렸다. 懷慶街의 50~60호의 한인가옥과 명동학교도 불태웠다. 최근 三周日內에 연변일대에서 살해된 한인은 2,000여 명에 달하며 매개 촌에 이르러서는 남녀를 한곳에 집결시켜 놓고 함부로 총살하거나 불태워 죽였으며 혹은 집안에 가두어 놓고 燒殺하였다"

지금까지 경신참변의 실상과 사망자수는 명확히 밝혀지지 않고 있다. 또한 조선, 중국, 일본측의 통계자료도 서로 판이하게 다르다. 북간도 지역의 경우, 조선측의 통계에는 인명피해로 피살 3,664명, 체포 155명이고, 재산피해는 민가 3,520동, 학교 59개교, 교회당 19개소, 곡물 59,970섬에 달했다. 그러나 임시정부 간도파견원은 《독립신문》 87호에서(1920년 12월 18일자) 「西北間島 同胞의 狀 血報」란 주제로 북간도의 피해상황은 인명피해가 피살 2,626명, 체포 46명, 재산피해는 민가 3,208동, 학교 39개교, 교회당 11개소, 곡물 53,265섬이 소실된 것으로 보도하기도 하였다.[54] 그리고 박은식은 『한국독립운동지혈사』에서 서간도를 포함하여 한인 사자 3,106명, 체포자 238명, 소실가옥 2,500호로 집계하였다.[55]

다음으로 중국측의 기록을 보면, 1920년 11월 7일 《吉長日報》에서는 "최근 3주일 내에 연변일대에서 살해된 조선인은 2,000여명"이라고 하였으며, 1921년 5월 5일 연길도윤이 외교총장에게 보고한 公文에서는 길림성 연길도(연길, 화룡, 왕청, 훈춘, 동녕)에서 피살자가 華民 622명, 墾民 320명

---

54) 《獨立新聞》 1920년 12월 18일자, 「西北間島 同胞의 狀 血報」(이는 1920년 10월 9일부터 11월 5일까지의 통계임).

55) 朴殷植, 『한국독립운동지혈사』, 208~216쪽.

이라고 보고하였다.[56] 그러나 1922년 7월 14일 중국 외교총장이 중국주재
일본 小幡公使에게 보낸 조회에서는 연길도에서 사살 華民 24명, 佃民 23
명, 墾民 301명이며, 소각된 학교와 교회당은 화민측이 소학교 4개교, 간민
측이 교회당 3개소, 학교 1개교라고 기록되어 있다.[57] 여기에서 중국측의
통계자료는 당시 일본측과 배상문제를 협의하면서 집계된 것으로 보아 華
人이나 귀화입적한 佃民들의 숫자는 대체로 정확하다고 인정되나 배상대상
으로 취급받지 못하는 한인들의 통계수자는 상당한 정도로 누락되었으나 축
소된 것으로 판단된다. 그것은 화민의 재산 손실이 일화로 환산하여 2천 41
6원인데 비하여 간민의 손실은 96만 5천 953원이었다는 중국정부측의 집계
를 보아도 쉽게 알 수 있다. 반면에 가해자인 일제 토벌군측은 피살 494명, 체
포 707명, 소각 민가 531동, 학교 25개교, 교회 1개소로 피해 상황을 은폐, 축
소시켰다.[58]

서간도지역의 실상을 보면 다음과 같다. 이 지역에 대한 일본군의 침략은
조선군이 아닌 관동군이 동원되었다. 관동군은 1920년 10월 17일 일본측과
장작림 사이에 협의된 일지협동토벌에 관한 「原則」[59]에 근거하여 10월 23

56) 中華民國檔案資料,「五縣華人墾民被日軍燒殺受損狀況」, 吉林省延吉道道尹公署公
    文, 1921.5.5.
57) 姜德相 編,「吉林延吉道屬延琿和汪東五縣被日軍燒殺華佃墾各戶損失財產及人口
    數目一覽表」,『現代史資料』28, 592쪽.
58)「間島出兵史」,『朝鮮統治史料』2권, 108쪽,「剿討效果一覽表」; 일본군측의「死
    亡者人名一覽表」에서는 일본군이 토벌에서 사살한 인명수는 보병제73연대 106명,
    보병제74연대 64명, 보병제75연대 106명, 보병제76연대 136명, 보병제78연대 7명,
    기병제27연대 65명, 야포병제25연대 16명, 보병제28여단 24명, 총계 524명으로 집
    계하고 있다(『현대사자료』28, 520~544쪽).
59) 朝鮮軍司令部,「西間島方面關東軍ノ示威行動」,『間島出兵史』上, 85~86쪽. 日支
    兩國協同 原則은 다음과 같다. 甲: 支那側은 通化方面에 出兵하여 同地方의 警備
    에 任하며 특히 동쪽에서 逃亡해온 匪民의 搜査, 逮捕에 任한다. 乙: 日本은 當地
    에 있는 不逞鮮人들에게 威嚴을 보이기 위해 滿洲駐屯軍의 一部로서 該當地域에
    서 行軍巡廻한다. 따라서 關東軍의 一部는 該當地域에서 不逞鮮人 및 이에 참가한
    馬賊을 討伐한다.

일부터 이른바 '무력행군'의 명의로 서간도지역에 대한 침공과 만행을 감행하였다. 관동군에서는 철령 보병 제19연대와 공주령 기병 제20연대 소속 일본군 1,200명이 동원되었다.[60] 보병 제19연대는 무순으로부터 홍경을 경유하여 通化·桓仁·太平哨·寬甸 등지에서 12월 초까지, 기병 제20연대는 23일 公主嶺을 출발하여 海龍·三源浦를 경유하여 興京·英額城·商家臺 등지에서 11월 하순까지 방화·학살을 감행하였다.[61]

10월 27일 무순에서 홍경으로 쳐들어간 일본군은 사평가 두도구를 지날 때 한인예배당을 불지르는 만행을 저질렀으며,[62] 11월 1일에는 통화경내 삼과유수에 이를 때 왕청문의 한인학교 및 예배당을 모두 허물었으며, 한족회 본부지방 합니하를 습격하고 이어 유하현 독립군주둔지 삼원보, 대화사, 大沙灘, 蘭山 등지를 습격하였다.[63] 한족회본부와 독립군은 급히 안도현 대산림속으로 전이했지만 이 지구의 한족회 건축물들은 토벌대에 의해 전부 불타버렸다. 독립단 홍경지방 議事長 金道俊 장로를 비롯하여 池霞榮, 李根貞, 李時煥, 黃志長, 林寬浩 등 17명이 마을어구에서 총살당했다. 일본군은 그것도 모자라 富爾江을 건널때 한인들을 강물에 꿇어엎드려 놓고 그 위를 짓밟아 건너기도 했다.[64]

통화현 富江鄉 半拉背에서는 50여호 한인들이 살고 있었는데, 趙鏞錫과 金基善 등이 배달학교를 설립하여 반일교육을 진행하였다. 일본군은 산림속으로 피신간 한인들을 붙잡은 후 조용석, 김기선을 비롯한 7명의 교원과 군중을 통화로 끌고 가다가 英額布嶺에서 이들을 나무에 묶어놓고 칼로 찔러죽인 후 구뎅이에 던져 버렸다. 반랍배 군중들은 누가 누구인지도 구분할 수 없는 이들의 시체를 동남산기슭에 합장하였다.[65]

---

60) 金靜美, 「朝鮮獨立運動史上における1920年10月」, 『朝鮮民族運動史研究』 3, 1986, 154쪽.
61) 「間島出兵史」 上, 『朝鮮統治史料』 2卷, 85~86쪽.
62) 김양, 『압록강유역의 조선민족과 반일투쟁』, 료녕민족출판사, 2001, 257쪽.
63) 홍경현공서, 민국9년당안, 조문기, 『同歸敵愾』, 72쪽.
64) 김양, 『압록강유역의 조선민족과 반일투쟁』, 료녕민족출판사, 2001, 259쪽.

서간도지역에서도 일본군의 야수적 본성은 그대로 드러났다. 1920년 음력 9월 23일 일제 토벌군은 통화현 내에서 倍達學校 직원 3명과 자치회원 4인을 학살하고 학교의 기구 전부를 소각하였다.[66) 그리고 12월 30일에는 東西溝에서 한인농민 30명을 포박한 후 손바닥과 頭皮를 철사로 꿰여 끌고 다니다가 얼음 구멍에 처넣어 죽였으며, 환인·통화 兩縣에서는 체포한 10여 명을 八道溝에서 생매장하기도 하였다.[67) 일본군측은 이번 '토벌'에서 한인 500여명을 체포하였으며, 그 중 81명을 사살하였다고 기록하고 있으나,[68) 임시정부 간도통신원의 보고에서는 일본군이 유하, 삼원포, 흥경, 왕청문, 관전, 삼도구, 철령 등지에서 도합 1,323명을 사살하고 125명을 체포하였다고 기록하고 있다.[69)

한편 일제는 1920년 8월 당시 「간도지방불령선인초토계획」을 작성할 무렵 마적을 이용한 반일무장단체에 대한 '토벌' 계략도 꾸미고 있었다.[70) 이에 따라 조선총독부는 일본낭인 나카노 세이스케[中野淸助](별명 天樂)를 내세워 중국 마적 장강호를 수매한 후 蒙江縣에서 약 500명에 달하는 '토벌대'를 조직케 하였다. 이 때 장강호 마적단의 주요 임무는 일본군을 대신하여 '경신년대토벌'에서 사각지대로 남아있던 장백현일대(무송과 안도현을 포함)의 반일기지와 한인마을을 습격, 소탕하는 것이었다.

1920년 10월 서북간도지역에 대한 일제의 토벌이 본격화되자 장강호 마적단도 동월 하순 안도현 乳頭山의 한국인 배일부락에 대한 습격을 개시하였다. 본 습격에서 마적단은 40여 호의 한인가옥 전체를 소각하였으며 주민

65) 신빈만족자치현 조선족경제문화교류회 鄭錫崇의 현지조사자료 참조. 1996년 열사들의 후손과 친우들은 희생된 7명의 묘지에 기념비를 세웠다.
66) ≪獨立新聞≫ 제91호, 1920년 12월 13일자, 3면.
67) 『한국독립운동사』 제3권, 국사편찬위원회, 672쪽.
68) 「西間島에 있어서 不逞鮮人團의 狀況」, 『한국독립운동사』 제3권, 국사편찬위원회, 1983, 645~652쪽, 조선총독부경무국.
69) ≪獨立新聞≫ 87호, 1920년 12월 18일자, 「西北間島 同胞의狀 血報」.
70) 姜德相 編, 『現代史資料』 28, 126쪽.

10여 명을 독가스로 살해하였다.[71] 그후 함경남도 갑산군 北溪水에 근거지
를 옮긴 마적단은 계속하여 장백현내 24道溝, 22道溝, 23道溝, 21道溝, 20
道溝, 19道溝 등 한인마을을 차례로 습격하면서 무고한 백성들을 마음대로
학살하였다. 특히 21도구에서는 征蒙學校를 소각하고 독가스를 사용하여 2
7명의 한인이주민을 살해하는 만행을 저질렀다.[72] 이와 같이 조선총독부의
사주를 받은 마적단은 장백현 일대에서 200여 명의 한인을 살해하고, 120호
가옥을 소각함으로서 한인마을 대부분을 초토화시켰던 것이다.[73]

나카노 세이스케[中野淸助]는 조선총독부의 밀령에 따라 장강호 마적단
을 수매하여 '경신년대토벌'기간 동안 서간도와 장백현 일대에서 독립운동
가들과 한인 이주민들을 닥치는 대로 살해하였다. 그러나 조선총독부는 저
들이 마적들과 결탁한 증거를 없애기 위하여 1921년 3월 초 제19사단 74연
대의 성진, 북창, 삼수수비대를 파견하여 함경남도 혜산지구의 胞胎山부근
에 진을 치고 있는 장강호 마적단을 습격하였으며, 도합 171명을 체포하여
중국측에 인도하면서, 사실을 은폐시키고자 하였다.[74]

일제는 마적단을 종용하여 한인마을을 습격하는 한편 국경지역 경찰대나
수비대를 동원하여 직접 토벌에 나서거나 혹은 중국관병으로 변장하여 기습
하기도 하였다. 예컨대 1920년 11월 6일 함남삼수군의 왜경 10여명은 장백
현17도구 동평촌을 기습하였으며, 11월 29일에는 왜적의 지휘 하에 마적 2
백여 명이 장백현 22도구에 침입하여 100여명을 학살하고 한인가옥 29호를
소각하였다. 또한 부근의 민가를 수색하여 한인 50여명을 체포하여 학교에

---

71) 앞 책, 209쪽. 이때 사용한 독가스는 1920년 7월 장강호와 중야청조가 경성의 天祐
堂 약방에서 구입한 재료로 제작한 것으로 추정된다.
72) 위 책, 213~214쪽.
73) 채영국, 「1920년 '琿春事件'전후 독립군의 動向」, ≪한국독립운동사연구≫ 5집, 281
쪽.
74) 불만을 품은 중야청조가 그의 억울함을 호소하기 위하여 「天樂覺書」라는 수기를
남겼는데, 여기에는 당시 일제가 마적들을 이용하여 반일단체와 무고한 백성들을
살해한 죄악적 사실들이 상세히 기록되어 있다.

가둔 후 석유를 뿌려 태워죽였다.[75] 뿐만 아니라 1921년 3월 5일 왜경과 마적으로 혼성한 토벌대는 중국관병으로 변장하고 장백현17도구 천수평에 침입하여 부근에 산재한 주민들을 한곳에 모이게 하고 소총을 난사하였으며, 3월 6일에는 15도구에 잠입하여 李時雨 등 13명을 사살하였다. 그리고 4월 25일에는 일본순사 3명이 장백현 矢弓에 침입하여 부녀를 강간하고 백성을 학살하였다. 통계에 의하면 이 시기 장백현일대에서 한인들의 피해는 체포 4백여 명, 사살 212명에 달하였다.[76]

이상에서 보듯이, 경신참변은 지역에 따라 부동한 규모와 형식으로 진행되었다. 그러나 토벌과정에서 감행한 살인, 방화, 약탈, 강간 등 야수적 만행과 잔인성은 어느 지역이나 막론하고 조금도 다를 바 없었다. 당시 일본군은 "간민들을 살해하고 집들을 불살라 버린 것은 토벌이라는 근본책을 관철하기 위한 부득이한 사정이며", "귀국(중국)과 교섭하여 마땅히 그들의 근거지를 없애야 한다"고 주장하였다.[77] 당시 일본군이 감행한 '토벌'의 근본책은 방화, 살인이었으며, 그 목적은 한인사회를 초토화시켜 반일운동의 근거지를 소멸하기 위한 것이었다. 즉 일제의 '경신년대토벌'의 궁극적 목적은 반일무장단에 대한 '초토' 뿐만 아니라 이들 단체들의 토대를 이루고 있는 재만 한인사회를 훼멸시키려는 것이었다.

4. 맺음말

경신참변은 일제가 해외무장투쟁의 최대 근거지인 북간도와 서간도 일대를 '박멸'하기 위한 군사침략에 의해 저지른 만행이었다. 그것은 1920년 10

---

75) ≪獨立新聞≫ 1921년 5월 21일, 「長白縣의 慘狀別報」.
76) ≪獨立新聞≫ 1921년 2월 24일, 101호 3면, 「長白縣通信」.
77) 中華民國檔案資料, 張巡帥·鮑大帥 등이 외교총장에게 올린 「報告書」(1920년 11월 5일), 연변대학민족연구소 소장.

월 2일 훈춘사건을 조작하기 훨씬 전부터 획책되고 있었다. 이미 조선군은 1919년 9월 「對不逞鮮人作戰에 關한 訓令」을 통해 일본군의 침공을 가시화시켜 나가고 있었다. 이어 10월 13일 조선군사령부가 제의한 「在支那不逞鮮人對策에 關한 覺書」[78]에서는 북간도와 서간도 일대의 침공을 위해 조선군과 관동군이 역할을 분담하는 수준으로 치달아 나갔다. 여기에서 북간도지역은 조선군이, 서간도 일대는 관동군이 작전을 수행하기로 했던 이때의 계획은 1년 후 경신참변의 감행 당시 그대로 이행되고 있었다.

1920년에 들면서 일제의 반일무장단체에 대한 탄압 계획은 더욱 강화되어 갔다. 4월 28일 봉천 일본총영사 아카쓰카[赤塚]가 장작림에게 서·북간도지역에 중국 군대에 의한 반일단체들에 대한 탄압을 요구한데 이어 5월부터는 조선총독부·조선군사령부·관동군사령부·시베리아파견군·봉천총영사관 관계자들이 세차례에 걸쳐 이른바 '봉천회의'를 열면서 반일단체에 대한 탄압을 구체화시켜 나갔다. 그들은 중일공동수색을 내세웠지만, 내심으로는 일본군 단독의 침공 기회의 빌미를 찾고자 하였다. 5월 29일 2회 봉천회의에서 일본군의 주동적 군사침공을 결정한 일제는 1920년 6월 두만강을 넘었다가, 봉오동전투에서 크게 패하고 말았다. 그리고 7월 16일 3회 봉천회의에서, 일본군 독자적으로 반일무장세력을 '소탕'한다는 방침을 세웠다. 이때의 계획은 일본군 1개 연대의 병력으로 2개월 동안 주로 북간도 일대에서 반일무장세력을 '소탕'한다는 것이었다. 여기에서 주목할 것은 일본군의 단독 침략 작전이 북간도의 상황에 따라 구사된 것이 아니라, 이미 예정된 수순이었다는 점이다. 그리고 경신참변에서 빚어진 한인 학살 역시 그같은 침략 구도에서 자행된 것이라는 점이다.

8월 5일 일본공사 아바타[小幡]은 중국 외교당국에 정식으로 반일세력의 근거지를 '소탕'하는 '독자적 자위책'을 취하겠다는 공한을 보내면서, 일본

---

78) 「在支那不逞鮮人對策ニ關スル覺書」, 『齋藤實文書 740』(李盛煥, 『近代東アジアの政治力學』, 錦正社, 1991, 184쪽에서 재인용).

군의 독자적 군사침공을 포고하기에 이르렀다. 이와 함께 일제는 8월 15일 '경성회의'에서 이른바 「간도지방불령선인초토계획」[79]을 수립하였다. '간도지방불령선인초토계획'은 '각서'를 더욱 보강한 구체적인 군사 침략 작전이었다. '초토계획' 역시 2개월로 잡고, 앞선 1개월은 반일단체들에 대한 '토벌', 다음 1개월은 잔여 세력을 포함하여 반일단체에 동조한 한인 등 '토벌' 결과에 따라 '개정'한다는 것이었다. 이렇게 경신참변의 음모는 일제에 의해 계획적으로 추진되어 나갔던 것이다.

일본군은 1920년 10월 2일 '훈춘사건'을 조작하면서, 사건 발생 당일에 경원수비대가 계획적 침입 작전을 개시하였으며, 동월 7일 일본 각의는 신속하게 '간도출병결의안'을 통과시켰다. 이어 각종 구체적인 작전명령이 육군참모총장에서 조선군사령부로, 그리고 조선군사령부에서 각 부대에 전달되었다.

이때 일본침략군은 남으로 조선군 제19사단과 제20사단의 78연대, 동으로 浦潮派遣軍 제14사단, 11사단, 13사단, 북으로 北滿洲派遣隊의 안사이[安西] 支隊, 서로 관동군 제19연대와 기병 제20연대 도합 2만명에 달하는 대병력이 동·서·남·북 네 방향으로 포위망을 좁히면서 서북간도로 침입해 들어왔다.

일본군의 간도 침공과 경신참변은 훈춘사건이 발생한 10월 2일부터 일본군이 완전히 철거하는 1921년 5월 9일까지 약 8개월간 지속되었다. 일본군의 침공과 만행은 주로 북간도와 서간도, 압록강 대안지역인 장백현 일대에서 저질러졌다.

일본군이 북간도지역에서 저지른 만행은 크게 세 단계로 구분되어 진다. 그리고 이들의 만행은 철저하게 준비된 대로 잔인하게 이행되었다. 일본군의 '토벌'은 주로 한인들이 집거하고 있는 연길, 화룡지역을 중심으로 이루어졌으며, 피해자의 전부가 독립군이 아닌 무고한 백성들이었으며, 살인과 함께

---

79) 조선군사령부, 『間島出兵史』下, 161~172쪽.

주로 한인이주민들의 생활기반인 가옥과 양곡을 닥치는 대로 소각하였다.

경신참변의 실상과 사망자수는 아직도 명확히 밝혀지지 않고 있다. 자료에 따라 다르지만, 북간도 지역에서만도 4천여 명 이상이 학살되었다. 여기에 서간도, 장백현 일대의 피해까지 더해진다면 희생자는 더욱 많다고 보아야 할 것이다.

관동군이 자행한 서간도지역에서의 한인 학살 역시 북간도와 다르지 않았다. 그 뿐이 아니었다. 일제는 마적을 이용하여 반일무장단체에 대한 '토벌' 계략도 꾸며 나갔다. 이 때 마적단의 주요 임무는 일본군을 대신하여 사각지대로 남아있던 장백현 일대의 반일기지와 한인마을을 습격, 소탕하는 것이었다. 장백현 일대에서 한인을 학살한 마적단은 독가스를 사용하는 천인공노할 만행을 저질러 나갔다. 이렇듯 북간도에는 조선군이, 서간도에는 관동군이, 그리고 장백현 일대에서는 마적단이 학살을 자행했지만, 그들이 감행한 살인, 방화, 약탈, 강간 등 야수적 만행과 잔인성은 어느 지역이나 막론하고 조금도 다를 바 없었다.

경신참변에서 북간도와 서간도 일대의 한인이 겪어야 했던 수난과 고통은 이루 말할 수 없을 정도로 처참한 것이었다. 그것은 한국의 독립을 지켜내기 위한 길에서 피하지 못할 희생이기도 했다. 그러나 아직도 우리 학계는 일제의 야만적 만행의 전모를 밝히는데 미흡한 수준에 머물고 있다. 90여 년전 중국이라는 외지에서 벌어진 일이고, 또 이름없는 사람들의 희생이기에 실상 규명에 어려운 점이 있지만, 그들의 원혼을 달래주고 나아가 한국인의 정의 회복을 위해서라도 경신참변의 진실은 반드시 해명해야 할 역사적 과제라 하겠다.

경신참변의 분석 연구

박 민 영*

1. 머리말

간도 한인사회를 초토화한 庚申慘變은 한국을 침략·지배하였던 일제의 반인류적 속성을 생생히 드러낸 사건이라 할 수 있다. 강권주의를 모토로 하였던 일제의 대한 침략·지배 정책의 본질이 이 사건을 통해 그대로 표출되었던 것이다. 이러한 점에서 이 사건은 일제의 식민지 지배정책을 거시적으로 조망하는 데 시사하는 바가 크다고 할 수 있다.

1919년 3·1운동이 발발하자, 국내외를 막론하고 한민족의 독립열기는 극도로 고조되기에 이르렀다. 용정의 3·13집회에서 내걸었던 '朝鮮獨立祝賀會'라는 기치를 보더라도 당시 독립열기가 얼마나 팽배해 있었는가를 짐작할 수 있을 것이다. 국내의 만세시위는 군경을 동원한 무력으로 철저히 탄

---

* 독립기념관 한국독립운동사연구소 선임연구위원.

압할 수 있었던 데 비해, 압록강·두만강 대안의 간도와 연해주의 한인사회에서 고조된 독립열기는 그대로 독립군의 활발한 항일전으로 승화되고 있었다. 특히 간도 일대에서 건실하게 배양되었던 이러한 독립운동세력은 곧 일제가 한국을 식민지 통치하는 데 가장 큰 장애가 되었다. 그러므로 일제는 한국을 영구히 식민지 지배하기 위해서는 3·1운동 이후 비등하던 한민족의 독립열기를 차단시켜야만 하는 시대적 과제에 봉착하게 되었던 셈이다. 일본군의 간도 침공과 경신참변은 일제가 이러한 목적을 달성하기 위해 선택한 정책인 동시에 군사작전이었던 셈이다.

이러한 견지에서 볼 때, 경신참변은 병탄 직전인 1909년 전후에 감행한 대대적인 의병 탄압과도 속성을 같이 한다고 볼 수 있다. 일제는 대한제국 말기에 한국을 침략하는 막바지 단계에서 의병전쟁이라는 한민족의 총체적인 저항에 부딪치자, 이른바 南韓暴徒大討伐作戰 등과 같은 대대적인 초토화작전을 감행함으로써 반일투쟁의 예기를 꺾고 병탄을 실행하였던 前歷을 갖고 있었다.

한편, 일제가 감행한 1920년의 간도 침공은 독립운동세력 탄압이라는 일차적 목표를 넘어서, 그들의 일관된 국시였던 대륙침략정책의 연장선상에 놓여 있던 것으로 '東亞大國' 건설을 목적으로 한 계획적인 군사행동의 일환이었던 점도 간과해서는 안 된다. 따라서 1918년 일본군의 시베리아 침공과 연해주의 4월참변, 그리고 1920년 10월 간도 침공과 경신참변은 모두 이러한 맥락에서 살펴보아야만 그 역사적 진실 규명에 진일보할 수 있을 것이다.[1] 한국을 비롯해 遼東·시베리아 등지에 주둔하고 있던 일본군 전체가 움직이는 대규모 작전을 감행하였던 이면에는 일제의 대륙침공 야욕이 이처럼 도사리고 있었던 것이다.

그 동안 경신참변에 대해서는 만주지역 독립운동과 한인사회를 다룬 많은 논저 속에서 혼춘사건과 참변의 사례를 중심으로 부분적으로 언급되어 왔었다. 특히 이 사건이 청산리대첩으로 상징되는 만주 독립군의 항일전과

---

1) 金春善, 「庚申慘變 연구」, ≪한국사연구≫ 111, 한국사연구회, 2000, 139쪽 ; 조동걸, 「1920년 간도참변의 실상」, ≪역사비평≫ 45, 1998, 49쪽 참조.

직접 관련되어 있는 관계로, 이 분야를 고찰한 대부분의 논저에서 이 사건을 논급하였다.[2] 또한 근년에 들어와, 경신참변의 전말과 그 주변상황을 취급한 논문도 다수 발표되었다.[3] 그 가운데 특히 金春善의 논문은 경신참변의 전말을 본격적인 다룬 최초의 논고라 할 수 있을 것이다. 이 논문에서는 특히 간도 침공작전의 기본 계획이라 할 '間島地方不逞鮮人剿討計劃'의 내용을 분석하고, 참변 이후 간도지역에 친일세력이 부식되는 과정에 대해 세밀히 논급함으로써 참변의 전말에 대한 이해의 폭을 심화시켰다.

본고에서는 기존의 연구성과에서 부분적으로 논급되던 내용들을 종합하고, 이를 바탕으로 경신참변이 일제침략사와 독립운동사 양면에서 갖고 있는 전체적인 흐름과 내용을 파악하는 데 주안점을 두고자 한다. 이를 위해 먼저 경신참변이 야기되었던 시대적인 상황으로, 만주지역의 독립운동 고조 내용과, 경신참변의 서막으로 일어났던 연해주 한인사회의 4월참변에 대해 논급하였다. 이어서 경신참변의 단초가 되었던 琿春事件과 일본군의 간도 침공 상황에 대해 살펴보았다. 그리고 서북간도에 걸쳐 자행되었던 참변의 실상을 고찰함으로써 이 사건에 내재된 군국주의 일제의 본질을 폭로하고자 하였다.

---

2) 그 가운데 청산리대첩을 비롯한 만주 독립군의 항일전을 고찰한 주요 저서는 다음과 같다. 蔡根植, 『武裝獨立運動秘史』, 1949 ; 金承學, 『韓國獨立史』, 獨立文化社, 1965 ; 독립운동사편찬위원회, 『독립군전투사』, 1973 ; 愼鏞廈, 『韓國民族獨立運動史硏究』, 乙酉文化社, 1982 ; 尹炳奭·金昌順, 『再發掘 韓國獨立運動史』, 한국일보사, 1987 ; 尹炳奭, 『獨立軍史』, 知識産業社, 1990 ; 韓國獨立有功者協會 編, 『中國 東北地域 韓國獨立運動史』, 集文堂, 1997.

3) 혼춘사건과 경신참변을 주제로 한 주요 논고는 다음과 같다. 蔡永國, 「1920년 '琿春事件' 전후 독립군의 動向」, ≪한국독립운동사연구≫ 5, 독립기념관 한국독립운동사연구소, 1991 ; 리광인, 「'경신년 대토벌'과 연변 조선족 군중의 반'토벌'투쟁」, ≪한국학연구≫ 4, 인하대 한국학연구소, 1992 ; 蔡永國, 「'庚申慘變'(1920년) 후 독립군의 再起와 抗戰」, ≪한국독립운동사연구≫ 7, 1993 ; 조동걸, 「1920년 간도참변의 실상」, ≪역사비평≫ 45, 1998 ; 박창욱, 「훈춘사건과 '장강호' 마적단」, ≪역사비평≫ 2000년 여름호 ; 김철수·김중하, 「일제의 '경신년대토벌'에 대하여」, 『룡정3·13반일운동80돐기념문집』, 연변인민출판사, 1999 ; 金春善, 「庚申慘變 연구」, ≪韓國史硏究≫ 111, 한국사연구회, 2000.

본고의 집필에는 주로 일제측 자료가 활용되었다. 기왕에 널리 알려져 있는『間島出兵史』(조선군사령부 편)를 비롯하여 혼춘사건 관련 일본 방위연구소 소장 자료 등을 중요 자료로 이용하였다. 그리고 한국측 자료로는 임시정부 기관지였던 ≪獨立新聞≫의 관련기사, 그리고 이승만 자료 속에 포함되어 있는 참변 관련 자료 등도 활용하였다.

경신참변은 만주 독립군의 활동, 혼춘사건, 그리고 일제의 시베리아침공 등 3·1운동을 전후한 시기에 만주를 둘러싸고 벌어졌던 대규모 사건들이 복합적으로 작용한 결과 일어난 사건이다. 그러므로 이 분야에 대한 심층적 이해와 풍부한 자료 섭렵이 선행되어야만 그 본질에 접근할 수 있을 것으로 생각한다. 이러한 면에 비추어 본고는 필자의 정성과 역량이 부족했던 까닭에 만족할 만한 성과에 도달하지 못했다고 자인하지 않을 수 없다. 다만, 앞으로 이 분야를 연구하는 데 다소라도 일조할 수 있기를 기대할 따름이다.

2. 경신참변의 시대적 배경

1) 3·1운동 이후 만주 한인사회의 독립운동 고조

봉오동승첩과 청산리대첩으로 상징되는 1920년 만주 독립군의 항일전은 한국독립운동사의 근간을 이루고 있는 무장투쟁의 극점에 해당하는 민족적 쾌거였다. 이와 같은 만주 독립군의 활동은 1919년 3·1운동을 계기로 활발하게 펼쳐지게 되었다.

1918년 11월 독일이 마지막으로 항복함으로써 5년간 끌어온 제1차 세계대전이 드디어 종결되자, 이를 계기로 한민족의 독립운동은 일대 전기를 맞이하게 되었다. 러시아에서의 대한국민의회 결성, 만주에서의 대한독립선언서 공포와 일본에서의 2·8독립선언, 그리고 국내외에서 거족적으로 펼쳐진

3·1운동 등으로 연속되는 한민족의 고조된 독립열기도 1차대전 종결 직후의 세계질서 재편 무드에 편승하여 일시에 분출된 것이다.

간도와 연해주 일대의 해외 한인사회에서도 1914년 1차대전 발발 이후 비교적 소강상태를 보이던 독립운동이 1918년 말부터 다시 활발하게 전개되었다. 북간도의 민족운동자들은 국내외의 연계 하에 독립운동 방향을 모색하였다. 1919년 초에 延吉에서 개최한 기독교 대전도회 총회를 통해 거족적인 운동계획을 마련한 것이 그것이다. 그리하여 연해주로는 金躍淵과 鄭載冕을, 국내로는 姜鳳宇를 각각 대표로 파견하여 현지 독립운동세력과 연계토록 하였다.[4] 이때 연해주로 파견된 김약연 등은 그곳에서 대한국민의회를 조직하는 데 참여하고 현지의 민족운동자들과 회합하여 독립선언서 작성과 선포 등에 관한 협의를 가졌다. 나아가 파리강화회의에 파견할 대표단 인선 및 자금의 조달문제 등을 논의 결정하고 간도로 돌아왔다. 그 날이 국내에서 3·1운동이 발발하던 날이었다. 한편, 국내로 파견된 강봉우는 함흥으로 내려가 永生學校를 중심으로 독립선언 이후의 독립운동 방향 등을 협의하였다. 그리고 孔敎會 등 다른 종교계의 인사들과 일반인들도 2월에 들어서는 광무황제 薨去에 대한 望拜式 거행 등의 명의를 빌려 은밀히 독립운동 방향을 논의, 추진하고 있었다.[5]

또한 북간도의 민족운동자 33인은 연길 下場里에서 2월 18일과 20일 2차에 걸쳐 북간도 일대에서 전개할 독립운동의 방향과 내용을 협의, 결정하였다. 이때 모인 인사들 가운데 중요한 인물들로는 具春先과 金永學, 그리고 연해주로부터 온 高平을 비롯해 朴東轅·李弘俊·李聖根·朴敬喆·金舜文·姜龍憲·李聖浩·白瑜晶·崔鳳烈·朴貞勳·金東植 등이 있다. 여기서 합의된 내용은, 첫째, 북간도의 각 교회와 모든 단체는 단결 협력하여 조국 독립운동에 전력할 것, 둘째, 간도내의 모든 단체는 연해주에서 합의된 독립선언서 공포와 동시에 시위운동을 개시할 것, 셋째, 독립선언서가 발표

---

4) ≪獨立新聞≫ 제36호, 1920년 1월 10일자, 「北墾島, 그 過去와 現在」(四方子).
5) 尹炳奭, 『근대한국民族運動의 思潮』, 集文堂, 1996, 460쪽.

되면 간도내 각 단체의 유력자는 龍井에 회집하여 독립선언 대회를 거행할
것 등이었다.6)

북간도 독립운동자들의 이와 같은 지도와 방향 설정으로 琿春·和龍·延
吉·汪淸縣 등 북간도 각지에 산재한 한인 집단 거주지에서는 龍井의 3·13
운동을 비롯해 동시다발적인 대소 만세시위운동이 지속적으로 전개되면서
독립열기가 한층 고조되고 있었다. 외형적으로 드러난 자료만을 기준으로
할 때도, 3월 중순부터 4월 말까지 북간도 한인사회에서는 모두 54회의 집
회를 열었고 참여인원이 모두 10만 1천 4백 70명에 달하였다고 한다.7) 이
러한 통계수치를 통해서 보더라도 국내의 3·1운동과 마찬가지로 북간도지
역에서도 이 기간에 소수의 친일파와 노약자를 제외한 청장년층이면 거의
모두가 만세시위운동에 참여하였던 것으로 이해할 수 있을 것이다.

한국독립운동의 일대 분수령이 된 1919년의 3·1운동은 나아가 만주 독립
군이 수행한 독립전쟁의 계기로 작용하였다. 3·1운동 직후 국내외에서 활동
하던 민족지사들은 강력한 무장투쟁만이 일제로부터 민족이 해방될 수 있는
유일한 방편임을 절감하고 있었다. 이와 같은 인식은 민족해방운동의 방편
으로서의 평화적인 만세시위운동이 가지는 한계를 절감한 결과이기도 하다.
그리하여 1910년 국치 전후부터 민족운동자들은 그동안 국외 독립운동의
주된 사조였던 독립전쟁론의 구현을 위해 총력을 기울였다.

한편, 1894년 청일전쟁 이후 개시된 의병전쟁은 1907년 이후가 되면 북
한지역을 비롯해 압록강·두만강 대안의 간도와 연해주 지역에까지 확대되
어 치열하게 전개되었다. 그러나 1908년 하반기 이후 수년 동안 일제의 탄
압이 가중되는 상황에서 전력이 고갈된 이들 의병은 새로운 항전 방향을 모
색하고 장기지속적인 항일전을 수행하기 위해 간도와 연해주 등지로 넘어가
던 것이 일반적 경향이었다. 제천의병장 柳麟錫을 비롯해 李鎭龍·趙孟善·
朴長浩·白三圭·趙秉準·全德元 등의 양서지역 의병장, 洪範圖·車道善 등의

---

6) 위 책, 461쪽.

7) 楊昭銓, 『中國에 있어서의 韓國獨立運動史』, 韓國精神文化硏究院, 201쪽.

관북지역 의병장 등이 그러한 경향을 보여주는 두드러진 인물이다. 결국 이러한 의병의 북상 세력은 국치 이후 1919년 3·1운동을 계기로 항일무장투쟁사의 새로운 장을 열게 되는 독립군의 모태가 되면서 민족운동의 새로운 방향을 제시하게 되었던 것이다.

그 결과 서북간도와 연해주의 한인사회에서는 3·1운동 발발 직후부터 거의 동시다발적으로 항일전을 표방한 수많은 독립군 부대가 편성되고 있었다. 1919~1920년 사이에 북간도에서 조직된 독립군단만 보더라도 大韓軍政署·大韓國民軍·大韓獨立軍·軍務都督府·大韓義軍府 등 대규모 군단에서부터 大韓光復團·義民團·大韓新民團·大韓正義軍政司 등 중·소규모의 무수한 독립군단이 있었다. 또한 서간도에서도 西路軍政署와 大韓獨立團 등을 비롯해 光復軍總營·光復團·義成團·天摩隊 등 수십 개의 대소 군단이 독립전쟁을 표방하고 나섰다. 이러한 현상은 독립을 향한 한민족의 고조된 열기가 일시에 분출된 결과이기도 하였다.[8]

2) 일본군의 시베리아 침공과 4월참변

1920년 경신참변의 단초는 1918년 초부터 개시된 일본군의 시베리아 침공으로부터 비롯되었다고 할 수 있다. 일본군이 시베리아 침공을 감행하게 된 경위와 내용은 다음과 같다.

제1차대전의 와중이던 1917년에 러시아에서는 볼세비키혁명이 일어났다. 이때 성립된 혁명정부는 대전 탈퇴를 선언하고 전 세계의 무산계급을 향해 혁명 참여를 호소하게 되자, 연합국측은 러시아내전에 대해 무력간섭을 시도하게 되었다. 혁명 발발 직후인 1917년 12월 프랑스 파리에서 일본을 비롯해 미국·영국·프랑스 등 연합국 대표들이 모여 소비에트 러시아에 대하여 무력간섭을 하기로 결정하였던 것이다. 이러한 무력간섭 정책의 결정에

---

8) 박민영, 「독립군의 편성과 독립전쟁」, 『신편 한국사』 48, 국사편찬위원회, 197쪽.

는 볼세비키혁명을 계기로 시베리아에 대한 영토적 야심을 노골화하려는 일본의 역할이 컸다고 할 수 있다.

일본군은 다른 연합국보다 먼저 시베리아지역에 대한 무력개입을 시도하였다. 1918년 1월 12일 블라디보스토크 항구로 일본 순양함 '이와시'호가 입항한 것으로 필두로, 1월 14일 영국 순양함이 그 뒤를 이었으며, 1월 17일에는 또다시 일본 순양함 '아사히'호가 도착하기에 이르렀다. 뒤이어 미국 순양함 '브루클린'호도 가세하였다.[9)]

한편 해군에 뒤이어 일본 육군이 시베리아 침공을 단행하게 되는 것은 1918년 4월 5일 블라디보스토크 항구에 상륙하면서부터이다. 이때 미국·영국 등 연합군 13개국 군대가 러시아의 동서남북으로 진주하고 있었다. 그리하여 미국·영국·프랑스·일본이 협의하여 작전을 개시하였는데, 일본군은 1918년에는 1만 2천명, 한국에서 3·1운동을 봉쇄한 뒤에는 3개 사단을 넘어 1922년 패퇴할 때까지 많을 때는 7만 5천명의 병력을 진주시켜 러시아 볼세비키 혁명군과 싸우며 시베리아에 일본의 괴뢰정부를 수립하려는 망상을 불태우고 있었다. 일본군은 북사할린·연해주·흑룡주의 주요도시를 점령하였고, 한창 기세를 올릴 때는 치타에서 서진하여 자바이칼주까지 육박하고 있었다.[10)]

일본군의 연해주 침공 직후부터 한인들은 수이푼[秋風]·포시에트·수찬[水淸] 등지에서 빨치산부대를 편성하여 항일전을 벌였다. 이들 부대 가운데 1919년 말~1920년 초, 姜國模에 의해 결성된 血誠團이 특히 두드러졌다.

러시아 한인 빨치산부대가 일본군을 상대로 가장 큰 승첩을 올린 전투는 니콜라예프스크[尼港]에서 벌어졌다. 아무르강 하구의 니항에는 2개 보병중대가 주둔해 있었으며, 그 밖에 상인·어부 등 일본 민간인 다수도 진출해 있었다. 니항은 태평양 연안의 어업 중심지로서 해상교통이 편리하였던 까닭에 상당수의 한인도 거주하고 있었다. 이들 한인은 일본군 침략 이후 무장부대

---

9) 김승화 저·정태수 역,『소련 韓族史』, 대한교과서주식회사, 1989, 83~84쪽 참조.
10) 조동걸,「1920년 간도참변의 실상」,≪역사비평≫ 45호, 1998, 48쪽.

를 조직하여 러시아 빨치산과 연합작전을 벌였다. 한·러 연합부대는 1920년 3월 12일부터 5일간에 걸쳐 집중 공격한 끝에 니항 주둔 일본군을 섬멸시키고 영사 부부를 포함한 다수의 일본 민간인을 사살하였다. 니항사건을 계기로 일본군은 볼셰비키와 한인사회에 대해 직접 공격을 감행하고 나왔다.

일본군의 공격은 1920년 4월 4일부터 시작되었다. 그날 밤 일본군은 블라디보스토크 시내 중심부의 공공기관에 기관총과 대포 사격을 감행하였다. 이 때부터 5일 새벽에 걸쳐 우수리스크·스파스크·하바로프스크·슈트코프·포시에트 등지에서도 일본군의 공격이 파상적으로 펼쳐졌다.

블라디보스토크 공격 당시 특히 신한촌은 초토화되었고, 이로 인해 많은 한인이 죽었으며, 가택수색까지 이루어졌다. 이날 신한촌에서는 3백 명 이상의 한인이 체포되었다. 대규모 한인사회가 형성되어 있던 수찬 지방에는 4월 6일 밤에 일본군이 습격을 가하여 왔다. 한창걸이 지도하는 한인 무장부대가 저항하였으나 중과부적이었으며, 강태준 등이 전사하고 그 나머지 대부분은 이만(현 달레네첸스크)으로 옮겨갈 수 밖에 없었다.

우수리스크에서는 이 때 연흑룡주 노동자들의 회의가 열리고 있었는데, 일본군은 이 도시를 점령하자 여기에 참석했던 많은 대표들을 체포 혹은 살해하였다. 연해주 한인사회의 최고 지도자로 임시정부 재무총장에 선임되었던 崔才亨을 비롯해 김리직·엄주필·황카피톤·이경수 등이 이때 일본군에게 희생되었다. 4월참변은 시베리아를 침공한 일본군대가 1920년 4월 연해주 각지에서 이처럼 한인사회를 초토화한 사건을 말한다.[11]

1920년 연해주 한인사회의 이와 같은 4월참변은 곧이어 벌어질 간도 경신참변의 전주곡이었다. 일제는 대규모 군대를 동원한 초토화전략으로써 1919년 3·1운동 이후 연해주와 간도 한인사회에서 한층 고조되고 있던 항일독립운동의 기세를 압살하려 하였고, 그러한 전략을 구체적으로 실행한 결

---

11) 한국독립유공자협회 엮음, 『러시아지역의 韓人社會와 民族運動史』, 교문사, 1994, 197~198쪽.

과, 연해주에서 4월참변이 벌어졌고 뒤이어 간도에서는 경신참변이 야기되었던 것이다.

4월참변 이후 러시아에서 한국독립운동의 무대는 블라고베시첸스크·알렉시에프스크·치타 등의 흑룡주 일대로 일단 북상하게 되었다. 그리하여 연해주 일대에는 일본군이 각지를 점령하고 있었다. 결국 이 무렵 북간도 일대의 독립군은 동쪽으로는 연해주 주둔 일본군, 남쪽으로는 이른바 조선군, 서쪽으로는 관동군, 북쪽으로는 우수리 주둔 일본군에 의해 사방이 포위되어 고단한 형세에 놓여 있었던 것이다.[12]

3. 일본군의 간도 침공

1) '중일합동수색'을 통한 일제의 간도 독립운동세력 탄압시도

압록강·두만강 대안의 간도 한인사회에서 독립운동의 열기가 크게 고조되어 가자, 일제는 '중일합동수색'이란 명목으로 중국 당국의 힘을 빌려 독립운동세력을 탄압코자 시도하였다.[13]

먼저, 일제는 일본 본토 및 조선총독부 경무국 소속의 경찰대를 서북간도 각지에 소재한 자국 영사관으로 대거 투입시켜 중국의 주권을 무시하고 독립운동가들을 검색 탄압하기 시작하였다. 아울러 일제의 현지 영사관원들은 중국 관헌을 회유 혹은 강박하여 독립운동가들을 탄압하도록 강요하였다.[14]

다음으로, 일제는 조선총독부 아카[赤] 경무국장을 파견하여 동삼성의 최

---

12) 조동걸, 앞 글, 48쪽 참조.
13) 본 내용의 기술에는 尹炳奭, 『獨立軍史』(지식산업사, 1990, 161~164쪽)의 주지를 크게 수용하였음을 밝힌다.
14) 朝鮮軍司令部 編, 『間島出兵史』 上(金正柱 編, 『朝鮮統治史料』 2, 韓國史料研究所, 1970 수록), 10쪽.

고 실력자 長作霖을 압박하고 1920년 5월부터 8월까지 3회에 걸쳐 奉天會
談을 개최하여 '중일합동수색'을 통해 독립운동세력에 대한 대탄압을 시도
하였다.[15] 이에 따라 서간도를 중심으로 하는 봉천성내에서 일제의 奉天督
軍의 두 경찰고문을 隊長으로 하는 우에다[上田] 隊와 사카모토[坂本] 隊로
불리던 중일합동수색대가 편성되어 전후 4개월에 걸쳐 독립군 및 항일단체
에 대한 대대적인 수색작전이 벌어졌다. 명목상으로는 중일합동수색을 표방
하였으나, 실제로는 각지에 조직된 친일단체인 保民會를 앞세운 일제 군경
에 의한 독립군 학살작전이었던 셈이다.[16]

　그러나 북간도의 경우, 길림성의 중국 관헌 중에는 일제측의 합동수색 요
청을 암암리에 거부하고 독립운동세력을 지지하는 인물도 있었다. 길림성장
徐鼎霖을 비롯하여 연길도윤 張世銓, 보병 제1단장 孟富德 등이 그러한 입
장한 견지하고 있었다. 그러므로 북간도에서는 서간도와는 다르게 독립운동
세력에 대한 일제의 탄압정책이 효과적으로 이루어질 수 없었다.

　하지만 일제는 1920년 6월 7일 鳳梧洞에서 참패하게 되자, 주차조선군의
참모장 오노[大野]와 관동군의 참모장대리 다카시[佐藤貴志] 등이 전면에
나서서 제3차 봉천회담을 개최하여 중국측을 더욱 압박하고 나왔다. 이러한
상황에서 독립군측은 張世銓·孟富德 등과 교섭한 결과, 양측의 입장을 충분
히 고려하여 독립군은 근거지 이동을 단행하고 중국군은 출동상황을 독립군
측에 사전에 통보하는 것을 골자로 하는 타협안을 보게 되었다.[17]

　일제의 심한 압박 속에서 한·중 양측간에 이와 같은 타협이 이루어진 것
은 중국 영토 안에서 활동하고 있던 독립군측으로서는 중국 당국의 이해와
협조가 절실히 필요하였기 때문이었다. 이에 따라 대한국민회와 대한군정서
등 북간도의 여러 독립군 부대는 그동안 구축해 놓은 근거지를 포기하고 곧

15) 姜德相 編,「間島地方不逞鮮人取締ニ關スル日支交涉ノ經過」,『現代史資料』28,
　　64~64쪽.
16) 國史編纂委員會 編,『韓國獨立運動史』三, 1967, 198쪽.
17) 愼鏞廈,『韓國民族獨立運動史硏究』, 乙酉文化社, 1985, 403~404쪽.

이어 백두산 기슭을 향해 장정에 오르게 되었던 것이다.

결과적으로 일제가 의도한 중일합동수색을 통한 간도 독립운동세력 탄압 전략은 소기의 성과를 거둘 수 없었다. 이에 일제는 자국의 군대를 직접 동원하여 간도 한인사회의 독립운동세력을 근원적으로 초멸하려는 대규모 작전계획을 수립하기에 이르렀다. 이른바 '間島地方不逞鮮人剿討計劃'이 그 것이다. 이는 동시에 장차 만주 공략을 위한 일제의 입지를 더욱 강화할 수 있는 포석의 일환이기도 하였다.

주차조선군 19사단을 중심으로 한 일제의 이러한 대규모 군사작전 계획은 1920년 6월 봉오동전투 직후부터 구체적으로 입안에 들어가 8월에 완료되었다.[18] 이어 10월 초에 일제는 의도적으로 조작해 낸 琿春事件을 빌미로 삼아 전격적인 간도 침공을 감행하기에 이르렀던 것이다.

2) 일본군의 간도 침공

혼춘사건은 일본군이 사전에 공작한 것이다. 일본군은 사전에 통교하여 중국 마적을 매수하였다. 그리하여 9월 12일에 제1차 혼춘 습격이 있었고, 이어 10월 2일에 다시 혼춘 습격이 일어났다. 그 가운데 10월 2일에 일어난 습격 사건을 이른바 혼춘사건이라고 한다.[19]

상해임시정부 외교부에서 사건 발생 직후인 1920년 12월 9일에 작성한 선전 문서인 「북간도의 한인에 대한 일본의 만행」에서는 마적이 1, 2차에 걸쳐 혼춘을 습격한 사건의 전말에 대해 비교적 자세히 기술되어 있다. 다

---

18) 朝鮮軍司令部 編, 『間島出兵史』上, 11쪽.

19) 10월 2일 혼춘을 습격한 마적의 실체에 대해 愼鏞廈 교수는 "占東·萬順 등이 지휘하는 마적단"(『韓國民族獨立運動史硏究』, 411~412쪽)이라 하였고, 박창욱 교수도 "鎭東을 우두머리로 한 萬順·雙羊·滿天飛·만승 등의 마적단"(「혼춘사건과 '장강호' 마적단」, ≪역사비평≫ 51, 2000, 253~255쪽)이라고 파악하였다. 한편, 후술하는 임시정부 외무부에서 작성한 자료에도 1차 습격은 萬順, 2차 습격은 '老鎭東'이 인솔한 것으로 기록되어 있다.

소 장문이지만 그 주된 부분을 인용하면 다음과 같다.

　萬順의 匪徒 약 1백여 명이 성중군경의 미비함을 探悉하고 晝宿夜行하여 9월 20일에 東溝(距城70리)에 抵하여 集屯暫歇하고 當夜 9시에 혼춘을 향하여 進發하여 익일 상오 4시에 성중에 침입하니 군경은 睡夢中에 在하다. 비도는 동문으로 攻入하여 육군초소·헌병대·審檢廳看守所·商鋪 30여호·官銀錢分號 등을 次第로 습격하여 (하략)
　匪首 老鎭東은 제1차 혼춘습격에 만순과 相約하여 일치 행동하기로 하였더니 日期ㅣ 相左함으로 未參됨을 恨하여 자기 부하만으로 혼춘을 再陷코저 할새 兩途로 分하여 1백여명은 대포 2문을 携하고 別路로 東關을 進攻케 하고 자기는 4백여명을 率하고 北路로 來하다가 9월 29일 오전 3시에 荒溝에 至하여 該地駐紮所를 攻破하여 무기와 彈子를 약탈하고 30일에는 七座安를 進據하니 急報ㅣ 城內에 報道되다. 인민은 태반이나 피난도주하고 군경은 擧土를 隱措하니 □□□ 吉林督軍署에서 派來되어 前次 匪擾情形을 조사하던 副官 烏某가 자원하여 성내 총지휘가 되어 來匪를 방어하려 하다. 10월 1일에 비도가 關門咀子에 至함을 聞하고 혼춘 일본영사는 서기 高松을 縣知事署에 派하여 실정을 探聽하고 일본군대 加派를 요구하거늘 2일 오전 3시에 현지사는 경찰소장 牟錫齡을 遣하여 중국 군경이 족히 비도를 방어할지니 일군을 加派치 말라 요구하였으나 일본영사ㅣ 不允하므로 談話ㅣ 延長하여 오전 4시에 至하다. 此時에 비도는 北山으로 攻下하여 先히 日本領事署를 습격하니 이는 該區域이 중국 工兵의 防守하는 處인 故로 先陷치 아니하면 西關 일대는 劫掠키 不能한 所以라. 60여명의 공병을 擊斃하고 일본영사서 正室을 焚燒하고 일인 11인(남 8인, 여 3인)과 한인 7명(金度汝 외 6명이니 胡匪 습격이 긴박함에 일본영사서에 피난한 자)을 살해하고 일인 부상자 8명을 出케 하다. 일본 영사와 牟소장은 영사서 후면 小屋中에 匿入하여 난을 면하다. 비도는 東關으로 相約 攻入하는 비도 1枝와 전후 호응하여 약 6시간을 성중에 횡행하여 郵政局·海關·鹽倉·審檢廳看守所 등을 次第로 焚燒하고 오전 9시경에 퇴거하니 서관 성내에 延燒家屋이 30여 호요 綁去人數가 약 2백 명(한인 30여명, 일본상인 1명, 其餘는 중국인)에 달하다.(하략)[20]

20) 연세대학교 현대한국학연구소 편,「北間島의 韓人에 對한 日本의 蠻行」,『雩南李承晩文書』東文7, 193~195쪽.

위의 인용문은 사건 발생 직후 임시정부에서 파악한 혼춘사건에 대한 정보를 담고 있다고 생각된다. 혼춘사건의 전말에 대해서는 비교적 구체적이고도 정확하게 사실이 기록되어 있다. 1차 습격은 萬順이 주도하고, 2차 습격은 老鎭東이 주도하였던 것으로 파악하였으며, 특히 혼춘사건으로 지칭되는 2차 습격의 과정과 중국·일본측의 대응, 그리고 피해상황을 비교적 소상히 기술하고 있다. 이때 피해상황에 대해서는 일본인은 11명이 죽고, 8명이 부상하였으며, 한인은 7명이 살해된 것으로 기술하였다. 그리고 일본영사분관이 소실되고, 시내 가옥 30여 호가 불탔으며, 약 2백 명이 끌려갔다는 것이다.[21]

하지만, 이 자료에는 일본이 마적을 매수한 사실과 혼춘사건의 포괄적 의미와 파장 등에 대해서는 간과되어 있는 점으로 보아, 철저히 계획된 일제의 포괄적 침략 의도를 파악하기에는 한계가 있었다고 할 것이다.

일제는 혼춘사건을 일본군의 간도 침공을 정당화하기 위한 여론조작을 통해서 극대화하였다. 곧 사건 발발 직후부터 일제는 이를 '제2의 니항사건'으로 규정하면서 두만강 변경지대의 북한 주민을 동원하여 규탄 궐기, 그리고 군대 침공을 요청·지지하는 결의대회를 연이어 개최하였던 것이다. 그리하여 일본군의 출동과 더불어 두만강 대안의 회령·웅기·청진 등지에서 어용 결의대회를 개최하고, 나아가 10월 15일에는 이른바 '북선각지연합대회'를 개최함으로써 일본군대의 간도 침략을 정당화시켜 주었다.[22]

---

21) 한편, 일제측의 자료에는 마적단의 습격으로 중국군 70여명과 한인 7명이 살해당하고, 영사관원들이 피난한 뒤 비어 있던 일본 영사분관이 공격을 받았으며, 이때 조선총독부 함북파견 경찰부의 澁谷 일가와 일인 부녀자 9명도 아울러 살해되었던 것으로 나타나 있다(尹炳奭, 『獨立軍史』, 지식산업사, 1990, 165쪽 참조).

22) 陸軍省 篇, 『自大正八年至同十一年 間島事件關係書類』(일본 防衛研究所 소장), 「陸軍省受領 壹제1921호」(1920.10.4.)·「陸軍省受領 壹제1921호 其2」(1920.10.9.)·「陸軍省受領 壹제1979호」(1920.10.8.)·「陸軍省受領 壹제1981호」(1920.10.8.)·「陸軍省受領 壹제2060호」(1920.10.16.) 참조.
이상의 전보 문건들은 滿洲居留民會長, 會寧市民大會代表者, 朝鮮雄基市民大會,

혼춘사건 발발 직후, 일제는 '간도지방불령선인초토계획'에 따라 사전에 대기상태에 있던 병력을 즉시 간도로 투입하였다.[23] 일제가 간도 한인사회를 '초토화'할 목적으로 입안한 이 계획은 總則·出動·兵器·通信·給養·徵傭 등 모두 6개 부문에 걸쳐 총 23개 항목으로 구성되어 있었다. 그 가운데 총칙의 제1항에서는 "본 계획은 간도지방에 있는 불령선인 토벌의 목적으로 출병을 요구할 경우에 대비하여 준비할 사항을 지시하는 것이다."라고 하여 이 계획이 장차 감행될 간도 한인사회 초토화를 위해 수립되었음을 분명하게 언급하였다. 이어 총칙 제2항에서 "본 토벌은 그 기간을 약 2개월로 잡고 제1기(1개월)에는 전적으로 각 행동구역 안에 있는 불령선인단에 대한 토벌을 진행하며, 제2기(나머지 기간)에는 제1기의 결과에 의거해 나머지 방면에 대해 실시방안을 概定한다"라고 함으로써, 간도 전역에 걸쳐 있는 각지 한인사회에 대해 반복적이고도 파상적인 대탄압을 구상하고 있었음을 예시하고 있었다.[24]

이 계획에 따르면 일제는 북간도 전역에 걸쳐 (갑) 琿春－草帽頂子, (을) 西大坡－蛤蟆塘－百草溝, (병) 龍井村－大屈琿－局子街, (정) 廣浦－頭道溝 등 크게 4개 방면으로 나뉘어 군대를 침투시킴으로써 결과적으로는 이 지역에 산재한 한인사회 전체를 작전구역으로 설정하였던 것이다.[25]

10월 2일 혼춘사건이 발발하던 당일부터 일본군의 간도 침공은 개시되었다. 이 날 오후, 일제는 경원수비대 병력 80명을 혼춘으로 출동시키고, 이어 온성 부근에서 출동 대기중이던 아베[安部] 大隊와 경원헌병대 헌병 6명도

朝鮮淸津府民大會, 北鮮各地聯合大會 등의 명의로 육군대신에게 일본군의 간도 일대에 대한 침공, 나아가 점령을 결의해 청원하는 내용으로 이루어져 있다. 愼鏞廈 교수도 일제가 혼춘사건을 '제2의 니항사건'으로 규정한 사실과, 여론을 조작하기 위한 관제 시민대회 개최 사실을 지적한 바 있다(『韓國民族獨立運動史研究』, 乙酉文化社, 1985, 412~413쪽).

23) 朝鮮軍司令部 編, 『間島出兵史』上, 17~20쪽.
24) 朝鮮軍司令部 編, 『間島出兵史』下, 161쪽.
25) 위 자료, 165~166쪽.

신속하게 역시 혼춘으로 투입시켰다.[26)

이를 시작으로 일본군은 간도 전역에 걸쳐 대대적인 침공을 감행하기 시작하였다. 그 가운데서도 경신참변에서 가장 큰 참화를 입었던 북간도 일대에 집중적으로 투입된 일본군 '토벌대'의 주력부대는 함북 경성군 羅南에 사단사령부를 두고 있던 소위 주차조선군 제19사단이었다. 북간도 침공 주력부대인 주차조선군 19사단의 동원 병력과 침공루트를 살펴보면 아래와 같다.[27)

1. 磯林支隊

慶源으로부터 두만강을 건너 琿春河 방면에 진출하여 그 일원 토벌의 주력이 된다. 독립군을 羅子溝 방면으로 추격 포위하여 三岔口 방면에서 남진하는 浦潮軍 일대와 공동작전을 벌인다.

支隊長 육군소장 이소바야시 나오아키[磯林直明], 보병 제38여단 사령부, 보병 제75연대, 보병 제78연대 제3대대, 기병 제27연대 제3중대, 야포병 제25연대 제2대대.

2. 木村支隊

穩城으로부터 越江하여 汪淸 방면으로 진출해서 그 일원을 담당하는 주력부대가 된다. 대한국민회·대한북로군정서 등의 본영을 중심으로 토벌전을 수행한다. 특히 西大坡·十里坪·大坎子·百草溝·蛤蟆塘 등지를 반복 토벌한다.

支隊長 육군 보병대좌 기무라 마스조[木村益三], 보병 제76연대, 기병 제27연대 제2중대의 1소대, 山砲兵 제1중대, 공병 제19대대 제1중대의 1소대.

3. 東支隊

會寧 등지에서 월강, 龍井 방면에 진출하여 그 일원을 소탕하는 주력부대가 된다. 茂山에서 북상하는 제20사단의 일부대와 합동작전으로 독립군이 安圖·敦化 방면으로 이동하는 것을 저지 초멸한다.

支隊長 육군 소장 히가시 마사히코[東正彦], 보병 제37여단 사령부, 보병 제73연대, 보병 제74연대 제2대대, 기병 제27연대, 야포병 제25연대 제1대대,

---

26) 朝鮮軍司令部 編, 『間島出兵史』 上, 17쪽.
27) 위 자료, 28~89쪽 참조.

　　공병 제19대대 제3중대.

　4. 사단직할부대
　　일본군의 사령부는 羅南에서 會寧으로 북상하여 전신과 비행대, 그리고 병참
　　을 보급한다.
　　사단장 자작 高島友武, 보병 제74연대 제1대대본부 및 제3중대, 비행기반, 무
　　선전신반, 비둘기통신반.

　　제19사단 외에도 간도 침공작전에는 간도를 중심으로 동서남북 각지에
주둔하고 있던 여러 부대가 동원되었다. 러시아 연해주에 투입되어 있던 소
위 浦潮軍과, 旅順에 사령부를 두고 중국 침략의 첨병 역할을 수행하던 關
東軍에서도 일부 병력이 차출되어 출동하였다. 또한 조선군의 제20사단과
조선헌병대 및 조선총독부 경찰대도 그 일부 병력이 차출되어 간도에 투입
되기에 이르렀다.
　　만주로 출동한 포조군은 琿春·局子街·龍井 일대로 침공한 제14사단(보병
제28여단)을 비롯하여 제11사단의 일부(土門子支隊), 제13사단의 일부(羽入
지대), 그리고 북만주파견대의 일부(安西지대) 등이었다. 이들 부대는 북만
주의 三岔口－羅子溝, 남부 우수리지방의 바라바시－土門子, 포시에트-혼
춘-국자가 등지로 나뉘어 침공하면서 19사단 주력부대의 작전상황에 상응
하여 유기적으로 탄압작전에 임하도록 하였다.[28]
　　한편, 서간도로 출동한 관동군의 병력은 보병 제19연대의 일부 부대와 기
병 제20연대의 일부가 주력이 되었다. 즉 19연대장 杉山 대좌가 지휘하는
보병 1개 대대를 주축으로 한 부대는 撫順으로부터 興京을 거쳐 通化에 도
착한 뒤, 11월 15일 다시 통화를 떠나 桓仁·太平哨·寬甸 등지를 거쳐 12월
3일 安東에 도착하여 鐵嶺으로 귀환하였다. 또 기병 20연대는 公主嶺으로
부터 海龍·三源浦를 거쳐 11월 7일 通化에 도착한 뒤, 興京·英額城·商家臺
등지를 경유하여 11월 27일 開原에 도착하여 公主嶺으로 귀환함으로써 소

───────────

28) 위 자료, 80~85쪽.

위 토벌작전을 종료하도록 되어 있었다.[29]

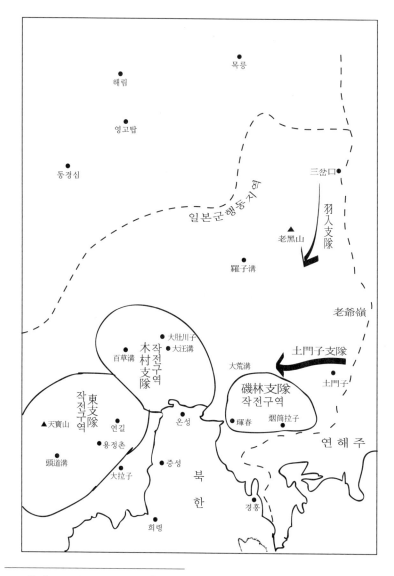

─────────────────

29) 위 자료, 86쪽 ; 姜德相 編, 「不逞鮮人ニ對スル陸軍ノ西間島示威行軍隨行復命書」, 『現代史資料 28』, 471~481쪽.

이처럼 간도를 침공한 일본군 병력이 모두 얼마인지는 확실하지 않다. 동원병력 가운데 후방 경계병력을 제외하고 일선에 투입된 전투병력의 숫자가 얼마인지도 명확하지 않다. 하지만, '토벌대'에 편성된 부대별 병력을 보면 주력인 조선군 제19사단에서 9천 명이 동원된 것을 비롯하여 20사단에서 7백 명, 포조군의 제14사단에서 4천 명, 같은 포조군 제11사단에서 1천 명, 제13사단에서 1천 명, 북만주파견대에서 1천 명, 관동군에서 1천 2백 명 등이 동원되어 총 1만 8천 명 내지 2만 명이 투입된 것으로 이해할 수 있다.[30] 이와 같은 대규모 병력이 일시에 출동하여 기관총과 대포 등 정예무기와 장비를 갖추고 북간도 전역을 사방에서 포위한 채 한인사회에 대한 '초토화' 작전을 감행하기에 이르렀던 것이다.

혼춘사건 이후 이와 같이 한국·중국·러시아 등지에서 간도를 중심으로 출동한 일본군의 소요 경비는 1910년 10월부터 같은 해 12월까지 3개월 동안 총 45,582,388圓의 임시군사비가 투입되었을 만큼, 일제로서는 이 사건을 기회로 만주지역에 대한 군사적 침략을 강화함으로써 동북아 정세의 일대 판도 변화를 초래하는 대규모 작전을 감행하였던 것이다. 그 구체적인 항목을 보면, 혼춘사건에 관하여 직접 군대를 출동하기 위해 지출한 경비가 4,147,582圓이었고,[31] 노령 및 북만주 파견대·靑島수비부대, 아울러 군사조사 등에 소요되는 임시군사비가 41,435,388圓이었다. 즉 대규모 부대가 각

---

30) 金靜美, 「朝鮮獨立運動史上における1920年10月」, 『朝鮮民族運動史研究』3, 靑丘社, 1986, 136쪽.
31) 혼춘사건으로 출동한 군대의 소요 경비 4,147,582圓은 다음 두 항으로 나뉘어져 있었다(일본 防衛硏究所 소장자료, 陸軍省受領 「貳第2356호」(수령일 1920.10.15), 「臨時軍事費支出分の件」의 통계수치 참조).
　　1. 「불령선인 소탕에 소요되는 경비」 : 헌병증가, 항공반, 통신설비, 군용비둘기반, 기타 부대행동비 등의 과목에 3개월간(1920년 10~12월)에 총 3,699,592엔이 투입되었다.
　　2. 「만주사단에서 기병 1개연대, 보병 1개대대 출동경비」 : 1개월 반 기간에 총 447,990엔이 투입되었다.

지에서 간도로 출동함에 따라 한국·중국·러시아에 배치·주둔하고 있던 일본군 전체가 이 작전을 지원하기 위해 재배치됨으로써 대규모의 임시군사비가 이처럼 투입되었던 것이다.

한편, 일제는 군대투입과 동시에 북간도 각지에 경찰분서를 설치하여 경찰력을 대폭 증강시켰다. 경신참변 전에 일제는 2백 40여 명의 경찰을 龍井村·局子街·頭道溝·琿春·百草溝·天寶山·南陽坪·八道溝 등 8개 지역에 설치된 경찰서 및 분서에 주둔시켰다. 그러다가 일제는 경신참변 기간 중 和龍縣의 大拉子·傑滿洞·釜洞, 延吉縣의 銅佛寺·依蘭溝·二道溝, 汪淸縣의 嘎呀河·凉水泉子, 琿春縣의 黑頂子·頭道溝 등 10개 소에 분서를 증설하고 1백 70여 명의 경찰력을 증원하였던 것이다.[32]

이상과 같이 혼춘사건을 기화로 일제는 朝鮮軍을 비롯하여 연해주의 浦潮軍, 그리고 만주를 경략하던 關東軍 등이 총출동하여 간도 한인사회를 사방에서 포위한 채 독립운동 세력을 초토화한다는 명분하에 무차별적인 탄압을 파상적으로 가하였다. 경신참변은 이들 일제 침략군에 의해 간도 한인사회가 입은 참화를 총체적으로 일컫는 것이다. 일제의 한국 침략과 지배 기간에 야기된 수많은 참극 가운데 가장 규모가 크고 비극적인 사건이라 할 수 있다.

4. 경신참변의 실상

1) 북간도 한인사회의 참상

경신참변은 혼춘사건을 계기로 일본군이 간도를 침공하기 시작하는 1920년 10월부터 완전히 철수하는 1921년 5월까지 약 8개월 간에 걸쳐 반복적

---

32) 蔡永國, 「庚申慘變後 독립군의 再起와 抗戰」, ≪한국독립운동사연구≫ 7, 독립기념관 한국독립운동사연구소, 1993, 326~327쪽.

으로 지속되었다. 일본군의 만행이 특히 집중된 지역은 북간도의 延吉·琿春·
和龍·汪淸의 4개 현이었다. 대규모의 이주 한인사회가 형성되어 있던 이 일대
에는 대한독립군·대한국민회군·군무도독부군·대한군정서·의군부·의민단·신
민단 등 수많은 독립운동단체 및 독립군단이 활동하고 있었기 때문에, 일본
군의 탄압이 서간도에 비해 그만큼 집중될 수 밖에 없었다고 할 수 있다.

간도 한인사회에 대한 일본군의 대탄압은 크게 세 단계로 나눌 수 있다.
제1단계는 10월 14일부터 11월 20일 '제1기 토벌'이 종료될 때까지로, 이
시기에는 주로 독립운동단체와 독립군의 활동 근거지로 지목되는 촌락과 학
교·교회 등에 대한 대대적인 탄압이 가해졌다. 제2단계는 11월 21일부터 12
월 16일 주력부대가 철수할 때까지로, 이른바 '잔당숙청'이라는 명목 하에
작전구역 안에 있는 한인사회에 대한 반복적인 수색과, 국경수비대를 동원
한 무력시위를 진행하였다.[33] 그리고 제3단계는 12월 17일부터 1921년 5월
9일 일본군이 완전히 철수할 때까지로, 이 기간에는 間島派遣隊를 기반으로
경찰분서의 증설과 총독부 경찰력의 증가, 친일세력의 부식 등 일련의 조치
를 취하면서 간도지역에서의 이른바 새로운 질서 확립에 주력하였다.[34] 그
가운데서도 일제의 만행은 1920년 10~12월 3개월간의 제1단계와 제2단계
에 집중되었다.

북간도를 침공한 주차조선군 제19사단 주력부대는 미리 준비해 놓은 '작
전계획'에 따라 다음과 같이 4개 支隊로 나뉘어 '작전구역' 안의 한인사회
에 대해 무차별적 '토벌'을 감행하였다.[35]

琿春河 방면으로 침공한 이소바야시[磯林] 支隊는 10월 13일 혼춘에 집
결한 다음 다시 세 부대로 나뉘어 10월 14일 밤부터 2~4일간에 걸쳐 琿春
과 大荒溝 일대의 한인마을에 대한 '제1차 토벌'에 들어갔다. 마키[牧] 대좌

---

33) 『間島出兵史』上, 40~41쪽.
34) 金春善, 「庚申慘變 연구 – 한인사회와 관련지어 – 」, 《한국사연구》 111, 2000, 149쪽.
35) 磯林·木村·東支隊 및 사단직할부대(국경수비대) 등 4개 지대의 출동상황과 탄압내
용 기술에는 金春善의 논문 「庚申慘變 연구」(150~151쪽)를 참조하였다.

가 인솔하는 제1토벌대는 14일 밤 혼춘을 출발하여 四道溝·煙筒拉子·三道
溝 방면으로 출동하였고, 아베[阿部] 소좌가 거느리는 제2토벌대는 大荒溝
방면으로 진출하였으며, 도도키[十時] 중좌가 인솔하는 제3토벌대는 혼춘
부근의 한인촌락들을 초토화하였다. 그 결과 제1토벌대는 혼춘 동북부지역
에 산재한 28개 한인촌락을 수색하면서 28명을 체포하고 그 가운데 4명을
사살하였으며, 제2토벌대와 제3토벌대는 3명을 사살하고 4명을 체포한 뒤
혼춘으로 압송하였다. 제1차 토벌 이후 10월 22일부터는 연해주의 바라바시
방면으로부터 혼춘 동북쪽의 중·러 국경 부근에 위치한 土門子로 침공한 제11
사단 소속의 土門子支隊 및 북만주 羅子溝 방면으로 침공한 13사단 소속의
하뉴[羽入] 支隊 등의 포조군과 합동작전으로 이 일대에 산재한 한인사회에
대해 무차별 타격을 가하였다.[36] 일제측의 통계자료에 의하면, 이소바야시[磯
林] 支隊는 이른바 작전 개시 이후 1920년 12월 20일까지 50명을 사살하고,
77명을 체포하였으며, 민가 43채, 학교 1개 교 등을 불태웠다고 한다.[37]

汪淸·百草溝 방면을 담당하였던 기무라[木村] 支隊는 온성 부근에서 두
만강을 건넌 뒤 西大坡·十里坪·石頭河子 일대에 대한 탄압을 개시하였다.
이 부대는 북간도 한인 독립운동의 근거지와 마을들을 초토화시키는 만행을
저지른 주역이 되었다. 특히 22일에는 대한군정서의 근거지인 왕청현 西大
坡와 十里坪 일대를 휩쓸었다. 십리평에 있던 대한군정서의 병영과 7개 동
(1동은 폭 20척, 길이 60척)에 달하는 士官練成所 건물이 이때 소각되고 말
았다. 일제측의 통계자료에 의하면, 기무라[木村] 支隊는 1920년 12월 20일
까지 94명을 사살하고, 1백 32명을 체포하였으며, 민가 1백 6채, 학교 2개
교 등을 불태웠다고 한다.[38]

龍井·和龍 지역을 담당하였던 東支隊는 10월 15일 龍井에 도착한 직후
局子街·天寶山·頭道溝·龍井村(지대사령부) 등 4개 방면으로 나뉘어 부대를

---

36) 朝鮮軍司令部 編, 『間島出兵史』 上, 47쪽.
37) 위 자료, 108쪽.
38) 위 자료, 108쪽.

편성한 후 즉시 초토화 작전에 돌입하였다. 10월 17일 화룡현 青山里와 二道溝 일대에 독립군이 집결해 있다는 정보를 입수한 지대장은 즉시 야마다 [山田] 토벌대를 청산리 일대로 투입하여 김좌진의 대한군정서 독립군을 추격케 하고, 지대사령부는 이도구로 이동하여 完樓溝에 있던 홍범도가 인솔하던 독립군 연합부대를 포위 섬멸하려 하였다.[39] 그러나 10월 21일부터 26일까지 1주일 동안 전개된 청산리대첩에서 독립군은 오히려 매복전과 기습전을 적절히 구사하여 공전의 전과를 거두었다. 하지만 일제는 이 과정에서 무고한 양민에 대하여 보복적인 살육과 약탈·방화를 자행하는 야수적 만행을 저질렀다. 일제측의 통계자료에 의하면, 히가시[東] 支隊는 이른바 작전 개시 이후 1920년 12월 20일까지 2백 22명을 사살하고, 3백 27명을 체포하였으며, 민가 2백 92채, 학교 17개 교, 교회 1개 소 등을 불태웠다고 한다.[40]

국경수비대는 주로 두만강 연안의 수비를 강화하는 한편, 헌병대·경찰대와 함께 수시로 국경 대안의 간도로 침공하여 토벌대의 작전을 지원하면서 국경 부근의 한인마을을 초토화하였다. 그 가운데 회령 수비대는 10월 19일 鶴城·松堰·茂官屯을 습격하여 10명을 사살한 후 시체에 석유를 부어 불태우는 만행을 저질렀다. 또 종성 수비대는 19일과 21일에 대안에 있는 한인마을을 습격하여 17명을 사살하였다. 일제측의 통계자료에 의하면, 국경수비대(강안수비대/병참수비대)는 이른바 작전 개시 이후 1920년 12월 20일까지 1백 28명(107명/21명)을 사살하고, 71명(17명/54명)을 체포하였으며, 민가 1백 채(94채/6채), 학교 5개 교(3개/2개) 등을 불태웠다고 한다.[41]

청산리대첩에서 참패한 일본군은 한인사회에 대해 보복성 만행을 가하면서 미증유의 참상을 도처에서 연출하고 있었다. 일제는 10월 26일 용정의 간도총영사관에서 조사·작성한 배일 촌락 및 학교 조사표를 근거로 하여 연길현내에서는 銅佛寺·太平溝·臥龍洞·小營子·依蘭溝 등을 비롯한 23개 마

---

39) 위 자료, 55~56쪽.
40) 위 자료, 108쪽.
41) 위 자료, 108쪽.

을과 興東學校·永新學校·明信學校 등 18개 교, 화룡현내에서는 上廣浦·漁郎村·柳洞·靑山里·靑波湖·長財村·傑滿洞 등을 비롯한 12개 마을과 明東學校·昌東學校·光東學校·正東學校 등 19개 교, 왕청현내에는 柳樹河·大坎子·德源里·西大坡·鳳梧洞·合水坪·羅子溝 등을 비롯한 11개 마을과 明東小學校·元東小學校 등 5개 교를 집중적으로 수색하여 학살과 방화를 자행하였다.[42]

이러한 수많은 참경 가운데 먼저 한인촌락이 집단적으로 참화를 입은 대표적인 사례를 소개하면 다음과 같다.

북간도의 경신참변을 상징하는 사건으로는 먼저 獐巖洞慘變을 들 수 있다. 연길현 勇智社에 있던 장암동 마을의 참변은 경신참변의 실상을 상징하는 사건으로 부각될 만큼 매우 잔혹하였다. 1920년 10월 30일 연해주로부터 출동한 이른바 포조군 제14사단(28여단) 제15연대 제3대대장 오오카 다카히사[大岡隆久]가 스즈키[鈴木] 대위 이하 70여명의 병력과 헌병 3명, 경찰관 2명 등을 인솔하고 주둔지인 용정촌을 떠나 용정 동북 25리 지점에 위치한 한인 기독교 마을인 장암동으로 출동하였다. 주민의 대다수가 기독교 신자로, 이들 주민들이 독립운동세력과 긴밀하게 연계되어 있다는 것이 탄압 명목이었다. 장암동에 도착한 일본군은 전 주민을 교회에 집결시킨 후 남자 33명을 포박하여 교회 안에 가두어 놓고 석유를 뿌린 뒤 불을 질러 태워죽이는 만행을 저질렀던 것이다.[43]

청산리대첩의 서전을 장식한 10월 21일의 백운평전투 당시 격전지 입구에 자리잡고 있던 白雲坪 한인마을도 일본군에 의해 철저히 유린되었다. 요행히 목숨을 건진 3명을 제외한 주민 전부가 학살되었을 뿐만 아니라, 23가

---

42) 金春善, 앞 논문, 151쪽 ; 姜德相, 「秘間情 제37호」(1920년 10월 26일), 『現代史資料』 28, ‘排日部落及學校調査の件’, 373~375쪽.

43) 朝鮮軍司令部 編, 『間島出兵史』 下, 「獐巖洞屠殺事件」, 270~284쪽 ; 金正明 編, 「獐巖洞附近ノ討伐状況」·「獐巖洞掃蕩詳報」, 『朝鮮獨立運動』 3, 原書房, 1967, 248~250쪽·268~271쪽.

구 마을 전체를 불탔던 것이다. 친일단체였던 조선인거류민회의 보고서에서 조차 "여자를 제외한 모든 남자들은 늙은이나 어린이나 전부 살해되었다. 심지어 4~5세의 유아까지도 불행을 면치 못하였다"고 기술, 일본군의 잔학상을 지적하였다.[44]

30여호의 이씨 집성촌인 연길현 依蘭溝의 南洞에서는 變姓한 3명을 제외한 모든 주민이 이때 몰살당하였다. 그 가운데 어떤 4형제는 함께 焚殺당하기도 하였다.[45]

또 연길현 속칭 개암나무골의 한인촌에는 10월 30일 19사단 76연대 소속의 일본군이 침입하여 민가 70여 채를 소각하고 주민 3백여 명을 집단 학살하는 참극을 자행하기도 하였다.[46]

경신참변 당시 곳곳에서 자행된 참극의 사례는 너무나도 다양하다. 그 가운데서도 특히 야수적인 만행을 저질렀던 사례를 들면 다음과 같다.

10월 28일, 연길현 春陽鄕 일대에서 3명의 한인이 체포되었다. 일본군들은 그들의 손바닥에 쇠못으로 구멍을 뚫은 뒤 쇠줄로 꿰고 그 쇠줄로 다시 코를 꿰어서 말 뒤에 매달아 10여 리를 끌고 다니다가 끝내 총살하는 만행을 자행하였다.[47] 그리고 화룡현에서는 일본군이 12세의 어린이를 전선을 끊었다는 혐의로 머리를 자른 후 전선에 매달아 놓기도 하였다.[48] 12월 6일에는 일본군이 연길현 臥龍洞의 昌東學校 교사이며 대한국민회 총부의 통

---

44) 金春善, 앞 논문, 158쪽 참조.
45) ≪獨立新聞≫ 제92호, 1921년 1월 27일자, 「北墾島虐殺慘狀」. 이러한 南洞의 참변에 대해 金春善은 현지 당안관자료(중화민국 9년 11월 14일자 연길현 경찰소장 于捷三의 보고)에 의거하여 "연길현 제3구 褲襠溝(일명 의란구 남동, 혹은 중평촌이라 함)는 이씨성 30여호가 사는 집성촌이었는데 11월 14일 일본군의 포위, 습격을 받아 10여호가 소각되고 李承浩, 李汝樂, 李汝益 등 21명이 무참히 총살" 당한 것으로 구체적으로 기술하고 있다(金春善, 앞 논문, 160쪽).
46) 김철수·김중하, 「일제의 '경신년대토벌'에 대하여」, 『룡정3·13반일운동80돐기념문집』, 연변인민출판사, 1999, 288쪽.
47) 위 글, 289쪽.
48) 金春善, 앞 논문, 160쪽.

신원인 鄭基善을 체포하였다. 일본군은 그를 연길현 鳩巢河의 新興洞으로 끌고가 심문하면서 얼굴가죽을 칼로 벗겨낸 다음 두 눈을 칼로 도려내어 '肉塊'로 만들기도 하였다.[49] 일본군은 심지어 2~3세의 유아를 창 끝에 꿰 어들고 아파서 울부짖는 비명을 들으며 쾌재를 부르는 야수적 만행조차 서 슴치 않았다. 연길현 八道溝에서는 어린아이 4명을 刺殺하였고, 연길현 藥 水洞에서는 살해한 시신을 다시 불에 태운 후 강물에 던졌다. 또한 연길현 小營子에서는 25명의 부녀가, 화룡현 二道溝에서도 20여명의 부녀가 집단 으로 강간당하는 사례도 있었다.[50]

1921년 1월 21일자 ≪獨立新聞≫에는 북간도에서 대한신보를 발행하던 '李氏'라는 인물이 현지의 한인사회가 입은 참상의 생생한 정황을 보내온 서신이 「墾北來信」이라는 이름하에 전재되어 있다. 그 가운데 참상의 일반 적 정황을 기술한 다음과 같은 대목은 경신참변의 끔찍한 실상을 그대로 보 여주는 생생한 증좌가 되고 있다.

> 친애하는 형님(독립신문사 관계자-필자주)! 형님은 이 북간도의 사변에 얼마 나 痛心하고 切齒하셨습니까. 이러한 학살과 방화는 다른 세계 민족과 역사에서 는 보지 못하던 바요 다못 韓族이 처음 보고 韓族의 역사에 처음 끼칠 慘禍와 怨恨이외다.
> 이 북간도에 많은 동포와 知己를 둔 형님은 그네의 存沒을 몰라 퍽이나 煩悶 中에 지내셨으리이다. 나도 아마 그 중에 一分子는 되었겠지요. 불행이라 하면 불행일 것이고, 행이라 하면 행일런지는 모르겠으나 나는 삶을 얻었습니다. 삶 을 얻은 나는 이렇게 씁니다.
> ◀ 豆滿江岸의 虐殺 ▶
> 客年 10월 14, 5일경에 두만강을 건너기 시각한 日兵은 바로 松墺洞에서 13 명의 학살을 첫번으로 개시하였습니다. 그리하여 두만강 연안에만 1천 5백명 이

---

49) ≪獨立新聞≫ 제93호, 1921년 2월 5일자, 「間島慘狀別報」.
50) 리광인, 「'경신년 대토벌'과 연변 조선족 군중의 반'토벌'투쟁」, ≪한국학연구≫ 4, 인하대 한국학연구소, 1992, 127쪽.

상의 死者를 出하였습니다. 가옥의 燒火됨도 그만 못하지는 아니하오리다.

동 18일경부터 3일간 敵我의 非常한 전투가 개시되어 味方(我方?-필자주)의 死者는 數三名에 불과하되 수천의 死者를 出한 적병은 더욱 그 악한 魔拳을 휘둘렀습니다. 그리하여 同戰爭地인 화룡현 三道溝는 그 주위와 및 頭道溝로서 三道溝에 往하는 途邊에는 人家 하나를 볼 수 없다 합니다. 노인과 壯年과 여자는 無論이요 3, 4세의 少兒까지 학살하였다 합니다. 그 수는 대개 얼마나 될런지요.

◀ 人을 立하고 사격연습 ▶

또 軍政署 士官學校의 소재지인 왕청현 시대포(西大坡-필자주)도 이보다 더할지언정 못하지는 않다 합니다. 화룡현 獐巖洞에서는 28명의 耶蘇敎人을 一場에 橫列하고 兵卒의 射的을 만들어 놓고 소총사격을 연습하였으며 연길현 依蘭溝南側은 전혀 30여호 되는 李姓의 村인데 3인이 僅히 姓名을 變하여 解脫되고 其餘의 全數가 학살되었으며 某氏의 4형제는 燒火되는 家屋中에 던져 넣어 焚殺하였다 합니다. 그 외에 수삼명 혹은 10여명의 학살은 없는 데가 없습니다. 放火도 그러합니다. 이는 간도 全體이외다.

◀ 창에 꿰여 죽는 小兒 ▶

아- 잔인과 포악의 화신인 日兵이여. 2, 3세 되는 小兒를 창 끝에 꿰어들고 그 아파서 부르짖는 것을 보고 웃고 주먹을 치고 快하게 여겼습니다. 製造가 方正한 匙箸와 부녀의 指環과 노인의 입은 毛物 어느 것이 다 抑奪되지 아니 한 것이 없고 소녀를 학살할 때에는 반드시 强奸하였소. 사람을 학살할 때에 일시에 총살하는 것보다 창으로 찔러 견디지 못하여 소리 지르고 苦悶하다가 죽는 것을 樂事로 삼았소.

◀ 剝皮한 累累衆屍 ▶

수십일 전만 하여도 간도 어디를 가든지 途傍에 死屍가 累累치 아니한 곳이 없소. 그러나 그 死屍는 반드시 그 面皮를 剝脫하여 誰某임을 판명치 못하게 만들었다 합니다.

야소교 신도를 학살한 곳에는 서양 선교사의 조사가 심함을 증오하여 地葬하고 腐한 屍體를 다시 발굴하여 유해 하나 남김없이 燒火하였다 합니다.

◀ 忌憚없는 强盜强奸 ▶

간도 수백만의 鷄種은 日兵의 반찬이 되고 말았습니다. 값을 준 일은 결코 없습니다. 부녀와 남자까지 없이 탈취당하였으니 더 말하지 아니 하여도 日兵의

强行의 萬一은 推察하리이다.

村에와 途傍에와 森林중에서 무고한 수천수만의 동포를 日領事 소재지로 몰아다가 自服을 勸하여 복종치 않는 자는 암살하여 치워버리고 복종하는 자는 仁政이나 베푸는 듯이 放送하며 寬大의 態를 가장하니 이는 필연 外人의 이목을 欺罔하려 함이리이다.

◀ 殘忍한 數萬의 祭物 ▶

그러나 그 無慘하고 잔인한 銃槍의 제물이 된 남자는 이미 수만에 달하였습니다. 燒火된 가옥도 그러합니다. 또 槍각에 팔과 다리가 끊기고 혹은 눈을 혹은 옆구리를 찔려 終生의 불구자가 됨도 수천이로소이다. 이는 속일 수 없는 사실이외다. 서대파와 삼도구에는 가족이 전멸되고 灰진만 남은 폐허중에서 원혼이 부르짖고 如干의 骨片만 산재한 것을 장차 무슨 방법으로 欺罔하려는고.

◀ 수천수만의 哀號聲 ▶

간도 전 一圓에 부모 잃고서 우는 아이, 형 잃고 우는 아우, 아우 잃고 우는 형, 자녀를 여의고 우는 노부와 노모, 부모와 오라비를 잃고 우는 소녀, 그 수천수만의 입을 제 무슨 방법으로 틀어막으려는고.

◀ 옷밥 찾는 衆口難防 ▶

식료품 한 점 의복 한 벌 건지지 못하고 다 태우고 삭풍 불어오는 이 雪上에 맨발 벗고 나서서 주린 배 움켜쥐고 울며 아버지 신 주시오 어머니 밥줘 하는 입을 제 무슨 방법으로 틀어막으려는고!

아- 잔인하도다- 포악하도다 土耳其(터어키-필자주)의 兵의 에루살렘에와 독일병의 白耳義(벨기에-필자주)에 이러하였는가요?[51]

한편, 서북간도 일대에서 일제의 흉포한 만행이 고비를 넘긴 다음인 1920년 12월 10일, 상해임시정부에서는 정부 요인들이 참석한 가운데 상해 민단 사무소에서 姜宇奎 의사와 만주 독립군, 그리고 경신참변으로 희생당한 한인들을 위한 추도식을 엄숙히 거행하였다. 이 날 국무총리 李東輝가 매우 강개한 어조로 낭독한 참절비장한 추도문의 일부를 소개하면 다음과 같다.[52]

---

51) ≪獨立新聞≫ 1921년 1월 27일자, 「墾北來信」.
52) 이 추도문은 朴殷植의 『韓國獨立運動之血史』(維新社, 1920)의 경신참변 결론부

嗚呼痛哉며 嗚呼慘哉라. 세계 역사에 國을 위하여 생명을 犧牲한 자 何限이리
오마는 我 大韓同胞 男女老幼와 같이 極慘酷禍를 당한 자는 未有하였고, 兵을
縱하여 殺掠을 자행한 자 何限이리오마는 彼倭賊과 같이 흉잔포학한 자는 未聞
하였도다. 오호라, 墾北 일대와 墾西 일대에 거류한 우리 동포제군이시여, 불행
히 百六의 厄運을 値하여 仇賊의 臣僕을 不認하므로 扶携渡江하여 풍설을 觸冒
하며 荊棘을 斬除하여 천신만고를 忍受하고 惟一勞動으로 생활을 요구하면서
조국광복으로 기도하며 세계의 문화를 授受코자 교회와 학교를 竭力創辦하여
穹林荒野에 弦誦이 相聞함으로 吾族 前途의 무궁한 희망이 此에 在하더니 乃彼
倭賊이 盜國의 奸策을 旣逞함에 因하여 滅族의 毒計를 진행코자 수만의 蠻兵이
墾北과 墾西에 침입하여 우리의 선량한 동포를 撲滅코자 할새 혹 生으로 埋하며
혹 火로 燒하며 釜로 烹하며 혹 江에 投하며 鼻를 穿하며 脅을 貫하며 腹을 剖
하며 首를 斬하며 眼을 鑿하며 皮를 刮하며 腰를 斬하며 手足을 斷하고 砲殺과
刀殺과 杖殺과 縛殺과 拳殺과 踢殺로 함에 我 동포는 혹 祖孫이 同殺되며 혹 父
子 倂殺되며 혹 其夫를 殺하여 其妻에게 示하며 혹 其弟를 戮하여 其兄에게 示
하며 혹 喪主가 魂魄箱을 抱하고 難을 逃하다가 형제 俱斃가 되며 혹 산모가
襁褓兒를 懷하고 화를 피하다가 母子并戮이 되고 幾千戶의 가옥과 幾萬石의
양곡과 幾十處의 교당과 학교가 一炬에 盡滅하였으니, 세계고금에 如此히 極慘
한 血史가 有하며 여차히 잔학한 蠻種이 有한가. (하략)[53]

2) 서간도 한인사회의 참상

서간도의 한인사회 참화는 앞 장에서 언급한 1920년 5~8월간에 일제가
획책한 이른바 '중일합동수색' 기간에 그 서막이 올랐다. 우에다[上田] 隊와
사카모토[坂本] 隊로 불리던 중일합동수색대에 의해 4개월간에 걸쳐 서간도
한인사회의 독립운동세력에 대한 입체적 탄압작전을 벌였던 것이다. 그리하
여 우에다[上田] 隊는 興京·柳河·海龍·通化縣 일대를, 그리고 사카모토[坂
本] 隊는 安東·寬甸·桓仁·通化·集安·臨江·長白 등지를 각각 전전하면서

(165~166쪽)와 거의 동일한 내용으로 이루어져 있는 점으로 보아, 박은식의 글
을 대본으로 정리한 것으로 추정된다.

53) ≪獨立新聞≫ 1920년 12월 18일자, 「西北墾島에서 慘死한 同胞 追悼文」.

수많은 독립운동가를 살해 혹은 체포하였다. 일제측의 보민회 관련 정보기록에서는 그 탄압 결과에 대해 "사카모토[坂本] 班의 체포자 277명 중 사살 8명, 영사관 중국측에 인도 57명, 조선측(일제총독부)에 인도 5명, 설유방환 207명, 우에다[上田] 班의 체포자 88명 중 사살 1명, 설유방환 87명"이라고 기록하고 있다.[54]

중일합동수색 시기의 한인사회 탄압에서 특기할 사실은 서간도 독립운동의 중심지였던 三源浦가 초토화되었다는 점이다. 삼원포 일대에 대한 중일합동 수색대의 내습은 5월 31일 전격적으로 벌어졌다. 3백 명이 포박되어 끌려가 모진 고문을 받았던 삼원포 내습사건의 전말에 대해 당시 ≪독립신문≫은 자세히 보도하고 있다. 그 요지의 일부를 보면 다음과 같다.

> 去 5월 31일 早朝에 敵警(日警−필자주) 4명은 走狗(密偵−필자주) 6,7과 중국 巡兵 30여와 騎馬巡兵 15,6명을 데리고 유하현으로부터 돌연히 來襲하다. 적은 중국 순병을 사방에 세우고 敵警과 敵犬이 2,3명씩 作隊하여 남자란 남자는 12,3세의 어린 학생으로부터 6,70의 年滿한 노인에 이르기까지 한 사람도 남기지 않고 포박하다. 이리하여 당장에 포박된 3백여 명은 중국 巡警廳에 구류를 당하다. (중략) 포박된 3백여 명의 동포는 일일이 적의 참혹한 형벌을 당하면서 심문을 받다. 혹은 母指(엄지손가락-필자주)를 매어 공중에 댕긍히 달고 난타하며 혹은 鼻孔에 水를 灌하여 昏絶케도 하며 그 외 별별 말못할 악형을 다하다.[55]

얼마 후 일본군의 간도 침공시기에 북간도와 마찬가지로 서간도의 한인사회도 초토화되었다. 서간도를 침공한 일본군은, 상술하였듯이, 일제 관동군 소속의 보병 제19연대와 기병 제20연대의 일부 병력 1천 2백 명이었다. 撫順을 출발한 보병 제19연대는 通化에 도착한 뒤 11월 중순부터 12월 초순에 걸쳐 桓仁·大平哨·寬甸 일대의 한인사회를 초토화하였으며, 기병 제20

---

54) 國史編纂委員會 編, 「48. 保民會의 經過」, 『韓國獨立運動史』 三, 1967, 664~665쪽.
55) ≪獨立新聞≫ 1920년 6월 24일자, 「敵警 大擧하여 三源浦를 掩襲」.

연대는 11월 초순부터 하순에 걸쳐 海龍·三源浦·通化·興京·英額城·商家臺·開原 일대의 한인사회에 대한 탄압작전을 벌였다.[56] 그 결과 서간도 각지의 한인사회에서도 '尸山血河'의 대참화를 입게 되었던 것이다.

그 가운데서도 興京縣의 旺淸門 일대의 한인사회는 큰 참화를 입었다. 이곳을 내습한 일본군은 중국인이 경영하던 왕청문 고등소학교에 군중을 모아 놓고 독립운동세력 탄압을 위해 군대가 출동했음을 연설함으로써 참화를 예고하였다. 그리하여 李根眞 장로를 비롯한 왕청문교회의 중심인물들과 학교직원 등 10여명을 인적이 드문 깊은 산중으로 끌고가 무참히 살해하였다. 참변의 현장을 목격한 마부의 전언으로 유족들은 이들의 시신을 겨우 수습할 수 있었을 뿐이었다. 일본군은 왕청문에서 이러한 만행 외에도 西堡교회당과 江南교회당, 그리고 민족교육기관이던 三成學校를 초토화하기에 이르렀다.[57]

서간도 한족회의 자치구역 안에 있던 통화현의 西半拉背는 20여 호에 불과한 작은 한인마을이었으나, 이곳을 내습한 일본군에 의해 참화를 입었다. 이곳에는 평북 정주 사람인 趙鏞錫이 동생 趙厚錫 등과 함께 1918년에 설립한 倍達學校가 있었다. 교장은 조용석이 맡았으며, 교감은 金基善, 교사로는 趙東鎬 등이 있었다.[58] 11월 3일 西半拉背에 들이닥친 일본군은 배달학교의 집기를 파괴하고 교직원 3명 전원과 한족회 자치회원들을 참살하는 만행을 저질렀던 것이다.[59]

광복군총영의 근거지였던 관전현의 紅通溝에서도 일본군의 만행은 자행되어 '崔團長' 외에 3명이 총살당하였다.[60] 그리고 12월 30일에는 東西溝에서 일본군이 농민 30명을 포박한 뒤 掌心과 頸皮를 철사로 꿰어 끌고 다니

56) 朝鮮軍司令部 編, 『間島出兵史』上, 86쪽 ; 姜德相 編, 「不逞鮮人ニ對スル陸軍ノ 西間島示威行軍隨行復命書」, 『現代史資料 28』, 471~481쪽.
57) ≪獨立新聞≫ 1920년 12월 18일자, 「旺淸門附近의 慘狀」.
58) 한국독립유공자협회 편, 『中國東北地域 韓國獨立運動史』, 集文堂, 1997, 244쪽.
59) ≪獨立新聞≫ 1921년 1월 21일자, 「墾島通信」.
60) 위와 같음.

다가 끝내 얼음 속에 빠뜨려 살해하는 극악무도한 만행을 저질렀다.[61]

일제의 이와 같은 만행은 혜산진 대안의 깊숙한 오지인 압록강 상류의 長白縣 일대에서까지 자행되었고, 그 결과 4백여 명이 체포되고 2백 12명이 참살당했다는 기록도 보인다.[62]

상해임시정부에는 간도 파견원의 조사 보고에 의거하여 서북간도 일대에서 입은 참화 피해를 집계하였을 때, 유하·삼원포·왕청문·관전 등지를 중심으로 하는 서간도 일대에서만도 한인 1천 3백 23명이 살해되고, 1백 25명이 체포당한 것으로 기록하고 있다.[63]

3) 경신참변의 피해상황

1920년 겨울에 야기된 서북간도 일대의 경신참변에서 입은 구체적인 피해상황을 명확히 제시하기는 결코 쉽지 않다. 무엇보다 한·중·일 삼국간의 관련자료마다 자국의 이해와 입장에 따라 피해의 정도가 다르게 기록되어 있기 때문에 실상에 접근하기가 어렵다. 그리고 대개의 자료는 참변이 집중적으로 벌어지는 1920년 10~11월간의 피해상황에 대해 집중되어 있고, 1921년 5월 일본군의 완전 철수 때까지 전 기간에 걸쳐 일어난 참변의 피해상황을 기록한 경우가 없기 때문에 전모를 파악하는 데 일정한 한계가 따르는 것이다. 이러한 점을 감안하고, 여러 자료에 나타난 경신참변의 피해상황에 대해 살펴보고자 한다.

한국측 자료로는 상해임시정부 계통의 보고자료가 있다. 임시정부에서 간도 파견원의 보고에 의해 공식적으로 파악한 피해상황을 보면, 인명 피해가 피살 3천 4백 69명, 피체 1백 70명이고, 재산 피해는 민가 3천 2백 9개 동,

---

61) 위와 같음.
62) ≪獨立新聞≫ 1921년 4월 2일자, 「長白縣通信」. 이 통신에는 장백현 각지에서 한인이 입은 참화의 사례와 실상을 자세히 보도하고 있다.
63) ≪獨立新聞≫ 1920년 12월 18일자, 「西北墾島同胞의 慘狀血報」.

학교 36개 교, 교회당 14개 소, 곡물 5만 4천 45섬이 소실된 것으로 기록하고 있다.[64] 그러나 이 통계수치에는 누락된 내용이 있었기 때문에 추가로 파악한 피살 인원 1백 54명을 합하면, 모두 3천 6백 23명이 피살된 것으로 나타난다.[65]

다음으로 임시정부 외무부에서 경신참변의 만행을 규탄하기 위해서 1920년 12월 9일자로 작성한 문서 「北間島의 韓人에 대한 日本의 蠻行」 속의 피해상황 조사표와 제2회 서북간도 '韓僑被害調查表', 그리고 국제사회에 일제의 만행을 고발하기 위해 피해상황 조사표를 영역한 「Report on Japanese Outrages upon Korean and Chinese Civilians in Manchuria」 등 3건이 있다.[66] 외무부에서 작성된 동일한 성격의 문서이기는 하지만, 통계수치상에서는 약간씩 차이가 있다. 「북간도 한인에 대한 일본의 만행」 속에 포함되어 있는 통계표에서는 간도파견원의 보고에 의해 작성된 피해상황표와 동일하게 피해종별을 7가지로 분류하고 있다. 그 가운데 피살인수에 대해서만 살펴보면, 서북간도 합하여 모두 3천 1백 9명으로 집계되어 있다. 그리고 10월 9일부터 11월 30일까지의 피해상황을 조사한 제2회 서북간도 한교 피해조사표에서는 피살자와 부상자, 그리고 피체자를 구분하지 않고 '死傷及被擒者數'라는 이름으로 함께 집계하여 모두 3천 7백 36명이 피해를 입은 것으로 기록해 놓았다. 그리고 가옥 3천 2백 7채가 불타고, 학교 34개 교, 교회당

---

64) 위 자료. 임시정부 간도 통신원의 보고에 의해 작성된 이 통계표는 '10월 9일부터 11월 30일까지의 된 사실조사'라는 附記가 있어 이 기간에 이루어진 사실에 대한 통계로 일단 인정되지만, 본문에는 '10월 9일부터 11월 5일 합 27일간의 도처에 (하략)'이라는 조사기간을 암시하는 대목이 있기 때문에 앞으로 조사기간에 대한 세밀한 분석이 필요할 것으로 생각된다.

65) ≪獨立新聞≫ 1921년 1월 27일자, 「墾島慘狀後報」. 여기에는 북간도의 연길현과 화룡현 등 2개 현의 누락분만 "被殺人, 被奪物, 被燒物" 등 3개 항목으로만 분류하여 피해상황을 기록해 놓았다. 그 가운데 피살인 항목을 보면, 연길현에서 97명, 화룡현에서 57명, 합계 1백 54명이 추가로 파악된 것으로 밝혔다.

66) 연세대학교 현대한국학연구소 편, 『雩南李承晩文書』, 東文篇 7, 1998, 190~215쪽.

13개 소, 곡물 5만 1천 6백 45석이 피해를 본 것으로 집계하였다. 또, 영역된 피해보고서에서는 사상자('Killed or Injured') 3천 1백 65명, 가옥 피해 2천 5백 26채, 학교 33개 교, 교회당 13개 소, 그리고 곡물 6만 2천 2백 65석(파운드)로 집계되어 있다.

상해 임시정부와 정보 및 자료를 공유하고 있었겠지만, 朴殷植은 『韓國獨立運動之血史』에 첨부한 경신참변 피해상황 조사표에서 한인 양민 3천 1백 6명이 피살되었으며, 2백 38명이 체포되고, 2천 5백호의 가옥이 소실된 것으로 기술하였다.[67] 하지만, 이 통계는 위의 임시정부 통계와 마찬가지로 경신참변 전 기간에 걸친 조사가 아니라, 11월까지의 피해상황에 대해서만 집계한 결과라 할 수 있다. 그러므로 조사 결과가 정확하다면, 실제 피해 규모는 이 통계 수치를 훨씬 상회할 수밖에 없을 것이다.[68]

다음으로, 실제 참변이 일어났던 간도의 영유국인 중국측의 자료에 경신참변 피해상황에 대한 기록이 있다. 하지만, "최근 3주일간에 연변 일대에서 살해된 조선인은 2천 명"이라고 보도한 1920년 7일자 ≪吉長日報≫의 보도내용과, 3백 20여명의 한인이 희생된 것으로 집계한 공문자료 사이에는 큰 차이가 난다. 즉 1921년 5월 5일 延吉道尹이 외교총장에게 올린 공문인 「五縣華人墾民被日軍燒殺受損狀況」에는 연길·화룡·왕청·혼춘·동녕 등 5개 현에서 피살자가 韓人(墾民) 3백 20명, 중국인(華民) 6백 22명으로 집계하고 있다.[69] 그러나 1922년 7월 14일 중국 외교총장이 주중일본공사 小幡에게 보낸 照會에서는 위의 북간도 5개 현에서 한인이 3백 24명이 희생되고, 중국인은 24명이 살해된 것으로 되어 있다.[70] 이러한 통계수치는 당시

---

67) 朴殷植, 『韓國獨立運動之血史』, 208~216쪽.
68) 愼鏞廈, 『韓國民族獨立運動史硏究』, 乙酉文化社, 510쪽 각주 참조. 여기서 愼鏞廈 교수는 경신참변 때 입은 전체적인 인적 피해 규모를 1만 명 정도로 추산하였다.
69) 金春善, 앞 논문, 163쪽.
70) 姜德相 編, 「吉林延吉道屬延琿和汪東五縣被日軍燒殺華佃墾各戶損失財産及人口數目一覽表」, 『現代史資料』 28(朝鮮 4), 592쪽.

중국 당국이 일제측과 배상문제를 협의하면서 집계한 것으로 보아 중국인의 피해상황은 비교적 정확하다고 인정되지만, 배상 대상으로 인정받지 못한 한인들의 피해상황에 대한 집계는 누락되었거나 축소된 것이라 할 수 있다.[71]

끝으로 일제측의 탄압 관련 자료는 그들의 만행을 감추기 위해 경신참변의 실상을 가능한 한 축소·왜곡하여 집계하고 있다. 간도를 침공한 주력부대였던 제19사단 사령부의 보고에 의해 조선군사령부에서 작성한 문서에 따르면, 이른바 토벌 기간에 한인 4백 94명이 살해되고 7백 7명이 체포된 것으로 기록되어 있으며, 민가 5백 31개 동과 학교 25개 교 등이 소각되는 손실을 입은 것으로 집계되어 있다.[72]

이상의 여러 자료에서 집계한 경신참변의 피해상황 가운데 한인 희생자 분문만을 별도로 제시하면 아래와 같다.

자 료	피살한인 수
임시정부 간도파견원 보고	3,623명
임시정부 외무부 작성	
北間島의 韓人에 대한 日本의 蠻行	3,109명
제2회 서북간도 韓僑 피해조사표	3,736명(부상자 포함)
英譯 피해상황 조사표	3,165명(부상자 포함)
중국 吉長日報 보도기사	2,000명
延吉道尹 보고서	20명(서간도 제외)
중국 외교총장 조회문	24명(서간도 제외)
일제 조선군사령부 문서	94명

위의 자료들은 조사대상지역과 조사기간, 그리고 사망, 부상 등 피해 종별이 모두 다르기 때문에, 단순히 외형적 수치만으로 비교하기는 어려운 실

---

71) 金春善, 앞 논문, 164쪽.
72) 朝鮮軍司令部 編, 『間島出兵史』 上, 108쪽.

정이다. 이런 점을 감안하고서라도 가장 큰 편차를 비교해 볼 때, 임정 간도 파견원이 파악한 희생자수는 3천 6백 23명인데 비해, 연길도윤이 보고한 북간도지역의 한인 피해자수는 3백 20명에 불과하다. 후자와 같은 중국측 당안자료의 이러한 통계수치는 일제의 조선군사령부 문서 속에서 서간도를 포함하여 제시한 피살자수 4백 94명과 비슷한 규모로 생각된다. 이와 같은 왜곡·누락 집계는 고도의 정치적, 외교적 이해관계가 고려된 결과라 할 수 있다.

이상과 같은 자료 검토에도 불구하고, 경신참변에서 간도 한인사회가 입은 참화의 전모를 명확히 제시하기는 어렵다. 자료마다 집계한 피해상황 수치가 커다란 편차를 보이고 있기 때문이다. 하지만, 이처럼 여러 자료에 나타나는 참화의 집계가 매우 큰 편차를 보이고 있다는 사실만으로도 경신참변의 실상이 그만큼 참혹하였고, 그에 따른 피해상황이 극심했음을 반증하는 증좌라 할 수 있을 것이다.

5. 맺음말

1920년 간도 한인사회를 초토화한 庚申慘變은 일제에 의한 민족수난기에 한민족이 겪었던 대표적인 비극적 사건 가운데 하나이다. 역사적 배경 설정의 측면에서 볼 때, 이 참변은 병탄 직전에 경험하였던 '남한폭도대토벌작전'과 같은 의병 대탄압과도 맥락을 함께 하고 있으며, 또 연해주 한인사회를 초토화한 1920년 4월참변의 연장선 위에 놓여 있다고도 할 수 있다.

일제는 1910년 병탄 이후 한민족에 대해 무단통치로 일관한 탄압·지배정책을 추진하면서 영구 식민지화를 획책하고 있었다. 이와 같이 암울한 수난기에 거족적 3·1운동이 발발하자, 국내외를 막론하고 한민족은 모두가 '독립'이라는 지상과제에 도달할 수 있다는 희망과 기쁨, 곧 독립열기에 휩싸이게 되었다. 만주지역에서 독립군이 일제 군경을 상대로 한 독립전쟁을 활발하게 전개하게 되는 것도 이와 같은 시대의 흐름을 반영한 결과였다. 그러므로 일제는 한국을 영구 식민지 지배하기 위해서는 이와 같은 한민족의 독립열기를 철저히 봉쇄해야만 하였다. 경신참변은 이와 같이 치밀한 사전 계획하에서 수립되고 실행된 독립운동 말살 정책인 동시에 군사작전이었다.

그 결과 '間島地方不逞鮮人剿討計劃'으로 명명된 일본군의 간도 침공작전은 대단히 규모가 크고 삼면에 걸친 입체작전으로 펼쳐지게 되었다. 여기에는 2만 명에 가까운 군병력이 동원되었을 뿐만 아니라, 임시군사비로 총 4천 5백 만 圓이 넘는 막대한 전비가 투입되었다. 전비 가운데 북간도로 직접 군대를 출동하기 위해 지출한 경비는 4백만여 圓에 불과하고 나머지 대부분의 전비는 시베리아 및 북만주 파견대, 靑島수비부대의 활동 및 군사조사 등에 소요되었다. 즉 대규모 부대가 간도로 출동함에 따라 한국·중국·러시아에 주둔하고 있던 일본군 전체가 이 작전을 지원하기 위해 재배치됨으로써 대규모의 임시군사비가 이처럼 투입되었던 것이다.

경신참변은 혼춘사건으로 일본군이 간도를 침공하기 시작하는 1920년 10월부터 완전히 철수하는 1921년 5월까지 약 8개월간에 걸쳐 반복적으로 지속되었다. 그 가운데서도 일제의 만행은 1920년 10~12월 3개월간에 걸쳐, 북간도의 延吉·琿春·和龍·汪淸의 4개 현에 집중되었다. 대규모의 이주 한인사회가 형성되어 있던 이 일대에는 대한국민회군·군무도독부군·대한군정서 등 수많은 독립운동단체 및 독립군단이 활동하고 있었기 때문에, 일본군의 탄압이 그만큼 집중될 수밖에 없었다. 한편, 관동군이 출동한 서간도에서는 특히 興京縣의 旺淸門 일대, 그리고 寬甸縣의 寬甸과 鐵嶺 일대에 참화가 집중되었다. 이 일대는 서간도 독립운동세력의 활동 중심지였고, 나아가 일본군의 작전 중심에 들어 있었던 지역이었던 것이다.

요컨대, 경신참변은 3·1운동을 계기로 급속히 고조된 한민족의 독립열기를 차단하기 위해 일제가 간도지역의 한인사회를 의도적으로 초토화한 사건이었으며, 그러므로 참변의 실상은 극도로 참혹하고 잔인하였던 것이다.

학살을 다시 생각한다, 계엄령이 없었다면

강 덕 상*

1. 문제의 소재 −재일한국인 차별 100년 역사의 원점−

필자는 1960년대부터 관동대지진 당시의 조선인 학살사건 문제를 연구하기 시작했다. 그동안 『관동대진재와 조선인(關東大震災と朝鮮人)』(공편자료집, みすず書房, 1963), 『關東大震災』(中央公論社, 1975), 『관동대진재 학살의 기억(關東大震災 虐殺の記憶)』(靑丘文化社, 2003)을 비롯하여 관련논문 20여 편을 발표했다. 유언비어의 자연발생설, 관헌발생설, 요코하마 발생설과 3대 테러 사관 비판 등의 논쟁에 참가하여 나라시노[䜴志野]에서도 또

하나의 학살이 있었음을 제기하는 등 일본에서 이 분야 연구에 깊이 종사해 왔다.

그 이유는 필자가 재일한국인이며 이 문제가 재일한국인 차별의 백년 역사의 원점이고, 특히 조선인에게 가해진 '投毒放火犯'이라는 오명으로부터 명예회복이 절실하다고 생각했기 때문이다. 3·4년 전 어느 연구회의 학술대회에서 「관동대지진 80년을 맞이하여 다시 한 번 생각해봐야 할 것」(조선사연구회논문집 참조)을 이야기할 기회가 있었다. 연구사를 회고하여 간단하게 요약하면 '계엄령이 없었다면 그런 대학살은 발생하지 않았을 것이라고 말할 수 있다'는 것이었다. 여러 가지 논쟁 속에서 덧붙여진 군더더기를 제거하고, 지배·피지배의 민족대립으로 양극화시켰을 때의 사관이라고도 할수 있을 것이다.

시 한 수를 인용하면서 글을 시작하고자 한다.

주고엔 고주센(15엔 50전)

쓰보이 시게하루(壺井重治)

주고엔 고주센이라고 말해보라.
손가락으로 지적당한 그 남자는
병사의 심문이 너무나 갑작스러워
그게 무슨 뜻인지 알 수 없어
잠시 멍하게 있다가
이내 훌륭한 일본어로 대답했다.

주고엔 고주센
좋다.

칼이 달린 철포가 사라진 다음
나는 옆의 남자 얼굴을 옆 눈으로 흘겨보면서

주고엔 고주센
주고엔 고주센

이라고 몇 번이나 속으로 되풀이해 보았다.
그리고 그 심문의 의미를
거우 알게 되었다.
앗, 만약 그 노동자가 조선인이었다면
그리고 '주고엔 고주센'을 '추고엔 고칫센'으로
발음했다면 그는 그 자리에서 바로
끌려갔을 것이다.
나라를 빼앗기고
주장을 빼앗기고
결국엔 목숨까지 빼앗긴 조선의 희생자여

거리에 비상선이 그어지고 군인이나 자경단원이 통행인을 검문하던 상황을 노래한 것인데, 시는 검문 수단으로 15엔 50전이라는 일본어를 강요한 데서 시작한다. 시인은 노무복을 입은 노동자가 지나가고나서 15엔 50전을 거듭 발음해보면서 그 말이 조선인 식별을 위한 기묘한 수단인 것에 눈치를 채고 그것을 격조 높게 표현하면서, 군인이나 경관 그리고 민병이 된 자경단원이 조선인을 발견하면 즉결로 죽여 버리던 무자비한 상황을 고발하고 있다.

왜 이런 일이 일어났을까? 이유는 간단하다. '조선인의 적'이라는 인식을 갖고 출동한 계엄군의 지휘 하에 일본관민은 조선인을 적으로 인식하고 있었기 때문이다. 15엔 50전(추고엔 고칫센)은 조선인을 의미하며, 죽이고 죽는 방법에 전쟁터의 논리가 적용되었기 때문이다. 조선말은 범죄로 간주되었다. 시인 윤민철은 '통역, 언젠가 해주세요. 몰랐어요. 죄인가요, 알고싶어요.' 라고 읊고 있다.

그렇다면 왜 일본정부나 군부는 조선인을 적으로 생각했는가? 이 의문에 대한 대답 또한 간단하다. 일본과 조선은 구한말 이래 선전포고 없는 전쟁이 계속 되어왔기 때문이다. 어떠한 전쟁이었는가? 일본관헌의 기록을 통해 살펴보자.

2. 조선인 학살 사건의 前史로서의 의병전쟁

우선 조선주차군사령부 편 『조선폭도토벌지』(1913)의 한 부분을 보자.

재경성 보병 제50연대 제7중대(시라이[白井] 대위)는 金城 수비를 위해 21일 경성을 출발하여 양주, 적성을 거쳐 부근의 폭도를 소탕하면서 23일에 兎山에서 야영했다. 그 때 安峽에 있던 폭도 약 200명이 그 후 철원을 습격하여 우리 우편 사무원을 참살시켰다는 소식을 듣고 24일에 철원으로 향하여 전진하던 중 石橋 서쪽에서 폭도 약 100명을 만나 그 중 14명을 죽이고 석교 마을 주민 전부가 폭도를 도왔다는 것을 알고 해당 마을을 불태웠다. 오후 馬쁘地 부근의 폭도를 소탕하면서 25일 오전 철원에 도착하였지만 폭도는 이미 도망친 뒤였다. … 니시카와 중대는 27일 오전 3시 法化洞에서 약 150명의 폭도와 충돌하고 그 중 20명을 죽이고 궤란시켰다. 오전 5시 深源寺에 도착했지만 폭도는 약 1시간 전에 도망친 뒤였다. 시라이 중대 및 아베[安部] 소대는 모두 폭도를 만나지 못한 채 비슷한 시간에 심원사에 도착했다. 다시 철원으로 향하였는데 귀환 도중 오후 3시에 大光里 북방에서 약 150명의 폭도를 만나 그 중 18명을 죽이고 나머지는 산속으로 도주했다. 28일 각 부대는 그 수비지로 돌아왔다(같은 책, 63쪽).

의병전쟁(1906~11)의 한 장면을 엿본 것으로, 이 전쟁의 피아손상표에 의하면, 사상자는 일본군이 전사자 136명, 부상자 229명인데 대해 의병은 전사자가 17,779명, 부상자가 3,706명이다. 어떻게 생각해보아도 이 전쟁은 일반 민중까지 끌어들인 '훌륭한' 대전쟁이다. 일본군 전사자가 야스쿠니 신사의 신이 된 것은 말할 필요도 없다.

1919년, 3·1운동에서도 독립만세를 외친 맨손의 민중에게 전쟁의 논리로

무차별학살을 감행했다. 평안남도 맹산에서의 조선주둔군 일지 보고를 인용
해보자.

　　3월 10일 평남 맹산에 재차 천도교도 100명이 헌병분견소에 돌입해 와서 보
　병과 협력하여 발포 격퇴하다. 헌병 1인이 즉사, 보조원 1인 중상, 폭민 약50명
　死傷(『현대사자료』 25, 105쪽).

상세보고에 의하면 사무실내 및 그 앞에서 총탄을 맞은 폭도가 51명이며
그 중 부상자 13명인데 부상자는 도망쳤다.

'10일 맹산에 재차'라는 것은 전날 '9일, 약 100명의 폭민이 헌병분견소
에 난입하여 폭행하다. 덕천에서 장교 이하 12명' 출동, '헌병상등병 1인 즉
사, 보조원 1인 부상, 조선인 사상자 11명, 폭민은 해산했다.'(『현대사자료』
25, 131쪽)는 사건이 있었던 것을 의미하는데, 9일의 100명의 시위에 대해
11명, 10일에 100명의 시위에 대해 14명의 사상자가 있었던 것이 된다. 조
선의 기록은 "헌병이 군중을 분견소 안마당에 집어넣고 문을 잠근 다음 일
제사격을 가하여 한꺼번에 60여명을 사살하였고 살아남은 자도 총검으로
찔러 절명시켰다."(박은식, 『한국독립운동지혈사』)고 적고 있다. 헌병들 모
두 사격의 명수들이라고 해도 이상할만한 명중률을 발휘한 군대의 행동은
조선 전 지역에서 공통으로 나타난다. 일본권력이 식민지에서 발생한 반란
에 대해 전쟁의 논리로 대응한 것은 명백하다.

독립만세를 외친 시위에 대해 '병력을 사용하여 진압'하여 사망자 7,500여
명이 발생한 것은 매우 많은 숫자이다.

3·1운동이 국경을 넘어 중국령 간도로 파급되어 독립운동이 확산되고 독
립군의 국내진격이 이루어지자 일본군은 독립군 근거지 복멸을 목적으로 1920
년 10월 간도침공(식민지 방위 전쟁)을 감행했다. 어떤 전쟁이었는지 중국에
서 발행된 『震檀』지의 기사를 인용한다.

　　10월29일, 일본군 수백 명은 돌연 延吉縣 細鱗河 방면에 이르러 한인 가옥 수
백 호를 불태웠고 한인 중에 총살당한 자가 많았다. 또한 다음날 30일 오전 8시
30분 연길현 거리에서 약 2리 떨어진 곳에 위치한 帽山 동남 靑溝 부근의 한인
부락 70여 호는 일본군 때문에 불탔으며 500여발의 총탄을 발사하여 이 마을을
포위 공격했다. 이 마을에 거주하는 한인 300여 명 중 다행히 도망간 자는 겨우
4·5명에 불과하다. 그 외의 남녀 노약자는 불타 죽거나 총을 맞아 부상당해있는
데 거두어주는 자가 아무도 없어 시체가 길가에 겹처져 방치되어 있고 피가 낭자
하여 강을 이루고 있어서 보는 자 중에 눈물을 흘리지 않는 자가 없다(≪震檀≫
제7호, 11월21일).

고 한다. 간도 일대의 조선 민가의 피해상황은 다음과 같다.

피살자	체포된 자	강간당한 자	소각 가옥	소각 학교	소각 교회	소각 곡식
3,106	238	76	2,507	31	7	38,795

*자료: 박은식, 『한국독립운동지혈사』

　　이 외에 시베리아에서도 일본군과 조선 독립군은 격렬한 전투를 전개했
는데 잊어서는 안 될 것은 3·1운동이 중국의 5·4운동에 큰 영향을 끼쳐 중
국의 對日矛盾을 일거에 드러나게 했던 점, 독립군의 시베리아 전쟁 참가에
의해 러시아혁명의 영향이 독립운동에서의 사회주의적 경향을 촉진시켰던
점이다. 다시 말하면 구 만주와 시베리아 등 조선인이 거주하는 지역 전체
가 언제라도 전쟁을 유발할 수 있는 긴장상태에 놓이게 된 것이다.
　　이상에서 드러난 것처럼 간도침공 일본군은 독립군과 일반시민을 구별하
지 않은 것, 즉 조선 그 자체가 불순한 적이며, 일본군의 지배하에 있으면서
일본의 질서를 따르지 않는 '이단'에 대해 즉결 처형으로 대응한 것이다. 그
것은 전쟁의 논리이다. 일본 헌병대가 스스로 독일에 대해 선전포고한 이래
의 사태를 「다이쇼3년(1914)부터 9년(1920)까지의 전쟁(시베리아 출병, 제
1·2차 조선소요사건 간도사건)」(마츠다 토시히코, 『조선헌병대역사』)이라고
부른 것은 이러한 식민지 민중의 반란을 혁명, 동란을 통일적으로 파악했기

때문이며, 이 인식은 관동대지진 당시 일본정부의 계엄령 발포, 계엄군, 헌병, 경찰의 조선인에 대한 적대감(공포)으로 이어지는 것이다. 이러한 관점에서 관동대지진 당시 조선인 대학살 문제를 생각해보자.

3. 조선인 학살의 주체, 계엄군

정부나 각 자치단체에서 간행한 방대한 자료 가운데 군의 범죄와 책임이라 할 만한 내용을 기록한 것은 『사법성 조사서 극비 부내자료』 제10장 「군대의 행위에 관하여」의 다음의 기록, 즉 "재난 후 경찰의 임무에 응한 군이 조선인, 그 외에 대해 살상을 가했다는 풍설이 없지 않다. 특히 고토(江東)방면에서는 군대가 살상 행위를 자행해서 민중이 이를 모방하여 살상을 감행했다는 소문이 있다"(『현대사자료』 6권, 443쪽) 라고 하여 9건의 군대에 의한 살인행위를 언급한 문서와 『관동계엄사령부상보』 제3권에 실린 「震災 경비를 위해 병기를 사용한 사건 조사표」(『육군관계자료』, 160쪽)의 두 종류가 있을 뿐이다. 『육군관계자료』에 실린 자료는 살인사건을 일으킨 병사의 소속부대를 '步1, 보3, 近步1, 근보2, 野重1 및 騎14, 야중1, 야중1, 기13, 기15, 공병학교, 기15, 기15, 근보4, 기13, 電信1, 기14, 근보4'라고 특정하고 있으며 발생한 20건의 살인사건의 일시, 장소, 군대관계자 이름, 병기사용자 이름, 병기피해자 이름, 처치, 행동개황 및 비고란을 두어 간단한 설명을 덧붙이고 있다. 두 자료는 내용이 중복되기도 하지만 모두 '병졸'의 처치는 자경단 폭력으로부터 '조선인'을 보호하려는 과정에서 발생한 어쩔 수 없는 사정으로서 '위수근무령 제12조 제1항에 의해 적당하다고 인정'된다고 하여 조선인 살해를 정당화시키고 있다. 그러나 자세하게 검토해보면 그 계엄행동의 정당화 논리가 얼마나 황당무계하고 후안무치한 변명인지, 오히려 학살의 주체가 계엄군이었다는 사실을 알게 한다.

다음에서 학살이 어디에서 어떻게 시작되었는지, 군인이 연출한 주도적인 역할을 검토하면서 사건의 진상에 다가가기로 하자.

우선 군대가 언제 어디에서 계엄행동에 나섰는지를 살펴보자. 그것은 계엄령이 조선인 폭동을 확인한 9월 2일 오후 6시 이후 시작된 것인지, 그렇지 않으면 조선인 경계를 미리 예측하여 이루어진 발령이었는지, 이 사건의 본질에 관계되는 문제이다.

이치가와[市川] 고노다이[國府台]에 있는 '야전중포병 여단 제1연대는 가장 먼저 경계경비에 들어간 부대 중 하나였다. 제1사단(사단장 이시미츠 마오미[石光眞臣]의 명령에 따라 야전중포 제1연대 230명 … 9월 1일 오후 11시 고쿠노다이를 출발하여 급행'했다고 한다. 제1연대의 출동순서를 더욱이 소·중대 단위로 상세하게 기록한 것이 병사의 공로를 현창한 「功勳具狀」이다. 이하, 그 요지를 인용한다.

1. 육군포병 소위, 다카나시[高梨俊]외 31명은 제1구원대로서 '9월 1일 밤중에 가메이도마치[龜戶町] 덴진바시[天神橋] 부근에 출동하여 일부를 이 교량의 수비대로 하고 그 외를 지구경비대로 하여 극력 이 부근의 경비를 담당하였다.'

2. 육군포병 소위 시게타[重田賢助]외 79명은 '제2구원대로서 1일 밤에 출발, 혼조[本所] 방면으로 출동', '장교 이하 필사적인 용기를 발휘하여 화재로 인해 도망가지 못한 이재민을 안전한 지역으로 옮기고 기아에 지친 자에게 자신의 식량을 주어 다수의 인명을 구조'했다.

3. 육군포병 소위 나미마쓰[並松程一] 외 81명은 '9월 2일 아침에 제3구원대로서 혼조[本所] 방면으로 출동하여 오히라마치[大平町] 부근에 도착하여 구호와 재난방지 작업에 종사' '이재민을 구출'했다.

4. 육군포병 소위, 이와나미[岩波淸貞, 제2중대 소속]이하 69명은 '9월 2일 제4구원대로서 도쿄 후카가와[深川]방면으로 출동하여' '오전 10시 반 고마쓰가와[小松川]에 도착하여 육군에게 받은 구호정미 … 하졸 1 가마니씩 짊어지게 하여' '구휼 목적을 달성'했다.

5. 육군포병 중위 마쓰야마[松山茂樹] 외 95명은 9월 2일 밤에 '제5구원대로서

후카가와 방면으로 출동' "당시 재해 후 남은 불이 꺼지지 않고 구조를 요청하는 자가 뒤를 이었고 게다가 불순한 조선인이 봉기했다는 소식은 재해지 일대의 인심을 극도로 불안하게 하였고 유언비어가 왕성하여 살기가 넘쳤다. 지방민 대부분은 흉기를 손에 들고 조선인이라고 하면 흑백을 가리지 않고 직접 박해를 가하고자 했다. 이에 중위는 부하와 함께 각 소에 찾아가 일면에서는 위험을 무릅쓰고 이재민 구호에 노력함과 동시에 조선인을 수용하여 지방민의 반감에 개의치 않고 조선인 보호 이유를 설명하고 더욱이 지방 관리 및 자치단원을 설득하여 조선인 처치는 군대에 일임해야 하며 동시에 이를 선전할 것을 알리고, 극력 그들을 수용 구호하였는데 300여명이었다. 민심의 진정과 안녕 질서 유지에 노력했다."

6. 육군포병 소위, 오카노[岡野理三郎] 외 108명은 "9월 2일 밤에 제6구원대로서 고마쓰 부근에 출동하여 구원경비를 담당했다." "당시 유언비어가 왕성하여 민심이 불안해하여 어찌 할 바를 몰랐다. 조선인이라고 하면 즉시로 이들에게 위해를 가하고자 하는 상황이 되어 극력 치안 유지에 노력하고 배회하는 170여명의 조선인을 보호 검속하여 민심을 진정시키는 데에 노력하여 대개 시민을 안도하게 했다"(『東京震災錄』 별권, 897~898쪽).

9월 '1일 오후 11시 고노다이를 출발하여 급행'한 230명을 효시로 '9월 1일 밤' 출동한 제1구원대부터 '2일 밤' 출동한 제6구원대까지의 병력 전개 과정은 계엄령 발표의 동향을 헤아린 사단사령부의 지시를 반영하고 있다. 9월 1일 밤부터 2일 새벽에 걸쳐 황급히 출병한 제1, 제2, 제3구원대의 행동은 교량 확보·화재방지·피난민 유도·식량공급이 주요 목적이었다. 그 의미에서 계엄령은 아직 전달되지 않았다고 봐도 좋을 것이다.

그러나 9월 2일 출동하여 '오전 10시 반'에 고마쓰가와에 도착한 제4구원대 이와나미 소위 등 69명과 제5, 제6구원대의 출동목적은 선행 부대와 명확히 차이가 있었다. 앞서 언급한 「공훈구상」에서는 이와나미 부대의 2일의 행동은 피난민 구조에 헌신했다고 되어 있다. 그것만을 본다면 제3구원대와 아무런 차이가 없지만 다른 자료는 '오전 10시 반' 고마쓰가와에 들어온 이와나미 부대의 행동을 다음과 같이 적고 있다.

모치즈키[望月]상등병과 이와나미 소위는 지진 발생지에 경비 임무를 띠고 부임하여 고마쓰가와에서 병사를 지휘하여 저항하지 않고 온순한 조선인 노동자 200명에 대해 잔학행위를 했다. 부인은 발을 당겨 가랑이를 찢고 또는 철사 줄로 목을 묶어 연못에 던져 괴롭혀 죽이거나 하여 갖은 방법으로 잔학하게 죽인 것에 관해 너무나 비상식적이지 않은가라고 다른 이의 평도 나쁘다(『구보노 시게지[久保野茂次]일기』).

구원을 위해 출동하였다고 하는 군대가 갑자기 조선인에 대해 일방적으로 공격하고 죄 없는 자를 학살했다. 그 잔학성에 전율하지 않을 수 없다. 병사들로 하여금 살인귀가 되도록 한 동기는 도대체 무엇인가? 병사는 국가를 위해 눈부신 활약을 보이려고 한 것이다. 구조 목적이 공격으로 급격히 변화한 것, 일개 소위의 판단으로 이러한 학살이 가능할 리가 없다. 그 비밀을 푸는 열쇠는, 그 사이에 '적은 조선인'이라는 계엄령이 발포된 사실이다.

4. 9월 2일, 관계자의 증언으로 본 조선인 학살 과정

구보노 시게지는 당시 제1연대 제6중대(중대장 사사키 헤이키치[佐々木平吉]대위, 나중에 중국·조선인 수령과 나라시노[習志野]호송 담당)의 병사로서 고마쓰가와의 참극에 관한 귀중한 체험을 일기로 남겼다. 고마쓰가와 학살에 관한 기술은 9월 29일인데 일기의 메모에 "9월 2일, 이와나미 소위, 병사를 지휘하여 조선인 200명을 죽이다(특진소위)"라고 적고 있는 것을 보면 이와나미 소위가 지휘하는 제4구원대가 고마쓰가와 진주 과정에서 일으킨 학살사건임에 틀림없다. 같은 연대의 동료한테 들은 것을 기록한 것이다.

구보노가 소속한 제6중대 출동 상황을 봐도 이러한 판단은 타당하다고 추정할 수 있다. 구보노 일기에 의하면 사사키 중대는 9월 2일 "오전 2시경, 곧장 작업복 차림으로 건빵 2식분을 휴대하고 말을 타고 고마쓰가와까지 가서 거기에서 말에서 내린 후 절반의 병사는 말을 타고 중대(고노다이 - 필자 주)로 되돌아왔다. 남은 절반의 병사는 인명을 구조하기 위해 긴시초[銀糸 町]의 텐진바시[天神橋]부근 일대에 걸쳐" 출동했다고 적고 있다. 이 사실은 오전 2시에 출동한 사사키 중대가 고마쓰가와에서 둘로 나뉘어 절반은 구조 활동을 계속하고 절반은 임무가 변경되어 원대 복귀했다는 것을 의미하는데 임무 변경은 이 기술의 메모에 적힌 '계엄령 포고'에 있다고 생각된다. 따라 서 9월 2일 아침 고노다이를 출발한 이와나미 부대 이후의 각 부대는 계엄 령 하에, 명백히 적으로 간주된 조선인 토벌임무를 부여받았다고 생각된다. 제4구원대(이와나미 부대)의 '200명 학살'을 비롯하여 제5구원대(마쓰야마 [松山] 부대)의 조선인 '300명 수용', 제6구원대 오카노[岡野]부대의 '170여 명 보호 검속'은 '조선인 토벌임무'의 수행 그 자체이며 '수용, 보호, 검속' 의 과정에서 공표하지 않은 다수의 살해가 이루어졌다고 보인다.

구보노 일기의 '특진소위'라는 것은 '하사관 출신의 소위'를 의미하며 같 은 제1연대 제3중대장으로서 계엄경비의 제일선에 있던 엔도[遠藤三郎]대 위(훗날 육군중장)는 "이와나미라는 하사관출신의 소위가 부하 수십 명을 데리고 앞서 출동하여 왕성하게 살육하고 있다. 그들이 큰 공을 세운 것처 럼 보고한다"(『저항 없는 조선인을 내려치는 갈고리, 튀는 피에 저녁석양이 비추고(抗はぬ朝鮮人に打ち落とす鳶口の血に夕陽照りにき)』, 37쪽)고 적고 있 고 "당시 군대는 조선인을 한 명이라도 많이 죽이면 국가를 위한 일이며 훈 장이라도 받을 것이라고 생각했다. 그것을 살인죄로 재판해서는 안 된다. 책 임은 그런 생각을 갖게 하고 자행하도록 한 자에게 있다."라고 한다.(가쿠다 후사코[角田房子], 『아마카스[甘粕] 대위』, 61쪽)

'그런 생각을 갖게 한'것은 계엄령이 발표된 상태에서 조선인 색출의 지 시가 있었기 때문이다. 이 '전공'으로 '이와나미는 金鵄훈장을 받았을 것'이 라는 소문이 있고 그 자신도 공훈담으로 자랑했다고 한다.

『관동계엄사령부 상보』가 들고 있는 20건의 살인을 범한 병사가 소속한 연대 중에서 여러 차례 관계자를 배출한 야중포 제1연대(고노다이 소재)의 세 건과 사법성 편 「군대의 행위에 관하여」에 수록된 기병 15연대(나라시노 소재)가 관련한 두 건의 계엄행동을 검토해보자.

나라시노에 주둔한 고노에[近衛], 제1양사단의 기병 4개 연대에 대한 계엄 출동 명령은 9월 2일 이른 아침 비행기로부터 산포된 전달에 의해서였다. 기병 제15연대는 그것을 '폭동 조선인 진압을 위해 … 교토쿠[行德]에 파견'이라고 써서 계엄목적이 조선인 '폭동진압'이었음을 숨기지 않고 있다.

당시 나라시노 제15연대의 병졸이었던 다지마[田島完一, 당시 23세]는 "9월 1일은 교량폭파 연습을 하고 있던 중 지진이 발생했다. 도쿄와 요코하마 방면이 불바다가 된 것이 잘 보였다. 밤중 12시 경 비상소집이 내려져 실탄 30발씩을 휴대하여 출동, 모토야와타[本八幡]에서 이마이바시[今井橋, 시모에도가와바시[下江戶川橋]]로 향했다. 약 일주일간 주둔했다. 조선인 1명이 총살되었던 것은 알고 있다."(이마이 세이치[今井淸一] 외, 『관동대진재와 조선인 학살(關東大震災と朝鮮人虐殺)』)이라고 증언하고 있다. 이마이바시는 교토쿠[行德]에 있는 다리로 기병 15연대의 '조선인폭동진압을 위해 … 교토쿠[行德]출동'이라는 기록과 정확하게 부합하는 증언이다.

에추야 리이치[越中谷利一]는 '적은 帝都에 있'어서 '실탄과 총검을 휴대하여 침입했기 때문에 꽤 무시무시했던' 기억을 글의 앞부분에서 다음과 같이 회상하고 있다.

내가 있던 나라시노 기병연대가 출동한 것은 9월 2일, 시간은 정오가 되기 이전이었던 것 같은데 아무튼 놀랄 만큼 갑작스러웠다. 병사와 말 모두 전시상태의 무장을 갖추고 營門에 정렬하기 까지 소요시간은 겨우 30분 정도 밖에 주어지지 않았다. 이틀 분의 양식과 말의 식량과 예비 말굽편자를 소지하고 실탄은 60발, 장교는 자택에서 가지고 온 진검으로 지휘호령을 했으니 정말 전쟁 기분이었다. 그리고 뭐가 뭔지 영문도 모르는 채 질풍처럼 병영을 뒤로 하고 치바[千葉] 街道를 모래먼지를 날리며 달렸다. 가메이도[龜戶]에 도착한 것은 오후 2시경이었는데 이재민이 범람하는 홍수 같았다. 연대는 행동 개시로 우선 열차 수

2. 장소 : 미나미 교토쿠 마을 시모에도가와바시 북쪽 초소

3. 살해자 : 조선인 2명

4. 처분자 : 기병 제15연대 야마자키[山崎] 중대 사카모토[坂本] 군조, 동 기병대 병졸 오가와[小川鮭三], 동 고바야시[小林健二]

5. 사실 : 기병 제15연대 사카모토 군조는 병졸 8명을 이끌고 미나미 가쓰시카[南葛飾] 郡 미즈에무라[瑞江村] 오아자 가미이마이[大字上今井]에 위치하여 고마쓰가와 방면 경비를 수행하고 있었는데 9월 4일 오후 3시경 미나미 가쓰시카[南葛飾] 군 시노자키무라[篠崎村] 인부공급업자 모씨로부터 불온 조선인 두 명이 거주한다는 이야기를 듣고 즉시로 그 마을로 가서 조사했다. 취조를 위해 여단사령부로 인도하는 수밖에 없다고 생각하여 이 조선인 두 명을 연행하던 도중에 4시 경 시모에도가와 북쪽 초소에 도달하자 이들은 돌연 사카모토 군조에게 덤벼들어 총을 빼앗고자 폭행을 가하고 돌맹이를 던지고 그 장소에 있던 곤봉을 휘둘러 매우 위험한 상황이 초래되어 동 군조는 오가와, 고바야시 두 병졸에게 명령하여 두 조선인을 사살하게 했다.

비고: 시체는 강 속에 떨어져 유실되었음.

(4) 司號 3 : 우라야스[浦安] 마을 사무소 앞과 관동수산 회사 앞에서 조선인 4명 사살 건

1. 연월일 : 다이쇼12년(1923) 9월3일 오후 5시경

2. 장소 : 치바[千葉] 현 히가시 가쓰시카[東葛飾] 군 우라야스[浦安] 마을 사무소 및 같은 마을 관동수산 회사 앞

3. 피살자 : 조선인 4명

4. 사실 : 기병 제15연대 기병과 특무조장 나이토[內藤稻三郎]는 9월 3일 오후 4시경, 중대장의 명을 받고 아마노[天野] 曹長, 오쿠라[小倉] 오장근무[伍勤] 상등병, 나카무라[中村] 지원병 병졸 1명을 이끌고 미즈에무라[瑞江村] 오아자 시보이마이[大字下今井]에 침입한 조선인을 제압하기 위해 출동했는데 조선인은 치바 현 히가시 가쓰시카[東葛飾] 군 우라야스[浦安] 마을로 건너갔다는 정보를 얻고 즉시 부하 3명을 이끌고 배로 건너 동 마을에 도착했다. 이 마을 관동수산회사 앞에서 다수의 마을 사람이 22·3살 정도의 목이 올라간 양복을 입은 남자 1명을 잡아 불온 조선인이라고 욕을 퍼부으며 구타하고 있어서 나이토 특무조장은 이를 제지하고 이 남자의 신원을 조사하였는데 그는 구마모토 사람이라고 답하였지만

답변이 수상하여 지체하고 있는 사이에 마을 사람은 병사들의 제지를 수긍하지 않고 쇠몽둥이, 쇠갈고리, 죽창 등으로 이 남자를 죽였다. 한편 이 사이에 오쿠라 오장근무 상등병은 자경단으로부터 우라야스 마을 사무소에 조선인 3명이 있다는 통보를 받고 단신으로 그 사무소 앞으로 갔다. 다수의 마을 사람이 조선인 3명을 체포하여 구타하고 있으므로 이를 제지시키고 마을 사람으로부터 조선인 인도를 승낙 받고 조선인에 대해 두세 가지 질문을 하자 일본어를 모르는지 답을 하지 못하였다. 그래서 답할 것을 손짓으로 보여주었으나 조선인은 무언가 알아들을 수 없는 말을 한 다음, 돌연 곤봉을 가진 사람이 선두가 되어 합세하여 오쿠라 오장근무 상등병에게 폭력을 가하고자 하여 매우 위험한 상황이 초래되었다. 이에 동 상등병은 선두의 조선인 1명을 사살하고 이어서 덤벼들어 총을 빼앗고자 하는 나머지 2명의 조선인도 사살했다.

비고: 시체는 그대로 현장에 방치함.

네 종류의 기록은 가해자가 명확한 데 비해 피살자의 대부분이 '씨명 미상의 조선인'이라는 공통점을 갖고 있다. 그것은 '취조'가 없었다는 점을 의미하는데 '불순한 조선인', '수상한 조선인', '불량 조선인', '침입해 온 조선인'의 낙인이 찍힌 '조선인'이라면 죽여도 좋다는 공통의 전제가 있었다고 할 수 있다. 과연 다시 한번 전쟁의 논리임을 재확인하면서 개개의 문서를 남긴 병사나 자경단 민병의 행동을 검토해보자.

(1) 스사키[洲崎] 경찰서 관내의 '약 32명' 또는 '약 30명'의 조선인 노동자를 순사 및 병사가 히비야 경찰서로 연행하던 도중, 에타이바시[永代橋]가 붕괴하여 배로 건널 준비를 하던 중 '도망'가려는 죄로 사살했다고 하는데 당시 조선인 연행은 반드시 염주처럼 줄줄이 묶인 채로 이루어졌기 때문에 도망갈 여지는 없다. 설령 17명이 스미다가와에 뛰어들었다고 해도 3명의 병사가 17발의 탄환으로 17명을 일거에 사살하는 것은 '사형' 집행의 심산이 아니라면 불가능하다. 사살을 면하고 자경단이나 순사에게 맞아죽은 사람은 15명인지, 13명인지, '약 32명' 혹은 '약 30명'이라는 것은 무엇을 의미하는가? '약'이라는 것은 불확실한 경우의 표현인데 이 애매함 속에 두 사람의

인간의 존엄성이 유린당하고 있는 것을 주의하지 않으면 안 된다. 문제시되는 것은 기러기의 날개털처럼 가볍게 취급된 조선인의 생명이다. 결국 그 내실은 스미나가와까지 연행, 사형집행, 시체처리의 과정을 생략한 것이다.

(2)는 계엄령 하의 조선인 사냥에서 도망쳐 다니는 사람들을 자경단이 색출하여 군대가 가세하여 희롱하여 죽이고 그 구실을 만들기 위해서 폭탄 소동을 꾸며내어 헛소문과 보조를 맞춰 이야기를 조작해낸 것 그 자체이다.

기병연대의 행동 (3)과 (4)는 조선인의 신병을 자경단에서 인계받아 '보호'하고자 조사하던 중 혹은 연행하던 중, 조선인이 곤봉, 돌, 나무장작 등으로 저항해서 사살했다는 줄거리이지만, 문맥에서 보이는 것은 억울한 구속을 당하여 망연자실하고 언어가 통하지 않아 곤혹스러워하고 당황하던 포로의 비통함이다. 거듭 인용하는 것이지만, '조선인 진압을 위해 ··· 교토쿠[行德]'에 출동한 출동대의 계엄행동 그 자체이다.

엔도 사부로[遠藤三郞]의 회상 가운데 이시모토[石本寅造]가 말했다고 하는 "지금, 부하가 조선정벌을 하고 있는데 모두 도쿄에서 도망쳐 온다고 해. 그러니 자네 부대에서 말이야, 나는 고쿠노다이 소속이니까. 거기에 강이 있잖아. 에도가와. 거기에서 놓치지 않도록 포위망을 걸어두게. 내가 물고기를 쫓듯이 쫓아 줄 테니 거기에서 죽이라"는 것처럼 완전한 매복 학살이었던 것이다.

또한 체포당한 조선인이 "무엇보다도 저항했는지 여부도 극히 의심스럽다. 설령 저항했다고 해도 살해당할 것이라고 생각하여 자위 상 저항하는 것은 당연한 모습이다. 그것이 사살하지 않으면 안 될 정도의 것이었는지는 수긍하기 어렵다. 한편은 완전무장한 병사이며 다른 편은 빈손의 포로이지 않은가?"라는 지적도 있다.

계엄 초동군이 진군해왔을 때와의 차이는 민병화한 자경단이 사냥개 역할을 수행한 점이다. 관동대진재 하의 조선인이 받은 수난은 권력범죄라기보다는 민족범죄로 봐야한다고 주장하는 이유이기도 하다.

6. 조선인 학살의 성격
- 일본 군관민 협동과 뿌리깊은 조선인 차별의식 -

거듭 살펴본 것처럼 진재 당시 고토[江東]지구에서 가장 용맹을 떨친 것은 고노에[近衛] 사단의 기병 제1여단(기병 제13, 제14연대)과 제1사단의 기병 제2여단(기병 제15, 제16연대. 모두 나라시노), 야전중포병 제3여단(야중포 제1, 제7연대, 모두 고쿠노다이)였지만 나라시노와 고노다이의 연합작전이라고 할 만한 기록을 다음에서 소개한다.

> (3) 시일: 9월 3일 오후 3시경/ 장소: 오시마마치[大島町] 8정목 부근/ 군대관계자: 야중1,2(야전중포병 제1연대 제2중대), 이와나미 소위 이하 69명, 기14(기병 제14연대), 기병소위 미우라[三浦孝三] 이하 11인/ 병기사용자: 조선인 200명 (씨명 미상)/ 처치: 구타/ 행동개황: 오시마마치 부근 인민이 조선인으로부터 위해를 받게 되었을 때 구원대로서 야중1의 2, 이와나미 소위가 도착하여 기병 14의 미우라 소위와 우연히 회합하여 함께 조선인을 포위하고자 하였다. 그런데 군중 및 경관 4,50명, 약 200명의 조선인단을 이끌고 와서 그 시말을 협의하던 중 기병졸 3명이 조선인 수령 3명을 총의 개머리판으로 구타하자 이를 보고 있던 조선인이 군중 및 경관과 쟁투를 일으켜서 군대는 이를 방지하기 위해 조선인 전부를 살해했다.
> 비고: 1. 야중 1의 2, 장교 이하 69명은 병기를 휴대하지 않음. 2. 조선인 약 200명은 폭행, 강간, 약탈했다고 하는데 곤봉, 창 등의 흉기를 휴대하고 있음. 3. 조선인단은 중국인 노동자라는 설도 있지만 군대 측은 조선인이라고 확신하는 자 있음(『陸軍關係史料』, 161쪽).

한 쪽은 9월 2일 고마쓰가와에서 '무용'을 떨친 이와나미 소위 부대, 또 다른 쪽은 기병 제14연대의 병사이다. 엔도 사부로는 다음과 같이 말한다.

실제로 나와 함께 육군대학을 졸업한 이시모토(石本寅三, 최우수성적으로 졸업한 이로, 아버지는 육군대신까지 한 사람이다). 그게 말이에요, 나라시노의 기병대에 있었는데, 나는 고노다이 연대 쪽이고, 지진이 났을 때 그 녀석이 왔는데, 그렇게 우수한 육군대학을 졸업하고, 게다가 軍刀를 상으로 받은 사람이 말이에요, 나보다 사관학교는 3년이 빨라. 그 정도의 인물이 "엔도 군, 협공할 것이니 자네 쪽도 협력해 주게"라고 했지요. 기병대만으로는 조선인을 놓칠테니 우리 쪽에서 퇴각로를 차단해주면 기병대로 고토[江東] 방면의 조선인들을 모두 죽이자는 거야. 아무튼 조선인을 죽이면 훈장이라도 받을 것처럼 생각하더라고. "말도 안 돼. 그런 바보 같은 짓은 하는게 아냐"라고 하여 나는 반대했지만 말이야. "그러나 아무래도 분위기가 그런걸. 조선인을 죽이지 않으면 주민들이 용납하지 않을 거야." 라고 말했어요.

이시모토가 말한 "죽이지 않으면 주민들이 용납하지 않을 것"이라는 말은 당시 군민일치가 되어 흥분상태에 있었음으로 드러내는 말이다. 다시 구보노 일기를 빌면 3일의 상황은 다음과 같다.

9월 3일, 비. 오전 1시경 소집당하여 또 도쿄에 불온 조선인이 이 마을에 와서 매우 사악한 행동을 하고 있으므로, (우물에 독약 투입, 화재에 앞서 폭탄투하, 강간 등)을 하기 때문에, 그것을 제지하기 위해 삼팔 기병총 휴대, 권총 등도 실탄 휴대하고 승마로 혹은 도보로 도쿄 府下 오시마[大島]에 갔다. 고마쓰가와 방면에서 지방민도 전전긍긍하여 잠을 이루지 못하고 각각 일본도와 죽창 등으로 조선인을 죽이려고 혈안이 되어 소란스럽다. 군대가 도착하자 재향군인 등은 비정한 자들이다. 조선인을 보면 다짜고짜 큰 길가이든 어디든 상관없이 베어 죽어버린다. 그리고 강에 던져버린다. 우리가 본 것만도 20명의 한 무리와 네 사람, 그리고 여덟 사람이 모두 지방민에게 참살 당했다. 우리는 처음에는 모골이 송연해질 뿐이었지만 점점 익숙해져서 시체를 봐도 지금은 아무렇지도 않게 되었다. 오후 스나[砂] 마을에서 소방대가 와서 조선인 100명이나 무리를 이루고 있어서 야간이 되자 불안하여 잠잘 수 없다고 하고 조선인들이 폭탄 등으로 방화를 하기 때문에 우리들의 응원을 요청해 와서 우리 분대 등은 노가미[野上] 상등병 이하 12,3명이 검을 차고 소방대의 자동차로 조선인이 있는 공동 판자집에 가서 곧 포위하였다. 도망치는 자가 있으면 한 발에 사살하고자 했지만 그들은 아무도 저항하는 자가 없어서 총을 쏘지 않고 단체로 줄줄이 묶은 다음 어둠 속을 재향군인 등과 함께 경계를 삼엄히 하면서 고마쓰가와에 데리고 와 수용하였다.

과연 계엄군이 진주한 후에 자경단 폭력이 발생한 것을 구보노는 정확하게 전하고 있다. 계엄령에 의해 '불온 조선인 토벌'을 감행한 것은 계엄군의 작전이며 그 수행과정에서 계엄군이 주도적 역할을 하고 경찰과 자경단, 일반시민은 그 통솔 하에 '폭도진압에 임하는' 국민연합이 이루어졌음을 쉽게 이해할 수 있을 것이다.

근대일본사 가운데 오키나와를 제외하고 일본 본토가 전쟁터가 된 적은 관동대진재 이외에는 없다. 시모타니[下谷]고등소학교 이재아동이 가장 무서웠던 기억은 반격 없는 시가전이었다고 한다. 조사결과는 다음과 같다.

	남자	여자
조선인	109	140
화 재	51	68
지 진	49	35
폭 풍	19	
도로의 혼잡		17

이 숫자는 천재보다는 인재, 즉 헛소문으로 미친 듯이 전개된 살육 전쟁이 최대의 공포였음을 보여주고 있다.

> 젊은 조선인의 시체가 굴러다니고 있었다. 알몸이 되어 대자로 하늘을 보고 누워있고 배에서는 창자가 튀어나왔고 피투성이가 된 손과 발에는 파리와 개미가 달려들고 있었다. 국부까지 절단되어 있었다. 그 옆에는 이러한 팻말이 붙어 있다. "만일 일본인이라면 반드시 이 증오해야 할 조선인에게 일격을 가해 주세요."(에마 슈[江馬修], 『血の九月』)

이 인용을 독자는 사실이라고 여길까? 군대와 경찰 뿐 아니라 일본인 서민들도 또한 편견과 차별의 소유자였다. 자경단의 주체가 된 재향군인·소방단원·청년단 멤버를 비롯하여 마을의 야채가게·생선가게·두부가게의 아저씨들은 모두 청일전쟁, 러일전쟁, 의병전쟁, 시베리아전쟁, 3·1학살, 간도 학살에 참가한 일본군 병사로서의 군력을 갖고 '메이지' 이래 일본 매스컴의 조선경멸관, 적대시하는 풍조에 물들어 있던 충실한 天皇敎徒들이었다.

작가 나카니시[中西伊之助]는 일본 민중이 조선인 학살에 무비판적으로 가담한 사실을 언급하면서 "시험 삼아 조선 및 일본에서 발행된 일간신문에서 조선에 관한 기사를 보세요. 거기에 어떤 것들이 보도되어 있습니까? 나는 과문이어서인지 아직 조선 국토의 수려함, 예술의 아름다움, 民情의 우아함을 소개한 기사를 거의 본 적이 없어요. 그리고 폭탄, 단총, 습격, 살상 – 모든 종류의 전율할 만한 문자를 나열하여 소위 불온한 조선인 – 의 불법행위를 보도하고 있습니다. 그것도 신문기자의 꼭 그런 일이 있으면 좋겠다는 듯한 과장된 필법으로 말이에요."(《婦人公論》 1923년 11월·12월 합병호)라고 하고 "이 일상적인 기사를 보면, 조선이라는 곳은 山賊이 사는 나라이며 조선인은 사나운 호랑이 같은 부류라고 생각됩니다. 그러한 선입견이 있기 때문에 자경단은 보다 적극적이고 과감하게 된 것"이라고 맺고 있다.

7. 남겨진 과제
– 상하이 임시정부의 조선인 학살 사건 대응을 통하여 –

끝으로 진재 이후 민족의 비극인 대학살의 사실을 조사하여 세계를 향해 호소한 기록을 소개하면서 이 사건이 아직 끝나지 않았음을 제기해 두고 싶다. 80여 년 전 중국 북경에서 발행된 『학살』이라는 소책자(원본은 석판인쇄본)를 소개한다.

필자 김건(金健, 평안남도 평원군 양화리 출신)은 1922년 4월 간사이가쿠인[關西學院] 대학(고베)에 유학한 학생이다. 소책자 『학살』은 상하이 독립신문사 사장 金承學이 나고야[名古屋] 잡지사원 韓世復을 진재 피해지에 특파(≪한국독립운동사연구≫ 제12집 참조)하여, 진재 희생동포의 조사를 위촉했을 때의 부산물로 보인다. 한세복의 조사에 함께 참가한 인물은 유학생 李鐵, 朴恩穆, 閔錫鉉, 李昌根, 崔承萬, 李根茂 등 10여명이며 김건은 그 중 한명이다.

조사는 일본당국의 엄격한 경계와 감시 하에 이루어졌다. 경찰이 조사원 이근무(鮮高乙秘 제33호로 지정된 요시찰인)를 미행한 이바라기[茨城] 현 경찰의 보고 일부분을 빌리면 '11월 12일 오후 12시 11분 조반센[常磐線] 도리데[取手] 역에 도착한 열차로 왔으며 치바[千葉]현 부터의 미행을 인계받아 시찰했다. 그는 니누마[新沼] 군 나카야무라[中家村] 및 이나시키[稻敷] 군 아미마치[阿見町]의 토목업자 조선인 鄭龍秀를 방문하여 쓰치우라초[土浦町] 여관과 혼고[本鄕] 관사인 소메타니[染谷忠助] 댁에서 이틀간 머무르고 오늘 오전 8시 11분 쓰치우라[土浦] 역에서 출발한 열차로 귀경하여 미행 중 나카가시와[中柏] 역에서 치바 현으로 인계를 마쳤다. 이 사람은 재해위문단의 일원으로 생각된다.'고 한다.

각지에 살아남은 동포를 방문하여 설문조사를 하는 조사원에게 바짝 붙어있던 권력의 눈, 언제 방해나 검속을 당할지 모르는 긴장상태 하에서 조사활동이 이루어졌음을 엿볼 수 있다.

멤버의 한사람인 李鉄은 "여러 유가족을 방문하는 한편 참살된 시체나 여기저기 흩어져있는 해골, 혹은 뼈, - 묘라고는 하지만 다수의 시체를 함께 묻어버려 시체가 지상으로 삐져나와 있는 것도 여러 군데 있었다 - "고 하면서 "여러 곳을 다니면서 견문했는데 그 참상을 어찌 말로 일일이 표현할수 있을까?"(金秉稷, 『關東震災白色テロルの眞相』)라고 하였고, 한세복은 김승학에게 보낸 편지에서 "이르는 곳마다 짚단 같은 시체를 보면 가슴이 아프고, 눈을 뜬 채 불타 뭉그러진 살점의 흔적을 찾았을 때는 몸에 전율이 왔다. 오호라, 천지에 끝이 있다고 해도 우리들의 쌓인 이 원한은 언제 갚을 수가 있을까? 이 원수를 갚아주는 이는 누구인가? 공산명월에 두견이가 슬

프게 울면 우리 동포 7천명의 고독한 영혼을 기억해야 할 것이다. 대한민국 5년 11월 18일"(애국동지구원회 편, 『한국독립운동사』)이라고 적고 있다.

함께 현장을 방문하면서 현실감 넘치는 분노로 표현한 학살 현장 목격담인데, 김건의 글귀도 30여명의 체험자, 목격자의 증언, 10여개의 신문 호외를 근거로 한 조사보고이다. 지진으로 발생한 우발적인 학살이 아니라 무엇보다 '메이지'이래 일본의 침략으로 멸망당하고 이에 저항하는 독립운동사의 맥락에서 파악하고 있는 것이 그 특색이다.

그렇다면 조선인 희생자는 어느 정도였을까? 조사단이 정리한 인원은 6,661명이다. 이 숫자가 얼마나 정확한지는 알 수 없다. 앞으로 절대 수치를 산출할 가능성도 거의 없는 상황이지만 "사이토 총독에 의하면 확실한 것은 합계 2명이라고 한다. 사법당국이 우선 발표한 바에 의하면 난가쓰[南葛]를 제외하고는 약 천 명은 있다. 난가쓰는 천 명이라고도 하고 혹은 2천 명이라고도 한다. 이 2천 명은 신문에 소위 영구히 발표할 수 없다고 한 사건을 포함하고 있는지 어떤지는 알 수 없다. 鄭然圭의 조문을 보면 3천 명이라고 하고, 나라시노[習志野]에서 돌아온 자는 각지의 정보를 종합하여 4·5천명이라고 새로운 지식을 퍼뜨리지만 겨우 상하이로 돌아온 자는 확실히 1만 명은 넘는다고 말하고 있다. 아무튼 2명 이상 1만 명 이하인 것은 확실한 것 같다."(야마자키 게사야[山崎今朝弥], 『地震·憲兵·火事·巡査』)고 한다. 희생자 수에 관한 윤곽을 전하는 글로 그 의미는 크다.

이 문서 발표를 전후로 하여 상하이 임시정부는 다음의 항의문을 일본정부에 보냈다.

대한민국 5년 9월 10일
대한민국임시정부 외무총창 조소앙
대일본제국 외무대신 야마모토 곤베[山本權兵衛] 각하
삼가 아룁니다. 천지가 합력하여 일본에 재앙을 내려 三都가 화재로 모든 것이 폐허가 되었다고 하니 안타까운 마음은 은혜와 원수를 따질 일이 아닙니다.

어찌 이러한 때를 당하여 사람들이 살기를 발동하여 천재지변을 조선인 탓을 하여 전가하여 말하길 조선인이 방화했다고 하고 조선인이 폭탄을 던졌다고 합니까? 병사를 동원하여 전쟁을 선포하고 마치 큰 적을 대하는 것처럼 하고, 격렬하게 민군을 동원하여 무기를 빌어 노인, 어린이, 학생, 노동자를 가리지 않고 조선인이면 죽이고 사람들이 겪는 큰 고통을 돌보지 않고 조선인이면 살육하였습니다. 9월 1일부터 7일 사이에 대로 변에서 함부로 살해당한 조선인이 매일 50명이며 군영에 갇힌 자는 이미 1만5천명입니다. 중외 기자가 여러 번 실상을 보도하기를 조선인을 보호하기 위함이라고 하는데 누가 이를 믿을 것이며, 미친 인민이 난동을 부렸다고 하는데 누가 이를 용서하겠습니까? 우리 정부는 이를 묵과할 수 없습니다. 적과 적이 싸우는 것도 법칙을 지켜야하는 것인데 이재민을 학살하는 것은 사람이 할 바가 아닙니다. 하물며 재해를 입은 지구의 조선인은 의지할 데 없는 몸으로 허둥지둥 살길을 찾고 있는데 힘으로 싸울 수 없고 인정으로 죽일 수 없는 일입니다. 그런데 이들과 싸우고 이들을 죽이니 이는 만행 중의 만행입니다. 하늘의 큰 경계를 받을 것이니 허물을 후회해도 희망이 없습니다. 사람에게 동정을 구해도 저절로 거절을 당합니다. 이것은 사람과 하늘이 모두 싸움을 배척하기 때문입니다. 우리 정부가 일본인민을 위해서 애통히 여기는 것은 조선인의 경우보다 더 심합니다. 신속히 보완하여 구제해주길 바랍니다. 보완할 방도는 조금도 지체하지 말고 이 서한을 받는 5일 이내에 따로 여러 항목에 의거하여 사실을 조사하여 우리 정부의 항의에 답변해주길 바랍니다.

1. 불법으로 구금한 1만5천명의 한인을 즉시 석방할 것.
2. 재해지구의 한인의 생사, 성명, 연령, 주소, 사실관계를 조사 공포할 것
3. 조선인을 학살한 난도는 관민을 불문하고 징계할 것.

재외국민을 보호하는 것은 국가의 당연한 의무이다. 하물며 이유 없이 학살당한 사람들이다. 일본정부는 물론 이 항의를 무시하고 '불온한 자들'이라고 비난했다. 그 후 80여년 동안 일본정부는 이 문제에 대해 거론한 적은 없다.

해방 전에 진상규명을 언급하면 형무소 행이었다. 대일본제국이 붕괴한 패전 후는 어떠한가? 필자의 기억에 의하면 1950년대에 중의원에서 모 국회의원의 질문에 대해 당시 이케다 수상은 "잘 모른다"고 답했을 뿐이다.

이해할 수 없는 것은 한국정부도 이 재외국민의 대학살에 대해 일본정부에 대해 진상규명이나 사죄 요구, 독을 넣었다던가 방화범이라는 유언비어에 대한 명예회복을 요구하는 외교적 행위를 한 번도 한 적이 없었던 점이다. 상하이에 있던 망명정부의 사죄, 진상규명 요구가 있었는데, 그 계보를 잇는 한국정부가 왜 주장하지 않는가? 역사에 시효는 없다. 불행한 시대를 극복하기 위해서는 진상규명이 반드시 필요한 과제라고 생각한다.

(번역 : 윤소영)

* 부록 자료 소개: 김건, 『학살』

학 살

동포여! 왜섬 관동에서 2만 동포는 왜노의 총과 검에 의해 참살당했다. 동포여! 다리를 잘리우고 배를 도려내어 살해 당한 우리 동포의 최후의 가련한 외침은 단지 "아이고, 어머니!", "아이고, 아버지!"였을 뿐이다.

동포여! 우리의 앞날은 이보다 심각한 학살! 도살!의 참화가 다가오고 있다. 동포여! 왜노를 박멸하자, 남녀노소 구별 없이 모두 죽여버리자! 단지 굳은 결심과 붉은 주먹만 있다면 할 수 있는 일이다.

동포여! 우리는 이를 조사함과 동시에 하루라도 빨리 최후의 결사전투를 개시할 것을 절실하게 원하는 바이다.

학살, 형제여, 알게 모르게 청천도 얼굴을 찌푸리고 태양도 빛을 잃었다. 개천 4256년 9월 1일부터 15일까지 이주일 동안의 오랜 기간 동안 倭地 관동에서 倭族은 韓人을 학살하였다. 그 참상에 대해 과연 어떻게 말할 수 있을까? 우리, 인류사회에서의 공전절후의 참상이었다. 아니, 난폭한 이리와 독사와 같은 동물의 세계에서도 희유의 만행이며 우리 동포 수만 명을 도살한 그 잔인하고 비참한 정경은 요괴악마도 눈을 감고 고개를 돌려버리지 않을 수 없을 것이다. 9월 1일 왜 정부는 도쿄시 후나바시 무선전신을 거쳐 관동 2부 6개현 전반에 대해 한인 박멸을 명령했다. 그 이유는 "한인은 당시 진재를 기회로 하여 각처에 방화하고 혹은 폭탄으로 여러 건물을 파괴하고 혹은 음료수에 독약을 투입하고 인명을 살해하고 혹은 권총, 장총, 폭탄을 휴대하고 혹은 무리를 지어 일본인을 습격하는 등 관동지방의 전멸을 기도하고 있다"는 것이다. 도쿄, 요코하마를 비롯하여 병대와 경찰관을 2부 6현에 일제히 포진시켜 한인 박멸을 선전하여 종횡한 왜족은 노소를 불문하고 닥치는 대로 눈에 띄는 대로 장총, 단총, 장검, 단도, 철창, 죽창, 곤봉, 장작,

소화기구용 막대기, 낚시 창 등 갖은 흉기와 무기를 휴대하고 '조선인을 박멸하라'고 외치면서 그 함성은 천지를 진동하고 벌떼처럼 일어났다. 이것은 소위 청년단, 혹은 자경단이라고 칭하는 자들로서 집의 안팎, 마을, 시가는 물론 산, 들, 강, 개천, 초원까지도 물 샐 틈 없이 수색하여 韓이라고만 하면 남녀노소를 가리지 않고 만나는 족족 다짜고짜 도륙했으니 선혈과 양심만을 가진 우리들이 어찌 죽음을 면할 수 있겠는가?

하네다[羽田] 부근에서 기병대에 의해 2천 명이 살해당하고 스미다가와[隅田川] 부근에서 400명이 총살당하고 가나가와[神奈川] 부근에서 300여 명, 사이타마[埼玉] 현 후키가미[吹上]역 부근 및 도쿄시 혼조[本所] 부근에서 400여 명, 나카센도[中仙道] 혼조초[本庄町] 부근에서 100여명이 살해당했다. 도쿄시 우에노[上野] 경찰서 구내에서 150명, 쓰루미[鶴見] 경찰서 부근에서 100여명이 살육되고 우리 동포 2만 명이라는 다수의 선혈이 어쩔 수 없이 왜지 관동지역에 비료가 되어버렸다.

학살의 참상

가와하라[河原] 광장에 한인 다수를 모아놓고 수천 혹은 수백 명씩 난사하고 병영 또는 경찰서 구내에 수백, 수십 명씩 집합시켜 살해하고, 또한 거리에서 보이는 대로 병대 및 경찰관이 총살, 刺殺한 것은 오히려 일반적인 살인수단이었다고 할 것이다. 소위 자경단, 청년단 등은 '조선인'이라고 외치는 소리에 백배 호응하여 이리떼처럼 동서남북에서 모여들었다. 한 명의 조선인 동포에 대해 수십 명의 왜노가 달려들어 검으로 찌르고 총으로 쏘고 발로 차서 넘어뜨렸다. 죽은 자의 목을 묶어 끌고 다니며 여전히 찌르고 발로 차며 시체까지도 능욕을 가했다. 부인 등을 보면 양쪽에서 좌우로 다리를 당겨 생식기를 칼로 찔러 몸을 사분오열로 만들고는 여자는 이렇게 죽이는 묘미가 있다고 웃으며 담화했다. 우리 동포를 전차 궤도 밑에 목을 매달고 그 양 발을 밧줄로 묶어 좌우에서 많은 사람이 밧줄을 잡고 신호를 내면서 호응하여 '그네'처럼 흔들어서 죽인 자도 있고 신체를 전신주에 묶어 우선 안구를 도려내고 코를 베고, 그 애통한 광경을 충분히 구경한 다음 배를 찔러 죽인 자도 있고 각 기차 중에서는 다수의 왜노가 조선인의 사지를 잡아 창밖으로 던지고, 바퀴에 치어죽게 하고 남녀 수십 명을 모두 알몸으로 벗겨 걷게 하고 또는 춤추게 하여 수 시간 동안 동물적 유희를 감행한 다음 찔러 죽인 일도 있다. 이런 섬뜩한 수단은 우리들의 뇌수에서는 전혀 상상할 수 있는 일이 아니다.

한인 중에도 倭語에 능통한 자는 왜족이라고 오인 받아 생명 부지하는 자도 있을까봐 염려하여 거리에서, 기차 안 까지도 통행인에게 倭國文의 탁음 글자의 발음을 하게 하여 한인을 색출하였고 왜족 중에도 자신과 관계있는 한인을 은닉 또는 보호하여 살해당한 자도 한 둘이 아니다. 이와 같이 우리 동포를 주도면밀하게 수색 학살하니 왜지 관동에서 우리 형제 내지는 □□ 중의 사람은 모두 적인 것이다. 어디에 가서 목숨을 구할 수 있을까? 거리마다 흐르는 것은 우리 동포의 선혈이다.

이 곳, 저 곳에 흩어진 것은 우리 동포의 시체이다. 우리 동포의 시체는 퇴적하여 스미다가와는 물 흐름이 막혀버렸고 우리 동포의 피비린내는 통행인의 호흡을 멈추게 할 정도이다.

倭族이 자인한 학살 동기

왜 정부는 한인 학살 사실을 은폐하고 한인을 보호했다고 외부에 선전하는 유일한 자료로 "한인 중에 생명을 보전한 자는 대개 병영 내지 경찰에서 보호받은 사람" 이라고 말한다. 그러나 처음에는 경찰관이나 병대도 한인을 보면 그 자리에서 즉시로 살육했지만 그 후에는 일정한 장소에 모이게 하여 편리한 방법으로 죽이고자 생각하였고 또한 처음에 보니 본래 한인이 많기 때문에 관동지방 전체에 총성, 함성, 울부짖는 소리가 천지를 진동하고 어지럽게 구타하고 칼로 찔러 혈해와 시체가 거리를 덮었기 때문에 외국인이 볼까 두려워하여 각지의 한인을 병영 또는 경찰서 구내에 집합시키게 된 것이다. 이리하여 병영과 경찰서에 온 사람은 임시로 목숨을 보전하게 되었다고는 해도 도중에 대개 모두 중상을 입었으며, 게다가 중상을 입은 자 중에 적어도 몇 시간이라도 생명을 보존한 자가 있는가?

혹은 광장 강변에 끌어내어 혹은 그 안에서 수백 수십 명을 한꺼번에 죽였다. 이리하여 6일이 되어 한인은 허물이 없다는 것이 변명되고, 외부의 여론이 점차 일어나자 왜 정부는 각 경찰서 구내 및 병영에 한인을 집합시킨 것은 보호를 위한 것이라고 선전함과 동시에 각소에 한인 수용소를 설치하여 한인을 이송 집합시켜 병영 및 경찰관으로 하여금 감시하게 했다. 그리하여 7일부터 이 참극이 점차 감소했지만 왜 관민 모두가 학살을 한 것은 15일까지 이어졌다. 당시 조선 내의 각 언론계와 출판물은 물론, 倭地의 각 신문 잡지에 한인학살에 대한 보도를 일절 금지하고 오히려 한인 이재민을 구제하는 데에 힘을 다하고 있다고 선전하는 기사를 장려하였다. 그리고 각처에 한인 수용소를 설치하고 그 실은 감금하는 것이면서도 외부에 대해서는 '조선인 보호'라고 선전하고 동시에 한인이 귀국하여 이 참변의 실황을 이야기할 것을 두려워하여 정부는 비밀통첩으로 각 경찰서에 한인의 귀국을 금지하고 외부에 대해서는 도중에 위해를 당할까봐 염려하기 때문이라고 변명했다. 그 후에도 귀국을 허가한 경우에도 귀국인의 신변은 순사가 엄히 사찰하여 지인에게 자신의 경험담을 말하면 즉시 '유언비어'라고 하여 엄벌을 가해 요망한 정책과 가혹한 압박으로 조선 및 외부에 한인학살의 정황이 전해지는 것을 방지하고 간악한 수단으로 한인보호 형식을 위장하여 세계를 기만하고자 했다. 현실에서 드러난 사실은 정책과 압박으로 그 영향을 없애고자 하여 세계가 다 알고 있는 참극을 여러 수단으로 호도하고자 했다.

왜 정부는 당시 외국인이 한인학살 실황을 목격하지 못하도록 하기 위해 외국인을 각 소에 집합시켜 경찰관과 병대로 감시하고 외출을 금지하는 한편 밖에서는 倭奴들이 총을 쏘고 싸움을 하면서 "이 총소리는 한인이 뿜어내는 총소리다, 이 싸움은 한인이 습격해오는 소리다"라고 기만하고 동시에 곳곳에서 한인의 폭행 또한 습격 등의 사실을 빈번하게 선전했다.

왜노의 궤변

왜 정부 야마모토 내각 총리의 유고 중에 "이번 조선인에 대한 사건은 일반 인민의 오해로 인해 발생한 것이다"고 한다. 그러나 왜 정부 당국이 도쿄시 후나바시 무선전신으로 관동지방 전체에 대해 한인 박멸을 명령한 것은 동년 11월 중 왜국 임시국회 중의원에서 공인한 바이다.

또한 왜노의 상투어인 "진재 당시 관민을 불문하고 일본인은 이지력을 상실한 때이기 때문에 이런 사건이 생겼다"고 말하는 것은 자신의 죄과를 다른 사람에게 전가하려는 것으로 이지력 상실자의 행동인가? 이지력을 상실했다고 한다면 한인학살과 외국인 기만의 수단방법은 어찌된 일인가? 이와 같은 추태임을 알 수 있지 않은가?

왜족 중 소위 지식계급의 언론은 모두 "이번은 조선인 뿐 아니라 일본인 중에도 사회주의자 다수의 피해자를 낸 것은 즉 조선인에 대한 특수한 원한이 있기 때문은 아니"라고 말한다. 그렇다면 한인 중에서 사회주의자 혹은 건설파괴 내지 인명 살해 행위를 한 자를 죽인 것인가? 한인이라고 하면 다짜고짜 도살한 것은 어떠한 이유인가?

왜 정부의 소위 조선 총독(사이토 마코토)은 6일에 倭紙 각 문에 공표하여 말하길 "당시 관동지방에 살고 있는 조선인은 노동자 3천, 학생 3천, 합계 6천 중 조사 결과 살해당한 자는 두 사람에 불과하다"고 한다. 당시 倭地 전반에 산재한 우리 동포는 합계 15만여 명이며 그 중 관동과 관서지방에 가장 많이 있었다. 억지로 줄여서 계산해도 전체의 5분의 1이 관동지방에 살고 있어서 3만 이상이라는 것은 3척동자도 알고 있는 것이다. 수만 명의 인명을 살육하면서 두 사람이라고 발표하는 것은 진실로 짐승의 심보를 가진 궤변이라고 할 것이다.

구사일생한 우리 동포

우리 동포 중 목숨을 보전한 자는 왜 병영 및 경찰서에서 요행으로 살아남은 자가 가장 많고 혹은 서까래 밑에서 10여일 간 기아와 추위를 참고 살아남은 자이며, 물 속에서 수일 혹은 오랜 기간 몸을 감추어 살아남은 자도 있고 양옥 건축의 기둥으로 준비해 둔 나무통 속에 수일동안 숨었다가 목숨을 건진 자도 있고 우리 동포 다수의 시체 중에 묻혀 있다가 목숨을 건진 자도 있고 왜노의 만행을 당하고 쓰러져서 눈을 치켜뜨고 사지를 떨면서 죽는 시늉을 하여 죽은 척해서 목숨을 건진 자도 있고 그 외 붓으로 다 할 수 없는 웃지 못 할 비극적 과정을 거쳐 살아남은 자가 많다.

오호라, 구사일생한 우리 동포여! 왜노의 사악한 수중에 들어가 최후의 죽음의 시험을 경험하고 나서 과연 어떠한 마음인가? 이렇게 되었는데도 최후의 행동에 나서지 않을 것인가? 필사의 힘이 있다면 무슨 일을 못 하리오? 형제여! 왜지 관동에서 그렇게 많은 핍박을 당한 것이 누구의 뼈인가? 왜지 관동을 선혈로 물들인 것은 누구의 피인가? 같은 주인을 섬기고 있는 우리 형제의 손이며 발이 아니던가? 행동거지를 같이 하는 우리 동포의 살과 피가 아니던가? 이는 우리들의 죽은 목숨과 상처가 아니던가? 우리의 위기 일발은 지금이 아니던가? 우리는 꿈틀거리는 벌레가 아니며 인류로서의 신경을 갖고 있다면 최후의 분기를 떨쳐야 한다. 우리는 야만이 아니고 신성한 역사를 갖는 민족이라면 개체를 지니고 있는 모든 것을 민족적 위기에 희생해야 하지 않겠는가? 목을 천 개 잘려서야 부끄러운 행동을 후회하고, 그물에 걸려들어서야 비로소 자신도 같은 우물 속의 물고기임을 깨달을 것인가? 더구나 羊頭를 놓고 狗肉을 파는 시대적 사기를 치는 놈들인가? 하루라도 빨리 헛된 허영과 기만의 흑심을 벗어버려라! 배를 채우기 위해 안구를 도려내고, □□을 길게 하기 위해서 팔을 잘라 다리에 붙이는 것 같은 행동을 할 것인가?

형제들이여! 내일은 살아남은 각자 형제의 몸에 魔倭의 독 이빨이 공격해 올 날임을 알지 못하는가? 내일은 우리 전체 민족에게 요사스런 왜의 사악한 손톱이 뻗치는 날임을 알지 못하는가?

형제들이여! 무엇을 준비하고 무엇을 기대하고 있는가? 죽은 후에 장례 치르는 것을 준비하는가? 하늘에서 별이 떨어지기를 기대하는가? 형제들이여! 주저하면 몰락할 것이다. 때를 놓치지 말라. 최대의 분발로 최후의 결투를 행해야만 한다.

4257년(1924) 1월 일
조사원 일동 고백
대표 김건

虐殺再考、戒嚴令なかりせば

姜　德　相

　筆者は一九六〇年代から關東大震災下の朝鮮人虐殺事件の研究をはじめた。資料集『關東大震災と朝鮮人』(共編、みすず書房、1963)、『關東大震災』(中央公論社、1975)、『關東大震災・虐殺の記憶』(靑丘文化社、2003)をはじめ關連論文二十余点をもつ。流言の自然發生、官憲發生、横浜發生說や三大テロ史觀批判などの論爭に參加、習志野のもうひとつづ虐殺を提起するなど日本でこの分野の研究に深く關与してきた。

　それは、筆者が在日韓國人であり、この問題が在日韓人百年の被差別の歴史の原点であり、とりわけ「投毒放火」犯の汚名からの名譽回復づ不可避との認識があるからである。

　三、四年前、ある研究會の年次大會で「關東大震災八十年を迎えてあらためて考えること」(朝鮮史研究會論文集參照)をのべる機會あった。研究史を回顧して一言で要約すると「戒嚴令なかりせばあの大虐殺はなかったということができる」ということであった。さまざまな論爭のなかでついた贅肉をそぎとり、支配・被支配の民族對立に両極化したときにみえる史觀ともいえる。

　ひとつの詩の引用からはじめよう。

　一五円五〇錢

壺井重治

　十五円五〇錢言わしてみろ

指をさされたその男は
兵隊の訊問があまり突飛なので
その意味がなかなかつかめず
しばらくの間、ぼんやりしていたが
やがて立派な日本語で答えた。

ジュウゴエン　ゴジュセン
よし

劍付鐵砲の立ち去った後で
僕は隣の男の顔を横目で見ながら
ジュウゴエン　ゴジュセン
ジュウゴエン　ゴジュセン

と何遍もこころの中でくりかえしてみた
そしてその訊問の意味が
ようやくのみこめた
あっ、もしその印袢纏が朝鮮人だったら

そして「ジュウゴエン　ゴジュセン」を「チュウゴエン　コチシセン」
と發言したならば彼はその場からすぐ
引き立てられていったであろう
國を奪われ
主張を奪われ
最後に生命まで奪われた朝鮮の犠牲者よ

　道角に非常線が張られ軍人や自警団員が通行人を檢問する状況をうたっ
ているが、詩は檢問の手段として十五円五〇錢なる日本語の強要からはじま
る。詩人は印袢纏を着た勞仂者が通過したとき、その十五円五〇錢を自分でく
りかえし發音してみて、この言葉が朝鮮人識別の奇妙な手段であることに氣が
ついたことを格調高い表現、そのうえで軍人や警官そして民兵となった自警団

員が發見した朝鮮人を卽決であの世送りにする無道を告發している。

　なぜこんなことをしたのが、理由は簡單である。‘敵は朝鮮人’の認識で出働した戒嚴軍の指揮下、日本官民は朝鮮人を敵と認識していたからである。十五円五〇錢(チュウコエンコチセン)は朝鮮人を意味し、殺し方、殺され方に戰場の論理がもちこまれたからである。朝鮮語は罪とされたのである。詩人 尹敏哲は 「つうやく、いつかしてくたさい、わからなかった、つみてすか、しりいたいのてす」とうたっている。

　ではなぜ日本政府や軍部は朝鮮人を敵と考えたのか、これまた簡單である。日本と朝鮮は旧韓末以來宣戰布告なき戰爭のさなかにあったからである。
　どのような戰爭だったのか、日本官憲の記録をもって素描してみよう。
　まず朝鮮駐箚軍司令部編(『朝鮮暴徒討伐誌』、1913)の仕意の一頁を紹介してみよう。

　　在京城步兵第五十連隊第七中隊(白井大尉)ハ金城守備ノ爲メ二十一日京城ヲ發シ揚州、積城ヲ経テ附近ノ暴徒ヲ掃蕩シツツ二十三日兎山ニ宿營シタリ、時ニ安峽ニアリシ暴徒約二百ハ其後鐵原ヲ襲ヒ我郵便事務員ヲ慘殺セルノ報接シ二十四日鐵原ニ向ヒ前進中石橋西方ニ於て暴徒約百ニ遭遇シ其十四ヲ斃シ石橋村民ノ全部賊徒ニ与スルヲ知リ該村落ヲ燒夷ス、午後馬콜地附近ノ暴徒ヲ掃蕩シツツ二十五日午前鐵原ニ到着セモ暴徒ハ旣に逃走セル後ナリシ……西川中隊ハ二十七日午前三時法化洞ニ於テ約百五十ノ暴徒ト衝突シ其二十ヲ斃シテ潰亂セシメ午前五時深原寺ニ到着セシモ暴徒ハ約一時間前旣に逃走セリ。白井中隊及阿部小隊ハ共ニ暴徒ニ遭遇スルコトナク相前後シテ深原寺ニ達シ更ニ鐵原ニ何ヒ歸還ノ途次午後三時大光里東北方ニ於テ約二百五十ノ暴徒ニ遭遇シ其八十ヲ　斃シ殘余ハ山谷ニ潰走セシム。二十八日各隊ハ其守備地ニ歸還ス(同書63頁)

　義兵戰爭(1906~1911)の一端をきりとったものであるが、この戰爭の彼我損

傷表によれば、日本軍の戰死者136名、日本軍負傷者229名、義兵戰死者17
779名、義兵負傷者3706名とある。どこから見ても一般民衆までまきこんだ、
「立派」な大戰爭である。日本軍の戰死者が靖國神社の神となったことはいう
までもない。

　1919年、3·1運動でも獨立万歳を叫ぶ素手の民衆に戰場の論理で無差別虐
殺を敢行した。平安南道孟山での朝鮮駐屯軍の日次報告を引用しておこう。

　　　　三月十日平南孟山ニ再ビ天道教徒一〇〇、憲兵分遣所ニ突入シ步兵ト協力、
　　　發砲擊退。憲兵一卽死、補助員1重傷、暴民約五〇死傷ス。(『現代史資料』25、
　　　105頁)

との報告がある。詳報によれば「暴徒ノ死傷ハ事務室ノ內及其前ニ於テ銃
彈ニ命中シタルモノ五十一名ニシテ負傷者十三名ニシテ負傷者ハ受傷後逃走
セリ」とある。「10日、孟山ニ再ビ」というのは、前日の「9日、約百名ノ暴民憲
兵分遣所ニ亂入暴行ス。德川ヨリ將校以下十二名」出動、「憲兵上等兵一卽
死、補助員一負傷、鮮人死傷者十一名、暴民ハ解散セリ」(『現代史資料』 2
5、131頁)の事件があったことを意味するが、9日の100名のデモに對して11
名、10日の百名のデモに對し64名の死傷者を出したことになる。朝鮮の記錄
は「憲兵が群衆を分遣所の內庭に入れ門を閉め一齊射擊をし一氣に六十余人を
射殺して命ある者も銃劍でとどめをした」(朴殷植、『獨立運動之血史』)と記し
ている。このような憲兵が射擊の名人ばかりだとしても異常な命中率を發揮した
軍隊の行動は朝鮮全土に共通であり、日本權力が植民地の反亂に戰爭の論
理で對應したことはあきらかである。

　獨立万歳を叫ぶデモに「兵力ヲ使用シ鎮壓」、死者7500余、この數字はあま
りにも重い。

　3·1運動が國境を越え一衣帶水の中國領間島に波及、獨立運動の再昻揚と
獨立軍の國內進擊に對し、日本軍は獨立軍の根據地覆滅のため1920年10

月、間島侵攻(植民地防衛戰爭)を敢行した。どんな戰爭だったのか、中國で
發行された『震壇』紙を引用する。

> 十月二十九日、日本軍數百名ハ、突如トシテ延吉縣細鱗河方面ニ至り、韓人
> 家屋數百戸ヲ燒キ韓人ニテ銃殺セラレタル者夥シ。又翌三十日午前八時三十分
> 延吉縣街ヲ距ル約二里帽山東南靑溝付近韓人部落七十余戸ハ日軍ノ爲ニ一炬ニ
> 付セラレ、併セテ五百余發ノ銃彈ヲ發射シ、同村ヲ包圍攻擊セリ。同村居住
> 韓人三百余名ノ中、辛シテ遁レタルモノ僅ニ四、五名ノミ。其ノ他ノ老若男
> 女ハ火ニ死セスハ銃ニ傷ツキ、鷄犬タリトモ遺ル所ナク、屍体累々トシテ積
> リ、地ニ滿チ、血ハ流レテ川ト成シ、見ル者涙下ラザルハナシ……(≪同紙≫
> 第7号、11月 21日)

とある。

間島一帯の朝鮮民家被害狀況は次のとおりである。

被殺人數	被捉人數	被强姦人數	被燒戸數	被燒學校	被燒敎會	被燒穀類
3,106	238	76	2,507	31	7	38,795

(朴殷植、『韓國獨立運動之血史』)

この他、シベリアでも日本軍と朝鮮獨立軍は激しい戰鬪をくりかえしたが、忘
れてならないことは、3・1運動が中國の5・4運動に大きな影響を与え、中國の對
日矛盾を一擧に顯在化させたこと、獨立軍のシベリア戰爭への參入により、ロ
シア革命の影響が獨立運動の社會主義的傾向を促進したことである。換言す
れば、旧滿州、シベリアなど朝鮮人の居住する地域すべてがいつでも戰爭を
誘發する緊張狀態になったことである。

みられるように日本の間島侵攻軍に獨立軍と一般市民の區別がなかったこ
と、卽ち朝鮮そのものが不逞な敵で、日本軍の支配下にあって日本の秩序に
從わない「異端」は卽決處刑されたことである。それは戰場の論理である。日

本の憲兵隊が自ら對獨宣戰布告以降の事態を「大正三年乃至九年戰役(西伯
利出兵、第一、第二次朝鮮騷擾事件、間島事件)」(松田俊彦編『朝鮮憲兵隊
歷史』)と把握したのはこうした植民地民衆の反亂を統一的にとらえたからで、こ
の認識は關東大震災時の日本政府の戒嚴令發布、戒嚴軍、憲兵、警察の朝
鮮人敵視(恐怖)の認識に継承されるのである。こうした觀点で關東震災の朝鮮
人大虐殺を考えてみよう。

　政府や各自治体刊行の厖大な資料のうち、軍隊の犯罪と責任らしきものを記
したのは司法省調査書極秘部內資料の第十章「軍隊の行爲ニ就テ」の項目の
次の記錄、すなわち「変災後警部ノ任ニ膺レル軍隊ニシテ鮮人其他ヲ殺傷シタ
リトノ風評ナキニ非ズ、殊ニ江東方面ニ於テハ軍隊ニ於テ殺傷ノ行爲ヲ逞ウシ
タルガ爲民衆之ニ倣ヒテ殺傷ヲ敢テシタリトノ巷說アリ」(『現代史資料』6卷　443
頁)として九件の軍隊の殺人行爲を擧げた文書と「關東戒嚴司令部詳報」 第3卷
所載の 「震災警備ノ爲兵器ヲ使用セル事件調査表」,『陸軍關係資料』160 頁)
の二種のみである。『陸軍關係資料』所載の資料は殺人事件をおこした兵士の
所屬部隊を「步一、步三、近步一、近步二、野重一及騎十四、野重一、野
重一、騎十三、騎十五、工兵學校、騎十五、騎十五、近步四、騎十三、
電信一、騎十四、近步四」と特定し、發生した20件の殺人事件の「時日」「場
所」「軍隊關係者名」「兵器使用者名」「被兵器使用者名」「處置」「行動槪況」お
よび「備考欄」を設け簡單な說明をしている。二つの資料は內容が重複している
点もあるが、ともに「兵卒」に處置は自警團暴力から「鮮人」保護の過程でおき
たやむをえない事情として「衛戍勤務令第十二條第一項により適当と認む」とさ
れ、朝鮮人殺害を正当化している。しかし、仔細に檢討してみると、その戒嚴
行動の正当化の論理がいかに荒唐無稽かつ厚顔無恥な强弁であり、逆に虐殺
の主体が戒嚴軍そのものであることがわかる。

　以下、虐殺がどこで、どうして始まったのか、軍人が演じた主導的役割を檢
討しながら事件の眞相に近づいてみよう。

まず、軍隊がいつどこで戒嚴行動に移ったかを論じておこう。それは戒嚴令が朝鮮人暴動を現認して9月2日午後6時以降發布したものなのか、それとも朝鮮人警戒の予斷に基づく發令なのか、この事件の本質にかかわるものである。

市川國府台所在の「野戰重砲兵旅団第一連隊はもっとも早く警戒警備に入った部隊の一つであった。第一師団(師団長石光眞臣)の命令に基づき野戰重砲第一連隊ノ二百三十名……九月一日午後十一時國府台發ヲ以テ急行」とあるが、第一連隊の出動順序をさらに小、中隊單位で詳細に記したのが兵士の功勞を顯彰した「功動具狀」である。以下、その要旨を引用する。

1.

陸軍砲兵少尉、高梨俊ほか三十一名は第一救援隊として「九月一日夜半、龜戸町天神橋付近ニ出動、一部ヲ同橋梁守備隊トシ、其他ヲ地區警備隊トシテ極力同地附近ノ警備ニ任ズル」。

2.

陸軍砲兵少尉、重田賢助ほか七九名は「第二救援隊トシテ一日夜半ニ出發、本所方面ニ出動」「將校以下必死ノ勇ヲ奮ヒ猛火ヲ犯シ逃ゲ殘リタル罹災民ヲ安全ナル地域ニ搬ヒ、飢餓ニ瀕セル者ニ自己ノ糧食ヲ与へ多數ノ人命ヲ救助」せり。

3.

陸軍砲兵少尉、並松程一ほか八一名は「九月二日朝ニ第三救援隊トシテ本所方面ニ出動シ、大平町附近ニ達シ救護防作業ニ從事」「罹災民ヲ救出」する。

4.

陸軍砲兵少尉、岩波清貞(第二中隊所屬)以下、六九名は「九月二日第四救援隊トシテ東京深川方面ニ出動シ」「午前十時半小松川ニ至リ陸軍ヨリ送付セル救護用精米……下士卒一俵宛之ヲ背負」しめ「救恤ノ目的ヲ達セシメ」る。

5.

陸軍砲兵中尉、松山茂樹ほか九五名は九月二日夜半「第五救援隊トシテ深川方面ニ出動」「当時災害ノ余燼未ダ收ラス、救助ヲ呼フ者踵ヲ接シ而モ不遑鮮人蜂起ノ報ハ、災害地一帶ノ人心ヲ極度ニ不安ナラシメ流言蜚語盛ニシテ殺氣漲リ、地方民多クハ凶器ヲ手ニシ鮮人ト見レバ黑白ヲ論セス直ニ迫害ヲ加ヘントス。茲ニ於テ中尉ハ部下ト共ニ各所ニ臨ミ一面ニ於テ危險ヲ侵シ罹災民ノ救助ニ努ムルト共ニ鮮人ノ收容ヲ行ヒ、地方民ノ反感ヲ意トセス、鮮人保護ノ理由ヲ說述シ、更ニ地方吏員及自治団員ヲ訓諭シテ、鮮人ノ處置ハ軍隊ニ一任スヘク且之ヲ宣伝スヘキコトヲ示シ、極力彼等ヲ收容救護スルコト三百余以テ人心ノ鎭靜安寧秩序ノ維持ニ努メタリ」

6.

陸軍砲兵少尉、岡野理三郎ほか一〇八名は「九月二日夜半、第六救援隊トシテ小松附近ニ出動シ、救援警備ニ任ス」「当時流言蜚語盛ニ行ハレ、人心競々トシテ爲ス所ヲ知ラス、鮮人ト認ムレハ直ニ之レニ危害ヲ加ヘントスルノ状況ナリシヲ以テ極力之カ治安ノ維持ニ努メ点々徘徊セル百七十余名ノ鮮人ヲ保護檢束シ以テ民心ノ沈靜ニ努力シ概ネ市民ヲシテ其堵ニ安セシムルヲ得タリ」(『東京震災錄』別卷897~898頁)

九月「一日午後十一時國府台發ヲ以テ急行」した二百三十名を嚆矢に「九月一日夜半」出動の第一救援隊から「二日夜半」出動の第六救援隊までの兵力展開過程は戒嚴令發布の動きを忖度した師団司令部の指示を反映している。九月一日の夜半から二日早朝にかけて慌しく出兵した第一、第二、第三救援隊の行動は橋梁の確保、延燒防止、避難民の誘導、食糧の供給に主たる目的があった。その意味で戒嚴令はまだ伝達されていなかったとみてよい。

しかし、九月二日出動「午前十時半」小松川に到着した第四救援隊岩波淸貞少尉ら六九名と第五、第六救援隊の出動目的は先行の部隊と明確にち

がっていた。前記「功動具狀」では、岩波隊の二日の行動は避難民の救助に獻身したとなっている。それだけみれば、第三救援隊と何ら變わるところがないが、別の資料は「午前十時半」小松川に入った岩波隊の行動を次のように書きとめている。

「望月上等兵と岩波少尉は震災地に警備の任を以ってゆき、小松川にて無抵抗の溫順に服してくる鮮人勞働者に二百名も兵を指揮して殘虐した。婦人は足を引張りまたを引裂き、あるいは針金を首に縛り池になげ、苦しめて殺したり、數限りの虐殺したことについて、あまりに非常識すぎやしまいかと、他の者の公評も惡い」(『久保野茂次日記』)

救援に出動したとされる軍隊がにわかに朝鮮人に對し一方的に攻擊し、罪なきものをうち殺した。その殘虐性に慄然たらざるをえない。兵士を驅って殺人鬼たらしめた動機はそもそも何なのか。兵士は國家のために一かどの働きをみせたつもりなのである。救援から攻擊への急變、一少尉の判斷でこのような虐殺ができるわけはない。その秘密を解く鍵は、その間隙に敵は朝鮮人との戒嚴令があったのである。

小松川の慘劇を日記に書きこんだ久保野茂次は当時第一連隊第六中隊(中隊長佐々木平吉大尉、のちに支鮮人受領、習志野護送作業担当)の兵士で貴重な體驗を書き殘した人である。小松川虐殺の記述は九月二十九日付であるが、日記の欄外に「九月二日、岩波少尉、兵ヲ指揮シ鮮人二百名殺ス(特進少尉)」と補註していることから岩波少尉指揮の第四救援隊が小松川進駐過程で起こした虐殺事件にまちがいない。同じ連隊の同僚から伝聞したのを書き込んだのである。

久保野の屬した第六中隊の出動狀況からもこの判斷は正しいと推定できる。久保野日記によれば、佐々木中隊は九月二日「午前二時頃、ただちに作業衣にて乾めんぱん二食分携行、乘馬にて小松川まで、そこで下馬し、半數の兵は騎馬にて中隊(國府台─筆者註)に引き返す、殘りの半數は人名(命)救助の目

的を以って銀糸町の天神橋向一帶にわたり」出動と記している。そのことは午前二時に出動した佐々木中隊は小松川で二分され、半分は救助の目的を継續し、半分は任務の変更があっての原隊復歸を意味するが、任務の変更はこの記述の欄外の書き込み「戒嚴令布告さる」にあるとみられる。したがって九月二日朝、國府台を出發した岩波隊以降の各隊は戒嚴令下、明らかに朝鮮人索敵討伐の任務を課せられていたと思われる。第四救援隊(岩波隊)の「二百名の虐殺」をはじめ、第五救援隊(松山隊)の鮮人「三百余の收容」、第六救援隊の岡野隊の「百七十余名の保護檢束」は「朝鮮人索敵任務」の遂行そのものであり、「收容、保護、檢束」の過程で數多くの公表できない殺害があったとみられる。

　久保野日記の「特進少尉」とは「下士官出の少尉」を意味し、同じ第一連隊の第三中隊長として戒嚴警備の第一線にいた遠藤三郎大尉(のちに陸軍中將)は「岩波という下士官出の少尉が部下數十名をつれて先に出ていって盛んに殺してきている。そいつらが大手柄をたてたかのように報告する」(『抗はぬ朝鮮人に打ち落とす鳶口の血に夕陽照りにき』37 頁。) と述べ、別に「当時の兵隊は朝鮮人を一人でも多く殺せば、國のためになり、勳章でももらえるつもりだった。それを殺人罪で裁いてはいけない。責任はそんな氣持ちを抱かせ勝手にやらせておいた者にある」という。(角田房子『甘粕大尉』61 頁。)

　「そんな氣持ちを抱かせた」のは戒嚴令、朝鮮人索敵の指示があったからである。この「戰功」で「岩波は金鵄勳章が出るそうだ」との噂もあり、自らも手柄話として吹聽していたらしい。

　「關東戒嚴司令部詳報」のあげる二〇件の殺人を犯した兵士の所屬する連隊の中から頻度多く關係者を出した野重砲第一連隊(國府台所在)の三件と司法省編「軍隊ノ行爲ニ就テ」所收の騎兵一五連隊(習志野所在)の二件の戒嚴行動を檢討してみよう。

　習志野駐屯の近衛、第一の兩師団の騎兵四ヶ連隊への戒嚴出動命令は九月二日早朝飛行機からの投函伝達であった。騎兵第十五連隊はそれを「暴動

鮮人沈壓ノ爲……行德ニ派遣」と書き戒嚴目的が鮮人「暴動沈壓」であったこと
を隱していない。

　当時習志野第十五連隊の一兵卒であった田島完一(当時二三才)は九月「一
日は橋梁爆破の演習をやっていて地震にあった。東京、横浜方面が火の海に
なっているのがよく見えた。夜中の十二時頃、非常呼集がかけられ、實彈三
〇發ずつをもたされて出動。本八幡から今井橋(下江戸川橋)にむかった。約
一週間駐屯した。朝鮮人一名が銃殺されたのは知っている。」(今井淸一他、『關
東大震災と朝鮮人虐殺』)と証言している。今井橋は行德所在の橋で騎兵十五連
隊の「鮮人暴動沈壓ノ爲……行德」出動の記録と見事に照応する証言である。
　越中谷利一は「敵は帝都にあり」というわけで「實彈と銃劍をかるって侵入した
のであるから仲々すさまじかった」と前置きで次のように回想している。

　　ぼくがいた習志野騎兵連隊が出動したのは九月二日の時刻にして正午少し
　前頃であったろうか、とにかく恐ろしく急であった。人馬の戰時武裝を整え
　て營門に整列するまでに所要時間僅かに三十分しか與えられなかった。二日
　分の糧食および馬糧予備蹄鐵まで携行、實彈は六十發、將校は自宅から取り寄
　せた眞刀で指揮号令をしたのであるから、さながら戰爭氣分！そして何が何
　やら分からぬままに疾風のように兵營を後にして千葉街道を一路砂塵をあげ
　てぶっ續けに飛ばしたのである。龜戸に到着したのは午後二時頃だったが、
　罹災民でハンランする洪水のようであった。連隊は行動の手始めとして先づ
　列車改め、というのをやった。將校は拔劍して列車の内外を調べ廻った。ど
　の列車も超満員で、機關車に積まれてある石炭の上まで蠅のように群がりた
　かっていたが、その中にまじっている朝鮮人はみなひきずり下ろされた。
　そして直ちに白刃と銃劍の下に次々と倒れていった。日本人避難民の中から
　は嵐のように湧き起こる万歳歡呼の聲！國賊！朝鮮人はみな殺しにしろ！ぼ
　くたちの連隊はこれを劈頭の血祭りにして、その日の夕方から夜にかけて本
　格的な朝鮮人狩りをやりだした。(『越中谷利一著作集』772 頁)

　越中谷氏にはこの他「一兵卒の震災手記」や「戒嚴令と兵卒」その他の作品

があり、事件を忠實に描いたという意味で朝鮮人虐殺についての日本の記録
文學の一つとして資料的価値は高いと評価されている。

　允騎兵連隊の戒嚴進駐の過程で何があったのか、いま一つ福島善太郎の
証言を紹介しておこう。

　　二日の晝さがり、私は市川の町へはいる十町余り手前の田圃道を途中で配
給された玄米の握り飯で腹をこしらえて歩いていました。遂ぞ見たこともな
い大型の陸軍飛行機が幾度ともなく炎熱の空を飛んで行きました。鴻(ママ)
ノ台騎兵隊が幾組ともなく避難民の列を引き裂いて砂塵をあげて驅け走って
ゆくのでした。“朝鮮人を兵隊が叩き殺しているぞ”“暴動を起こそうとした
片割れなんだ！”“㐧野郎だ！畜生！”“うわあっ！”今まで引きずるように歩
いていた避難民の群衆が恐ろしい叫びを上げて勢よく走りだしました。つい
私もつりこまれて走っていました。そして一町近く走った時、群衆の頭越し
の左側の田圃の中で恐ろしい殘虐の事實をはっきり見たのです。粗い絣の單
衣を着た者、色の燻んだ茱葉服を着た者たちが七人後ろ手に縛りつけられ
て、しかも數珠つなぎになって早口に叫んでいました……。“ほざくな野
郎！”突然一人の兵隊が銃劍の台尻を振りかぶったと見るや、一番端で矢鱈に
もがいていた男の上にはっしと打ち降しました。“あっ”さすがに群衆は聲
になかったのです。そして一様に聲をそむけました。やがて恐る恐る視線
を向けたときには頭蓋骨はくだかれ鮮血があたり一面に飛び散り、手足をピ
クピクと動かしていました。“さまあみろ”……“こいつら、みんな叩き殺し
てしまえ！”“よしきた、畜生！”“やい！不逞鮮人奴！くたばりやがれ！”
　十人余りの兵隊が一齊に銃劍や台尻を振りかぶりました。あの二日の午後
二時前後に市川へ渡る橋の手前數町のところで、この事實を目撃した人たち
が必ずあるにちがいない。
　胸を貫かれて、かすかに空を仰いだだけで息絶えた者、二つの腕を殆ど切
り落とされんまでに斬られて、泥田の中へ首を突っ込んでもがいていた者、
はちきれそうな太股がザクロの割れたように口を開いていた者、斷末魔の深
い呼吸を泥といっしょに吸い込んだのか、胸を苦しげに大きく波打たせてい
た者―等々の光景をいま思い出してもぞっとします。……二度目は二日の夕
方、菊川橋際で工場の燒跡整理の歸り、素っ裸にされて、電線でぐるぐる卷

きにされて、鳶口や日本刀を持ったひとたちにめった殺しにされている二人
の朝鮮人をみたのでした。(『民族の棘』25〜26 頁)

　越中谷、福島兩氏の証言とおり、なるべく多くの糧秣と實彈を携へて出動し
たからには演習に行くと思った兵士はいないだろう。戒嚴出動が戦場に赴くと同
義であることは軍隊生活の常識である。眞刀で指揮する指揮官は内亂、また
は暴動を想定したろうし、朝鮮人を侮蔑、警戒すべき敵として意識したことは次
の引用にも明らかである。

　　朝鮮に長らく居て、彼の間島事件の時などにも一方ならぬ苦心を嘗めたと
　いう戒嚴司令部の一將校は語った。"我等の方には職業柄、種々の証據を握っ
　ている。第一僕の家へ放火したなどは明らかに鮮人の所爲だ。然し獨立なん
　て、そんな男らしい考えのある奴は一人もいない。みな私欲の爲に悪いこと
　を働くのだ。"云々(橘清、「焦髪日記」,『十一時五十八分』所收)

　植民地戦争に参加し、彈壓の使命感に酔った軍人が矮小化した偏見のとりこ
になって、いまにも牙をむいておそいかかろうとする心算をあらわにしている言葉
ではないか。
　戒嚴初動軍の中心となった國府台野重砲連隊、習志野騎兵連隊の行動を再
整理してみる。九月一日夜半に警備救援出動した野重砲連隊は九月二日早
朝、戒嚴軍となり、岩波隊は朝鮮人二〇〇名を虐殺、松山隊は三〇〇名、
岡野隊は一七〇名を捕虜にするなどの戦果をあげたこと、九月二日早朝、戒
嚴命令を受けた騎兵連隊は「敵は朝鮮人の認識」で出動、問答無用の朝鮮人
狩りを敢行し、進軍したこと、そして一般市民も兵士が戦果をあげるたびに拍手
万歳で共感を示し朝鮮人は帝國の敵であると確信したこと、こうした事實の現認
にうらづけられて「朝鮮人の進攻」「日朝兩軍の對峙」などの流言が生まれ、大
量の避難民の移動を媒介に電光石火の勢いで擴大していったことがわかる。
　一方、九月二日午前、この流言を組織的に伝播する事例が續出した。

市ヶ谷士官學校牆壁に「午後一時强震アリ不逞鮮人來襲スベシ」、茗荷谷では「學校を中心に放火掠奪を擅にする不逞の徒があるとの謄寫印刷を配布する者が出現」、各巡査派出所に「鮮人、放火の恐れあり」、「井戸に毒藥を投入する各自注意せよ」のビラが貼り出されたりした。山崎今朝彌はそれを「思い切って公然且つ大っぴらに電信、電話、無線、電報、騎馬、自動車、オートバイで宣伝」したと述べている。生命の危機にいかに對處するかで頭いっぱいの民衆にビラをつくり謄寫印刷をする余裕などあるはずはない。このデマの發信元は官憲そのものであった。デマに心促されるように在郷軍人會、消防団、青年団を中心に自分の町は自分で守ろうとする自警団が結成された。獵銃、日本刀、金剛杖、竹槍、鳶口などで武裝した人々が町の要所を固めだした。こうして九月二日から三日にかけて軍隊、警察と民兵の三位一体の戒嚴体制が成立していった。

再び野重砲第一連隊と騎兵連隊の戒嚴行動を檢討してみよう。

(1)

時日「九月三日午後四時頃」、場所「永代橋付近」、軍隊關係者「野重一ノ二(第一連隊二中隊、前記岩波淸貞少尉所屬の中隊)特務曹長島崎儀助」、兵器使用者「野重一ノ二、砲兵一等卒当麻三郎、同二等卒飯山英外一名」、被兵器使用者「鮮人約三十二名(內十七名氏名不詳)、處置「射殺」、行動概況「上記兵卒三名を洲崎警察署ヨリ護送援助ヲ請求セラレタル特務曹長島崎儀助ノ命ヲ受ケ巡査五名ト共ニ洲崎ニテ暴行セシ不逞鮮人約三十名ヲ同署ヨリ日比谷警視廳ニ□□爲、永代橋ニ至リタルニ橋梁燒毀シ不通ノタメ渡船準備中一名ノ鮮人逃亡ヲ始メシヲ動機トシ內十七名、突然隅田川ニ飛込ミシヲ以テ巡査ノ依賴ニ応シ實砲十七發ヲ河中ニ向テ射擊ス。河中ニ入ラスシテ逃亡セントセシ者ハ多數ノ避難民及警官ノ爲ニ打殺セラレタリ。」

(2)

時日「九月三日午後四時頃」、場所「大島町丸八橋附近」、軍隊關係者「野重一ノ三(中隊長前記遠藤三郎大尉)　第一連隊三中隊、松山中尉」、兵器使用者「野重一ノ三、砲兵軍曹小泉軍士以下五名」、被兵器使用者「鮮人六名(氏名不詳)」、處置「射殺」、行動概要「上記軍曹以下巡察中大島町丸八橋付近ニ於テ自警団ヨリ怪シキ鮮人潛伏アリトノ申告ニ基キ砂町小學校付近長屋床下ヨリ鮮人六名ヲ捜シ出シタルニ該鮮人ハ何レモ爆彈様ノモノヲ携帶シ居リ内一名ハ民衆ニ之ヲ投付ケ付近河中ニ飛込ミタルヲ以テ之ヲ射殺シ殘余ノ鮮人五名ハ更ニ民衆及軍隊ニ爆彈ヲ投付ケントシタルニ依リ自衛上止ムヲ得ス之ヲ射撃シ死ニ至ラシメタルモノナリ」

(3)「司号一の其の二」南行德村下江戸川橋際鮮人三名射殺の件

　1. 年月日　大正十二年九月四日午後四時頃

　2. 場所　南行德村下江戸川橋北詰

　3. 殺害者　鮮人二名

　4. 處分者　騎兵第十五連隊山崎中隊坂本軍曹、同騎兵卒小川鮭三、同小林健二

　5. 事實、騎兵第十五連隊坂本軍曹は兵卒八名を率ひ南葛飾郡瑞江村大字上今井に位置し、小松川方面に對し警備に任じ居たるに九月四日午後三時頃南葛飾郡篠崎村人夫供給業某方に不良鮮人二名居住しあることを聞知し直に同村に赴き調査を爲したるに取締上旅団司令部に引き渡すの外途なしと思惟し、右鮮人二名を同行の途中、同四時頃下江戸川橋北詰に達せしとするや同人等は突然坂本軍曹に飛び掛り銃を奪取せんとする等暴行を爲し、猶小石を投げ付け且其の場に在りたる棍棒を振りて打ちかかり危險極まりなかりしを以て同軍曹は小川、小林の二兵卒に命じ右鮮人等を射殺せしめたり。

　　備考　死体は河中に墜落流失したり。

(4)「司号三」浦安村役場前及關東水産會社前に於て鮮人四名射殺の件

1. 年月日　大正十二年九月三日午後五時頃
2. 場所　千葉縣東葛飾郡浦安村役場前及同町關東水產會社前
3. 被殺者　鮮人四名
4. 事實　騎兵第十五連隊騎兵と特務曹長內藤稻三郎は九月三日午後四時頃、中隊長の命に依り天野曹長、小倉伍長勤務上等兵、中村志願兵兵卒一名を率ひ瑞江村大字下今井に侵入せる鮮人取押の爲出動したるも鮮人は千葉縣東葛飾郡浦安町に渡りたりとの情報を得たるを以て直に部下三名を率ひ渡船にて同町に至りたるに同町關東水產會社前に於て多數の町民が二十二、三才位の詰襟洋服を着用せる男一名を捕へ不逞鮮人なりと罵り毆打し居たるに依り內藤特務曹長は之を制止し右の男の身元を取調べたるを熊本縣人なりと答たるにも答弁其の要領を得ざる內に町民等は兵士等の制止を肯ぜず、鐵棒、鳶口、竹槍等にて右男を殺害せり、一方此の間、小倉伍勤上等兵は自警團より浦安町役場に鮮人三名の存在する旨の通報を受け單身同役場前に赴きたるに多數の町民が鮮人三名を捕え毆打し居たるに依り、之を制止し、町民より鮮人引渡の承認を受け、鮮人に對し二三問を發したるも日本語を解せざるか、答えを爲さざるを以て手眞似を以て回答すべきことを示したるも鮮人は何か頻りに語りたる上突然棍棒を携へたる一名が先頭となり共に小倉伍勤上等兵に對し暴力を加へんとし危險極りなかりしを以て同上等兵は右先頭の鮮人一名を射殺し、次で飛掛り又は銃を奪取せんとする殘り二名の鮮人をも共に射殺せり。

備考　死体は其の儘現場に放置す。

　　四種の記錄は加害者が明確なのに反し、被殺者のほとんどが「氏名不詳鮮人」の特徵をもつ。そのことは「取調」がなかったことを意味するが、「不逞鮮人」「怪シキ鮮人」「不良鮮人」「侵入セル鮮人」の烙印ある「鮮人」なら殺してもよいとの共通の前提があるということでもある。まさに戰場の論理であることを再確認

したうえで個々の文書の記す兵士や自警団民兵の行動を檢討してみよう。

(1) 洲崎警察署管內の「約三十二名」または「約三十名」の朝鮮人勞働者を巡査及兵士が日比谷の警視廳に連行途中、永代橋崩壊のため渡船準備中「逃亡」をはかった罪で射殺したとあるが、しかし、当時朝鮮人の連行は必ず數珠つなぎに縛っていて逃亡の余地はない。

仮に十七名が隅田川に飛び込んだとしても三名の兵士が十七發の彈丸で十七名を一擧に射殺するには「死刑」執行の心算がなければ不可能である。射殺を免れ自警団や巡査に撲殺されたのは十五名なのか、十三名なのか、「約三十二名」「約三十名」という人間連行は何を意味するのか、「約」とは「およそ」「ほぼ」という、不確かなことばであるが、この曖昧のなかに二人の人の尊嚴が埋められていることに氣が付かなければならない。問われるのは鴻毛の輕さともいうべき朝鮮人の命である。內實は隅田川まで連行、死刑執行、死体處理の面倒を省略したのである。

(2) は戒嚴令下の朝鮮人狩りから逃げ惑う人々を自警団が探し出し、軍隊がよってたかって弄り殺し、その口實に事欠いて爆彈さわぎを捻出、流言と歩調を合わせた作り事そのものである。

騎兵連隊の行動(3)、(4)は朝鮮人の身柄を自警団から引継ぎ「保護」しようと取調中、または連行中、棍棒、石、マキなどで抵抗したので射殺したの筋書きであるが、文脈からみえるものは身に覺えのない拘束をうけて茫然自失、言語不通で困惑、狼狽する國なき捕虜の悲しみである。再三の引用になるが、「鮮人沈壓ノ爲 … 行德」出動隊の戒嚴行動そのものである。

遠藤三郎の回想の中で石本寅造が言ったという「今、部下が朝鮮征伐をやっているんだけど皆東京の方から逃げて來るっていうんだよ。だから君の部下で、私國府台のものだから、あそこに川があるでしょう。江戸川が、あそこで逃がさんように網をかけておってね。俺が魚を追うように追ってやるからあそこで殺してくれって言うんだよ」に、ぴったり符合する待ち伏せ虐殺だったのである。

また捕らえられた朝鮮人が「第一に抵抗したかどうかも、きわめて疑わしい。一歩譲って抵抗したとしても、殺されかねぬと思って自衛上抵抗するのは自然の成り行きである。それが射殺しなければならぬないほどのものであったとは受け取り難い。一方は完全武裝の兵士であり、他方は徒手空拳の

捕虜ではないか」との指摘もある。

　戒嚴初動軍が進軍してきたときとの違いは民兵化した自警団が獵犬の役割を果たしていることである。關東大震災下の朝鮮人受難は權力犯罪というより民族犯罪というべき性格をもつ所以である。

　くりかえし述べてきたように、震災時、江東地區で最も「勇名」をはせたのは近衛師団の騎兵第一旅団(騎兵第十三、第十四連隊)と第一師団の騎兵第二旅団(騎兵第十五、第十六連隊、ともに習志野)野戰重砲兵第三旅団(野重砲第一、第七連隊、ともに國府台)であったが、その習志野と國府台の連合作戰というべき記錄を次に紹介しよう。

(3)　時日「九月三日午後三時頃」場所「大島町八丁目付近」軍隊關係者「野重一、二(野戰重砲兵第一連隊第二中隊)、岩波淸重(ママ)少尉以下六十九名、騎十四(騎兵第一四連隊)、騎兵少尉三浦孝三以下十一人」被兵器使用者「鮮人二百名(氏名不詳)」處置「毆打」。行動概況「大島町付近人民ガ鮮人ヨリ危害ヲ受ケントセル際救援隊トシテ野重一ノ二岩波少尉來着シ、騎兵十四ノ三浦少尉ト偶々會合シ共ニ朝鮮人ヲ包圍セントスルニ群衆及警官四五十名、約二百ノ鮮人団ヲ率イ來リ其ノ始末協議中、騎兵卒三名カ鮮人首領三名ヲ銃把ヲ以テ毆打セルヲ動機トシ鮮人ハ群衆及警官ト爭鬪ヲ起シ軍隊ハ之ヲ防止セントセシカ鮮人ハ全部殺害セラレタリ」。備考「一、野重一ノ二、將校以下六十九名ハ兵器ヲ携帶セス。二、鮮人約二百名ハ暴行强姦掠奪セリト稱セラレ棍棒、鉈等ノ凶器ヲ携帶セリ。三、鮮人団ハ支那勞働者ナリトノ説アルモ軍隊側ハ鮮人ト確信シ居タルモノナリ」(『陸軍關係史料』161頁)

　一方は九月二日小松川で「武勇」のほどを示した岩波少尉の一隊、もう一方は騎兵第十四連隊の兵士である。遠藤三郎は次のようにいう。

　現に、私といっしょに陸軍大學を卒業した石本寅三―(最優秀で卒業した男、お父さんは陸軍大臣までやった人なんだ)―それがね、習志野の騎兵隊におり、私は國府台の連隊の方で、この地震の時、やつがやってきましてね、そういう優秀陸軍大學を卒業して、しかも軍刀をもらった人ですよ。私より士官學校、三年も古い。それだけのそういう人物が"遠藤君、はさみうちにするから君の方も協力してくれ"という。騎兵隊だけでは逃がすから、私

の方で退路を遮斷しておいて、騎兵隊で江東方面の朝鮮人たちを皆殺しにしようというわけだ。とにかく殺せば勲章でももらえるように思っているんだから。"とんでもない、そんなバカなことするんじゃない"といって、私は反對したんだけどもね、"しかし、どうも空氣はそうだぞ、殺してやらんと住民が承諾せんぞ"というんですね。

石本のいう"殺してやらんと住民が承諾せんぞ"は軍民一致の興奮狀態を示して余りある。再び久保野日記を借りると三日の狀況は次のようである。

九月三日、雨、午前一時頃、呼集にて、また東京に不逞鮮人がこの件村に際し、非常なる惡い行動をしつつあるので(井戸に毒藥投入、火災の先だって爆彈投下、及強姦)等やるので、それを制動せしめるため、三八騎銃携行、拳銃等も實彈携行し、乘馬でゆくもの徒歩でゆくもの、東京府下大島にゆく、小松川方面より地方人も戰々兢々とて眠りもとれず、各々の日本刀、竹やり等を以て鮮人殺さんと血眼になって騷でる。軍隊が到着するや在郷軍人等非情なものだ。鮮人と見るや物も云わず、大道であろうが何處であろうが斬殺してしまふた。そして川に投げこみてしまう。余等見たの許りで二十人一かたまり、四人、八人、皆地方民に斬殺されてしまふていた。余等は初めは身の毛もよだつ許りだが、段々なれて死体を見ても今では何とも思わなくなった。午後砂村より消防隊が鮮人百名も一団でいて夜間になると不安で寝られず、爆彈等で放火等やるので、我々等の応援を仰いできたので余の分(隊)等、野上上等兵以下拾二、三名で着劍して、消防隊の自動車で鮮人のいる長屋につき、すぐ包囲をし、逃ぐるものがあれば一發のもと撃ち殺さんとためていたが、彼等一人として抵抗するものもなかったので一發せず、一団づつ(數珠)つなぎにして暗の中を在郷軍人等とともに警戒嚴にして小松川につれゆき收容

まさに戒嚴軍の進駐下に自警団暴力が發生したことを久保野は的確に伝えている。戒嚴令により「不逞鮮人の討伐」を敢行したのは戒嚴軍の作戰であり、その遂行過程で戒嚴軍が主導の地位に立ち、警察と自警団、一般市民をその統率下において「暴徒鎭壓ニ任セム可キ」國民連合ができていたことが容易に

理解できるだろう。

　近代日本史上、沖縄を除いて日本本土が戦場になったのは關東大震災以外にない。下谷高等小學校の罹災兒童がいちばん恐ろしかったことは反撃なき市街戦であった。調査結果は次のとおりである。

	男子	女子
朝鮮人	109	140
火　災	51	68
地　震	49	
旋　風	19	35
道路の雜踏		17

　數字は天災より人災、つまりデマに狂った人殺し戦爭が最大の恐怖であったことを示している。

　　　若い朝鮮人の死骸が轉がっていた、素裸にされて大の字に仰向けになって腹から腸がはみ出て血まみれになった手足には縄と蟻がたかっていた。局部まで切斷されていた。その側にはこういう制札が立っていた。'いやしくも日本人たるもの必ずこの憎むべき朝鮮人に一撃を加えて下さい'(江馬修、『血の九月』)

　この引用を讀者は眞實と思うだろうか。軍隊、警察のみなならず、日本人庶民諸公もまた偏見、差別の持ち主であった。自警団の主体となった在郷軍人、消防団員、青年団のメンバーをはじめ町の八百屋や魚屋、豆腐屋のおじさんたちはみな甲午清日戦爭、露日戦爭、義兵戦爭、シベリャ戦爭、3・1虐殺、間島虐殺に参加した日本軍兵士の軍歴を持ち、「明治」以降の日本のマスコミの朝鮮輕蔑感、敵視の風潮に染めあげられていた充實な天皇教徒であった。

　作家中西伊之助は日本の庶民が朝鮮人虐殺に無批判に加担したことにふれ、「試みに朝鮮及日本に於て發行せられている日刊紙新聞の朝鮮に關する記事をごらんなさい。そこにはどんなことが報道せられてさいますか。私は寡聞

にして未だ朝鮮國土の秀麗、芸術の善美、民情の優雅を紹介報道した記事を見たことは殆どないと云っていいのであります。そして爆彈、短銃、襲撃、殺傷－あらゆる戰慄すべき文字を羅列して、所謂不逞鮮人－の不法行動を報道しています。それも新聞記者の事あれかしの誇張的筆法をもって」(≪婦人公論≫1923年11月、12月合併号)と述べ、「この日常の記事を讀んだらば、朝鮮とは山賊の住む國であって朝鮮人とは猛虎のたぐいの如く考えられる。そうした先入感があったため自警団により積極果敢になった」と結んでいる。

末尾に震災直後、民族の悲劇大虐殺の事實を調査し世界に明らかにした先人の記録を紹介し、事件がまだ終わっていないことを提起しておきたい。

八十數年前、中國北京で發行された『虐殺』と題する小册子(原本石刷版)を紹介する。

筆者は金健(平安南道平原郡兩花里出身)は一九二二年四月關西學院大學(神戸)に留學した學生である。小册子『虐殺』は在上海獨立新聞社長金承學が在名古屋の雜誌社員韓世復を震災被災地に特派(『韓國獨立運動史研究』第12集參照)、震災犠牲同胞の調査を委囑したときの副産物とみられる。韓世復らの調査に参加した人物は留學生李鉄、朴恩稷、閔錫鉉、李昌根、崔承萬、李根茂など十余名で金健もその一人である。

調査は日本当局の嚴しい警戒と監視の下で行われた。警察が調査員李根茂(鮮高乙秘第三三号指定の要視察人)を尾行した茨城縣警の報告の一部を借りると、「十一月十二日午後十二時十一分常磐線取手驛着列車にて來縣、千葉縣より尾行引續を受け、視察するに新沼郡中家村及稻敷郡阿見町に於ける土工部屋鮮人鄭龍秀方を訝向の上、土浦町旅舘本鄕舘事染谷忠助方に二泊し本日午前八時十一分土浦驛發上り列車にて歸京したるを以て尾行中柏驛にて千葉縣へ引繼を了したるも右は災害慰問団の一員と思料せられ候」とある。

各地に生き殘った同胞を訪問し「聞き書き」をする調査員にピッタリと貼りついた權力の目、いつ妨害や檢束の浮目にあうかわからない緊張狀態下で調査活

動がかいまみえてくる。

　メンバーのひとり、李鉄は「方々の遺家族を訪問し傍ら慘殺された死体やあちこちに散らばっている骸骨やあるいは骨──墓などというものの多數の死体を一緒にして死体丸出しのまま埋めてあるのがいくつもあった──。などを詣でながらいろんなところを見聞しながらその慘狀たるやどうして一々語ることができようか」(金秉稷、『關東震災白色テロルの眞相』)と語り、韓世復も金承學宛に「到る處に苗木のような屍を見れば、胸が痛み、眼をあげて燒けただれた肉の跡をたずねては身体が震えた。嗚呼天地にかぎりがあるにしても、われわれの鬱積した怨恨はいつの日にはらすことがあろうか。この冤讐をはらすのは誰であろうか。空山明月ニ更杜鵑が哀しく鳴けば七千のわが同胞の孤魂を思い浮かべるべきであろう。大韓民國五年十一月十八日」(愛國同志救援會編『韓國獨立運動史』)と述べている。

　ともに現場に足を踏み入れた臨場感あふれる怒りの虐殺現場目撃談であるが、金健の一文も三十數名の体驗者目撃者の証言、十有余の新聞号外を根據にした調査報告である。地震によって生じた偶發的虐殺ではなく、何より「明治」以降の日本の侵略で亡滅を強いられ、それに抵抗する獨立運動史上の脈絡にたっているが特色である。

　では、朝鮮人犠牲者はどのくらいいたのであろうか。調査団のまとめたのは六六一人である。この數字がどれほど正確なのかはわからない。今後絶對數を算出できる可能性もほとんどないのが現狀であるが、「齊藤朝鮮總督府によれば確實な處は合計二名だそうだ。司法当局が取敢えず發表したものによれば南葛(江東)を除いてザット千人はある。南葛は千人と云い、或は二千人とも云う。此二千人は新聞に所謂永久に發表できないとあった事件を包含しているか、否か判らない。鄭然圭氏の弔文には三千人とあり、習志野歸りは各地の情報を總合して優に四、五千と新知識を振り回すが、生命辛々上海に歸った者は確かに万を越えると云っている。とにかく二人以上一万人以下なる事は確か

らしい」(山崎今朝弥『地震憲兵火事巡査』)という、いいかげんな犠牲者數にある
輪郭を与えた意味は大きい。
　この文書の發表に前後して上海臨時政府は次の抗議文を日本政府に
送った。

　　　　　大韓民國五年九月十日
　　　　　大韓民國臨時政府外務總長趙素昂
　　　　　大日本帝國外務大臣山本權兵衛閣下

　　　肅啓者、天地合力、降禍日本、三都火宅、一切幾空、聞而惻懼、恩讐無問、
　　何期此時、人發殺氣、天災地變、嫁禍韓人、曰放火者韓人也、曰擲彈者韓人
　　也、動兵宣戰、如臨大敵　激動民軍、借與武器、不擇老幼學工、韓人則屠之、不
　　分水深火熱、韓人則戮之、自九月一日至七日之間、韓人之爲亂殺於大道者、日
　　有五十人、爲軍營之囚者、已一萬五千人矣。中外記者、屢報實狀、籍曰保護韓
　　人、誰能信之。籍曰狂民亂行、人誰宥之、敝政府於此、不忍容默、夫敵與敵
　　戰、法有□守、虐殺災民、非人所爲、況此災區韓人、子子肉塊、遑遑圖生、力
　　非可戰、情非可殺、而戰之殺之、是蠻行之蠻也。受天大警、悔禍無望、求人同
　　情、自絶於人、是與人天排戰者也。敝政府爲日本人民□痛哀者、更有甚於韓
　　人、冀亟補救、補救之方、不容少緩　、受此書五日之內、另開諸項、查明弁理、
　　用答敝政府之抗議可也
　　　　一、非法强囚之一萬五千韓人、立卽放釋。
　　　　二、凡屬災區韓人之生死、姓名、年齡、住所、□實、調査公布。
　　　　三、虐殺韓人之亂徒、勿問官民、從□懲辨。

　在外公民を保護するのは國家の当然の義務である。ましてや、云われなく虐
殺された人々である。日本政府はむろんこの抗議を無視し、「不逞の輩」とのの
のしった。その後八十余年、日本政府はこの問題で口を開くことはなかった。
　解放前、眞相究明に言及すれば刑務所行きであった。大日本帝國の崩壊し
た戰後はどうか。眞相究明の要求は依然封殺された。筆者の記憶によれば、

一九五〇年代、衆議院で某國會議員の質問に對し、時の池田首相は「寡分にして存ぜず」と答弁したのみであった。不思議なことに韓國政府もこの在外公民の大虐殺について日本政府に眞相究明や謝罪の要求、投毒、放火犯の流言蜚語からの名譽回復を求める外交的提議は一度もなかった。上海にあった亡命政府が要求した謝罪、眞相究明を、その系譜のうちに成り立つ韓國政府がなぜ聲をあげないのか。歴史に時效はない。不幸な時代の克服には眞相究明が欠かせない課題であろうと思う。

＜付　參考資料: 金健『虐殺』＞

虐　殺

同胞等よ! 倭島關東にて二万の同胞は倭奴の銃と劍とに慘殺されたり! 同胞等よ! 足を折られ
腹を抉ぐられて殺されたる吾同胞の最後の哀号は唯だ「あいご、母上よ!」「あいご、父上よ!」の
みなりき。
同胞等よ! 吾人の前途のは之より尙大なる虐殺! 屠殺!の慘禍が逼迫し來れり。同胞等よ! 倭
奴を撲滅せん。老少男女の區別無く、悉く殺戮せん! 　唯だ堅き決心を赤き手だにあらば出來
ることなり。
同胞等よ! 　我等は之を調査すると同時に一日も速に最後の決死戰闘の開始されんことを切願
するものなり。

　　虐殺、兄弟よ、知るや知らずや靑天も顏を顰め白日も光を失へり。

　開天四千二百五十六年九月一日より同十五日まで二週間の長時日を繼續し、
倭地關東にて倭族は韓人を虐殺したる其の慘狀たるや果たして之を何とか評せ
ん。吾人、人類社會にては空前絶後の慘變たり。否、暴狼毒蛇に等しき動物界
にても稀有の蛮行にして吾人同胞數万を屠殺したる其の殘忍悲慘なり情形には妖
怪惡魔も眼を閉じ首を廻さざるを得ざるべし。同一日に倭政府東京市船橋無線電
信を經て關東二府六縣全般に對し韓人撲滅を命令せり。其の理由は「韓人は当
時の震火災を機會とし、各處に放火し、或は爆彈を以て諸般の建築物を破壊
し、或は飲料水に毒藥を投入し、人命を殺害し、或は拳銃、長銃、爆彈を携
へ、或は隊を作りて日本人を襲擊する等關東地方の全滅を圖謀す」と云ふに在
り。東京横浜を始めとし兵隊と警察官を二府六縣に一齊に羅布し、韓人撲滅を宣
伝縱横せしかば倭族は壯弱を問はず、手当たり次第に目に触れる次第に長
銃、短銃、長劍、短刀、鐵槍、竹槍、棍棒、椎木、消器具の
鍵、魚突き等種々の凶器戒器を携へ「朝鮮人を撲滅せよ」と叫びつつ、其の喊
聲は天地を震動し蜂群の如くに起りたり。此れ所謂靑年団、或は自警団と称する

ものなりき、家の内外、村落、市街は勿論、山、野、河、川、草原までも漏れなく捜索して韓とさえ言えば、男女老幼に論無く遭ふ毎に見る毎に曲直を問はずして屠戮したれば鮮血と良心とのみを有する吾人如何でか死を免るべきか？

羽田附近にて騎兵隊の爲に二千人を殺され、隅田川辺にて四百人は銃殺され、神奈川附近にて三百余人、埼玉縣吹上驛附近及東京市本所附近の四百余人、中仙道本庄町附近にて百余人殺されたり。東京市上野警察署構内にて百五十人、鶴見警察署附近にて百余人の殺戮を首とし、吾人の同胞二万、多數の鮮血は已むを得ず倭地關東全般の肥料となり畢れり。

虐殺の惨狀

河原廣場に韓人多數を捕集し、數千又は幾百人宛亂射し兵營又は警察署構内に幾百、幾十人宛集合して殺害し、尚街上にて見当たり次第兵隊乃至警察官の銃殺、刺殺したるものは寧ろ普通の殺人手段とも名くべし。所謂自警団、青年団等は「朝鮮人」と叫ぶ高聲に一呼百応して狼の群の如くに東西南北より集り來り。一人の吾が同胞に對し數十人の倭奴が取り捲きつつ劍にて刺し銃にて打ち、足にて蹴り轉がし。死せしものの首を縛り曳きずりつつ猶も刺し蹴りつつ屍体にまでも陵辱を加へたり。婦人等を見れば兩便より左右の足を引き張り生殖器を劍にて刺し、一身を四分五裂にしつつ女子は如此にして殺すこと妙味ありと笑ひつつ談話せり。吾同胞を電車軌橋下に首を吊し其の兩足に綱を付け左右より多數人は綱を取り、信号をなしつつ呼応して「ブランコ」の如く振り動かして殺したるものあり、身体を電信柱に縛り付け先づ眼球を抉り鼻を切り落とし、其の哀痛の光景を充分眺めた上、腹を刺したるもあり、各汽車中にては多數の倭奴等が四肢を捕へて窓外に投出し、轢殺し、男女數十人を悉く丸裸にして歩行せしめ又は踊らしめ數時間動物的戲弄を敢行したる後刺し殺したることもありたり。如此

の怪惡なる手段は吾人の腦髓にては堪えて想倒し得べき所にもあらざるなり。

韓人中にても倭語に能達したる人は倭族なりと誤認され保命することも出來ざるかと念慮し、町々街々、汽車中までも通行人に倭國文の濁音字の發音をなさしめ以て韓人を擇出し、倭族中にても自己に關係ある韓人を隱匿又は保護して殺害されたる者も一、二人ではあらざりき。如此吾人同胞を周密に捜査虐殺せしかば倭地關東にある吾人の兄弟乃至舟中の人は皆敵なり。何處へ行きてか生を求むべき？町毎に流るるものは吾同胞の鮮血なり。

此處、彼處に撒き散らされたるは我同胞の屍体なり。我同胞の死体は堆積し隅田川は流通を塞り、我同胞の血腐りて其の臭氣に通行人の呼吸も止る程なりき。

倭族が自認したる虐殺の動機

倭政府にては韓人虐殺の事實を掩蔽し韓人を保護したりとは外界に對して宣伝する唯一の憑資は 「韓人にて殘命を保存したるは大概兵營乃至警察にて保護を与えたる人なり」と云ふにあり。然しながら初秋には警察官乃至兵隊も韓人をば遭ふ毎に其の場にて殺戮せしが其の後には一定の處所に集合せしめて便利の方法にて殺さんとの考を有し、尙且虐殺を始め見たるに本來多數の韓人なれば關東地方全般に銃聲、喊聲、哀号の聲は天地を震動し、亂打亂刺血海屍市をなせしに付、外人の所視を恐怖し、各處の韓人を兵營又は警察署構内に集合せしむることとなれり、斯くて兵營、警察署へ來りし人は臨時殘命を保存せしとは雖、途中にて大概皆重傷を受けたり、しかも重傷を受けたるものは生命をせめて幾時間たるとも保存し得ることにてもあるか？

或は廣場河辺に引致し或は其の内にて幾百幾十人宛を一時に殺したり。斯くて同六日に至て

韓人無辜なること弁明せらるるに至り、外界の輿論漸く起りたれば、倭政府

は各警察署構内及兵營に韓人を集合したるものは保護の爲になしたるものなりと
宣伝すると同時に各所に韓人收容所を設置し韓人を其處に移送集合し兵隊及警
察官を以て監守せしめたりなり、而して七日より此慘劇漸次減少せしも倭官民共
に虐殺を繼續せしは同十五日頃までなりき。当時朝鮮內の各言論界出版物は
勿論倭地の各新聞雜誌に韓人虐殺に對する報道を一切禁止し、却て韓人の罹
災者を救濟することに盡力したりとの宣伝的記載を獎勵し各處に韓人收容所を設
置し、其の實は監禁しつつ外界に對しては「朝鮮人保護なり」と宣伝し、同時に
韓人にして歸國して此の慘変の實況を說布せんことを恐れ、政府の秘密通牒を
以て各警察署にて韓人の歸國を禁止し、外界に對しては途中危殆を念慮するが
故なりと称託したり。其の後に至て歸國を許可することは之をなしたるも歸國人の
身辺は巡査が非常に査察し、知人に對して自己のなしたる経驗談をなせば即時
「流言飛(ママ)語なり」として嚴罰を加へ妖惡なる政策と苛酷なる壓迫とを以て朝
鮮及外地に韓人虐殺情況の伝布するを防止し、奸怪なる手段を以て韓人保護の
形式を飾り世界を欺瞞せんとしたり。現露したる事實をば政策と壓迫とを以て其
の響影を掃滅せんと世界共知の慘劇を手段を以て糊塗せんとしたり。

　倭政府にては当時外國人として韓人虐殺の實況を目擊すること能はざらしめ
んが爲外國人を各所に集合せいめけ警察官及兵隊を以て監守し、外出を禁じ
其の外辺にて倭奴等は銃を放ち又は喧嘩をなしつつ、「此の銃聲は　韓人の放
つ銃聲なり、此の喧嘩は韓人襲來の聲なり」と欺瞞し、同時に其處其處に韓人
の暴行又は襲擊等の事實頻々なりと宣伝したり。

倭奴の詭辨

　倭政府山本內閣總理の發布したる諭告中に「今回朝鮮人に對する事件は一
般人民の誤解に因て發生したることなり」と謂へり。乍併倭政府当局にて東京

市船橋無線電信を以て關東地方全般に對し韓人撲滅を命令したることは同年十一月中倭國臨時國會衆議院にて公認せられたる所なり。

猶倭奴の常套語たる「震火災の当時官民を論ぜず日本人は理智力を喪失したる時なるが故に如此事件の發生を見たり」と云へるは自己の罪辜を他人に伝科するものにして理智力喪失者の行動なる？　理智力を喪失せば韓人虐殺と外國人欺瞞の手段方法は如何ぞ。如斯醜態なるを得んや。

倭族中所謂知識階級の言論は皆「今回は朝鮮人のみならず、日本人中にても社會主義者は多數の被害者を出したるは即ち朝鮮人に對し特殊の怨恨を遺すものにあらず」と云へり、然らば韓人中にても社會主義者なり或は建設破壞乃至人命殺害の行爲ありし者を害せんか？韓人とだに云へば曲直を問はず屠殺したるは如何なる理由なるか？

倭政府の所謂朝鮮總督(齊藤實)は同六日に倭地各新聞に公表して曰く、「当時關東地方に在住する朝鮮人は勞働者三千、學生三千合計六千中調査の結果殺害せられたる者は二人に過ぎず」と謂へり、当時倭地全般に散在せる我同胞合計十五万余中關東、關西地方に最も多く存在せり。強縮の計算にて全部の五分の一が關東地方に在住せりとなす共三万以上に達することは三尺の童子と雖推知する所なり、數万多數の人命を殺戮しながら、二人なりと發表したるは眞に獸心の詭辯なりとす。

九死一生の吾が同胞

我が同胞にして殘命を保存したる人は倭兵營乃至警察署にて僥倖にして生き殘りたる人最も多く、或は椽の下にて十余日間飢寒に辛堪して生き殘りたるものあり、水中にて數日或は長時間を隱身して生き殘りたるもあり、洋屋建築の立柱準備の爲に囲ふたる木桶中に數日を経過し救命したるものもあり、我同胞の

多數の屍体中に埋りつつ救命したるもあり、倭奴等の亂行等を受け死前に轉倒して眼を見開き四肢を震かし死したる模様を仮作して救命したるものあり、其の他筆にも盡き難き滑稽的悲慘なる経過にて生き殘りたる人も多かりき。

嗟乎九死一生の我同胞よ！倭奴の怪惡なる手中に入り最後の死の試驗をなしたるは果たして如何なる心持なるぞ？斯くしても最後の動作なかるべきか？必死の力なれば何事をか成らざらん。

兄弟等！倭地關東にて夥しく暴されたるは果して何人の骨ぞ、倭地關東を眞紅に染めたるは誰の血ぞや？主は同じくする我が兄弟の手なり足にあらざるか？擧止同一なるべき我同胞の肉と血にあらざるか。之は吾人の死命傷にはあらざるか？吾人の危機一髪の此の際にあらざるか？吾人は蠢虫にあらず人類としての神経を有するならば最後の奮作あるべく、吾人は野蛮にあらず、神聖なる歷史を有する民族ならば個体に有する總てのものを民族的危機に犠牲とすべきにあらざるか？首の千切るる時迄は痴行的蠢動を恨嘆し、數罟の入り來る時に至て初めて自己も同じ井戸の中の魚類たるを悟るべきか？特に羊頭を揭げて狗肉を賣る所の時代的詐欺の輩よ？一時も早く虚譽と欺瞞の黑心を洗去せよ！腹を滿たさんが爲に眼球を抉りて喰ひ、犬を長くせんか爲に腕を切て足に接ぐが如きことをなすべけんや？

兄弟等よ！來日は生き殘る各自兄弟の身に魔倭の毒牙が犯襲するの日なることを知らざるか？來日は吾人全体民族に妖倭の怪爪が侵迫するの日なることを知らざるか？

兄弟等よ！何者を準備し何物を期待しつつあるか？死しての後に葬式をなすことを準備するか？天より星の落つることを期待するか？兄弟等よ！躊躇せば陷没すべし時を遷す勿れ。最大の奮發を以て最後の決鬪を行ふべきなり。

四千二百五十七年(1924)一月　日

調査員一同告白

右代表　金　健

찾아보기

필자 소개

신영우 충북대학교 사학과 교수
김상기 충남대학교 국사학과 교수
홍순권 동아대학교 사학과 교수
김승태 민족문제연구소 연구위원
반병률 한국외국어대학교 사학과 교수
김춘선 중국 연변대 교수, 민족문제연구소장
박민영 독립기념관 한국독립운동사연구소 선임연구위원
강덕상 일본 시가[滋賀]현립대학교 명예교수

제노사이드와 한국근대

인쇄일 : 2009년 10월 20일
발행일 : 2009년 10월 30일

편 자 : 충남대학교 충청문화연구소
발행처 : 경인문화사
발행인 : 한 정 희
주 소 : 서울시 마포구 마포동 324-3
전 화 : 02-718-4831
팩 스 : 02-703-9711
홈페이지 : www.kyunginp.co.kr | 한국학서적.kr
이메일 : kyunginp@chol.com
등록번호 : 제10-18호(1973.11.8)
값 21,000원

ISBN : 978-89-499-0672-0   93910